U0585887

全国革命老区县发展史丛书·广东卷

高州市革命老区发展史

高州市革命老区发展史编委会　编

SPM 南方出版传媒　广东人民出版社
·广州·

图书在版编目（CIP）数据

高州市革命老区发展史／高州市革命老区发展史编委会编. —广州：广东人民出版社，2020.12
（全国革命老区县发展史丛书·广东卷）
ISBN 978-7-218-14001-8

Ⅰ．①高…　Ⅱ．①高…　Ⅲ．①高州—地方史　Ⅳ．①K296.53

中国版本图书馆 CIP 数据核字（2019）第 242549 号

GAOZHOU SHI GEMING LAOQU FAZHANSHI

高州市革命老区发展史

高州市革命老区发展史编委会　编　　　　　版权所有　翻印必究

出 版 人：肖风华

责任编辑：卢雪华　伍茗欣
装帧设计：张力平等
责任技编：吴彦斌　周星奎

出版发行：广东人民出版社
地　　址：广州市海珠区新港西路 204 号 2 号楼（邮政编码：510300）
电　　话：(020) 85716809（总编室）
传　　真：(020) 85716872
网　　址：http://www.gdpph.com
印　　刷：广州市浩诚印刷有限公司
开　　本：715mm×995mm　1/16
印　　张：22　插　页：12　字　数：282 千
版　　次：2020 年 12 月第 1 版
印　　次：2020 年 12 月第 1 次印刷
定　　价：78.00 元

如发现印装质量问题，影响阅读，请与出版社（020 - 85716849）联系调换。
售书热线：(020) 85716826

微信扫描二维码
您立即获得本书主要内容/
丛书介绍

广东省编纂《革命老区县发展史》丛书
指导小组

组　　长：陈开枝（广东省老区建设促进会会长）

副组长：林华景（广东省老区建设促进会常务副会长）

　　　　宋宗约（广东省农业农村厅二级巡视员、广东省老
　　　　　　　区建设促进会副会长）

　　　　刘文炎（广东省老区建设促进会副会长）

　　　　郑木胜（广东省老区建设促进会副会长）

　　　　姚泽源（广东省老区建设促进会副会长兼秘书长）

　　　　谭世勋（广东省老区建设促进会副会长）

　　　　廖纪坤（广东省农业农村厅总经济师）

办公室

主　　任：姚泽源（兼）

副主任：韦　浩（广东省农业农村厅扶贫协作与老区建设处
　　　　　　　处长）

　　　　柯绍华（广东省老区建设促进会副秘书长）

　　　　伍依丽（广东省老区建设促进会副秘书长）

《高州市革命老区发展史》编纂委员会

顾　　　问：黄晨光　市委书记

　　　　　　朱春保　市委副书记、市长

主　　　任：倪伟涛　市委常委、常务副市长、市委办主任

常务副主任：万　芬　市委常委、组织部部长

副　主　任：黄　武　市老促会会长

　　　　　　卢仕权　市委办公室副主任

　　　　　　梁华东　市民政局局长

　　　　　　陈清流　市财政局局长

　　　　　　陈　彦　市统计局局长

　　　　　　朱伟明　市党史地志办主任

　　　　　　黄坤岳　市老促会副会长

　　　　　　何寿清　市老促会副会长

　　　　　　江　勇　市老促会副会长

主　　　编：黄　武（兼）

　　　　　　黄坤岳（兼）

副　主　编：朱伟明（兼）

　　　　　　刘炽勤　市老促会副会长兼秘书长

　　　　　　韦燕球　市党史地志办副主任

　　　　　　罗　勇　市党史地志办副主任

　　　　　　邓锦信　市老区办主任

成　　　员：郭锡源　市老促会副会长

罗　辑　市老促会副秘书长

梁绍宏　市老促会副秘书长

钱家飞　市党史地志办人秘股股长

梁珑耀　市党史地志办党史股股长

李文辉　市党史地志办地志股股长

李东明　市党史地志办科员

林启文　市人社局退休干部

陈春成　市党史地志办退休干部

盘广琦　市党史地志办退休干部

委员会下设办公室（在市党史地志办办公），负责日常工作。由朱伟明兼办公室主任，刘炽勤、郭锡源、韦燕球、罗勇兼办公室副主任。

在举国欢庆新中国成立 70 周年前夕，中国老区建设促进会王健会长请我为《全国革命老区县发展史》丛书作序，作为一名在老区战斗过并得到老区人民生死相助的老兵，回首往事，心潮澎湃，感慨万千，深感义不容辞，欣然应允。

中国革命老区，是以毛泽东为代表的中国共产党人在领导人民推翻帝国主义、封建主义和官僚资本主义三座大山，争取民族独立和人民解放伟大斗争中建立的革命根据地，在这片红色的土地上，诞生了无数可歌可泣的革命英雄儿女，为后人树起了一座不朽的丰碑，她是新中国的摇篮，是党和军队的根。

在艰苦卓绝的战争年代，老区人民把自己的命运与中华民族的命运紧紧地联系在一起，与中国共产党和人民军队的命运紧紧地联系在一起，他们生死相依，患难与共。我曾亲历过战争年代，并得到过老区红哥红嫂的救助，切身感受到发生在身边的一幕幕撼天动地的革命故事，在那极其艰难的条件下，老区人民倾其所有、破家支前，不怕艰难困苦，不怕流血牺牲。"最后一碗米送去做军粮，最后一尺布送去做军装，最后一件老棉袄盖在担架上，最后一个亲骨肉送去上战场"，这是当时伟大的老区人民为建立新中国做出巨大牺牲的真实写照，它将永远镌刻在中国共产党、中国人民解放军、中华人民共和国的历史丰碑上。他们的光辉业绩永载史册，他们的革命精神必将影响一代又一代的革命新人，造就一代又一代的民族脊梁。

在社会主义革命和建设时期，革命老区和老区人民响应党的号召，面对落后的面貌、脆弱的经济、恶劣的生态环境，他们本色不变，精神不丢，自力更生，艰苦奋斗，干一行爱一行。始终坚持"革命理想高于天"，自觉做共产主义远大理想的坚定信仰者和忠实实践者，勇于向恶劣的自然环境和贫穷落后宣战，他们在各条战线上为国建功立业，用平凡的双手创造了一个又一个不平凡的奇迹，彰显了老区人的崇高精神和人格力量。

在改革开放的伟大进程中，老区人民解放思想，勇于创新，发奋图强，攻坚克难，老区的经济社会建设取得了辉煌成就。特别是在改变中国的面貌、中华民族的面貌、中国人民的面貌、中国共产党的面貌的伟大实践中发挥了至关重要的作用。老区人民既是改革开放的参与者，也是改革开放的推动者。

艰苦练意志，危难见精神。老区人民在近百年的革命战争、社会主义建设和改革开放的伟大实践中，孕育形成了伟大的老区精神：爱党信党、坚定不移的理想信念；舍生忘死、无私奉献的博大胸怀；不屈不挠、敢于胜利的英雄气概；自强不息、艰苦奋斗的顽强斗志；求真务实、开拓创新的科学态度；鱼水情深、生死相依的光荣传统。这是党和人民宝贵的精神财富、丰厚的政治资源，是凝心聚力、振奋民族精神的重要法宝，也是社会主义核心价值观的重要内容。

中国老区建设促进会怀着强烈的政治责任感和历史使命感，组织全国各地老促会人员克服困难，尽心竭力编纂《全国革命老区县发展史》丛书，记录老区的光辉历史和辉煌成就，传承红色基因，弘扬老区精神，是功在当代、利及千秋的一件大事。手捧这部丛书的部分书稿，读着书中的故事，倍感亲切，深感这部丛书具有资政、育人、存史的社会功能，有着重要的时代和历史价值。它是不忘初心、牢记使命的源头活水，是赞颂共产党、讴歌老区人民的一部精品力作，是弘扬老区精神、传承红色记忆的丰厚载体，是一项继承优秀传统文化、弘扬革命文化、发展社会主义先进文化，坚定"四个自信"的宏大文化工程。它必将成为一种文化品牌，为各界人士了解老区宣传老区支持老区提供一部有价值的研究史料。希望读者朋友们能从中了解并牢记这些为党和民族的利益不断奉献的老区人民，从中得到教益，汲取人生奋斗的精神动力。

新时代赋予新使命，新起点开启新征程。让我们更加紧密地团结在以习近平同志为核心的党中央周围，坚持以习近平新时代中国特色社会主义思想为指导，增强"四个意识"，坚定"四个自信"，做到"两个维护"，弘扬老区精神，铭记苦难辉煌。为实现"两个一百年"奋斗目标，实现中华民族伟大复兴的中国梦作出新的更大的贡献！

遇涛田

2019 年 4 月 11 日

2017 年 6 月，中国老区建设促进会组织全国各地老促会启动编纂《全国革命老区县发展史》丛书，按照"建立中国共产党、成立中华人民共和国、推进改革开放和中国特色社会主义事业"三大里程碑的历史脉络，系统书写革命老区百年历史，深入挖掘革命老区红色文化资源，这对于充实丰富中国革命史籍宝库、在新时代传承红色基因、弘扬革命精神、强固根本，对于激励人们在新的历史条件下夺取中国特色社会主义伟大胜利，实现中华民族伟大复兴的中国梦具有重要意义。

丛书编纂以习近平新时代中国特色社会主义思想为指导，以《中国共产党历史》《中国共产党的九十年》等重要文献为基本依据，以党的领导为核心，以老区人民为主体，以老区发展为主线，体现历史进程特征，突出时代发展特色，坚持辩证唯物主义和历史唯物主义相统一、历史真实性与内容可读性相统一的原则，书写革命老区从站起来、富起来到强起来的光辉革命史、不懈奋斗史、辉煌成就史，把老区人民的伟大贡献、伟大创造、伟大成就、伟大精神充分展示出来，形成一部具有厚重历史特征和鲜明时代特色的精品力作。这是一部培根铸魂、守正创新，既为历史立言，又为时代服务，字里行间流淌着红色血脉、催生着革命激情的传世之作。丛书的编纂出版将成为讴歌党讴歌人民讴歌时代、传播红色文化、为革命老区和老区人民树碑立传的重要载体。

从书按照编年体与纪事本末体相结合、以编年体为主的编写体例确定框架结构；运用时经事纬、点面结合的方式记述史实；坚持人事结合、以事带人的原则处理人与事的关系；采取夹叙夹议、叙论结合以叙为主的方法展开内容。做到了史料与史论、历史与现实、政治与学术统一，文献性、学术性、知识性相兼容。

为编纂好《全国革命老区县发展史》丛书，打造红色文化品牌，中国老区建设促进会认真组织积极协调，提出政治立场鲜明、史料真实准确、思想论述深刻、历史维度厚重、时代特色突出、编写体例规范、篇目布局合理、审读把关严格、出版制作精良的编纂出版总要求，力求达到革命史籍精品的精神高度、思想深度、知识广度、语言力度，增强丛书的权威性和社会影响力。各省（区、市）、市（州、盟）、县（市、区、旗）老促会的同志，以强烈的使命感、责任感和紧迫感，勇于担当，积极作为，认真实施，组织由老促会成员、专家学者等参加的十余万人编纂队伍。编纂工作主体责任在县，省、市组织协调、有力指导、审读把关。各方面人员以高度负责的精神和科学严谨的态度，满腔热情地投入工作，为丛书编纂出版做出了重要贡献。丛书编纂工作还得到了党和国家有关部委、地方各级党委政府及有关部门的大力支持和积极参与，社会各界也给予了热情帮助。中共中央政治局原委员、中央军委原副主席、原国务委员兼国防部长迟浩田上将，对老区人民怀有深厚感情，对革命老区建设发展十分关注，欣然为《全国革命老区县发展史》丛书作总序。

丛书由总册和1599部分册（每个革命老区县编纂1部分册）组成，共1600册。鉴于丛书所记述的史实内容多、时间跨度长和编纂时间紧，不妥之处，敬请批评指正。

中国老区建设促进会

● 城乡新貌 ●

2000 年 2 月 20 日，江泽民总书记在出席高州市领导干部"三讲"教育会议讲话中，首次提出含有"三个代表"重要思想的内容

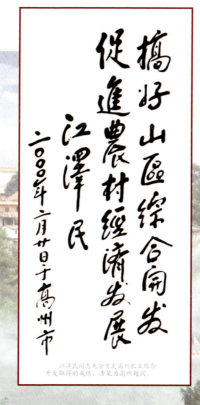

搞好山区综合开发
促进农村经济发展
江泽民
二〇〇〇年二月廿日于高州市

江泽民同志分赞定高州农业综合
开发取得的成绩，亲笔为高州题词。

高州市城区新貌

广东省十大水库之一（库区面积 63 平方公里，库容 12.8 亿立方米）的高州水库

原农业部指定的"储良龙眼生产基地"——高州西部 30 万亩龙眼带

全国第一届农业博览会获金牌、全国第三届农业博览会获"优质名牌产品"称号的"高脚遁地雷"香蕉生产基地

国家级荔枝现代农业产业园、国家级大唐荔乡田园综合体——高州东部20万亩荔枝带

高州市进行立体种养

目前中国最大的鳄鱼养殖场——高州分界宏益鳄鱼场

1994年，高州市荣获"中国100个农林牧渔业总产值最高县市"牌匾

广东省百年名校——高州中学新校区

全国百佳医院、广东省县级最具规模的三级甲等医院——高州市人民医院

包茂高速与汕湛高速在高州交会

高州火车站迎阳广场

高州八景之一"引鉴飞龙"

1929年，时任国民革命军第十一军二十四师师长蒋光鼐（抗日战争时期著名抗日将领）与主持修建的高州城潘州公园

革命老区村庄——泗水镇良村

革命老区村庄——深镇镇仙人洞

革命老区村庄——谢鸡镇官庄村

革命老区村庄——金山板桥村

县域副中心长坡集镇概貌

"中国荔乡"根子镇乡村风光

古丁美丽集镇

马贵摩天小镇

三官山牧场

获首届中国农业博览会金质奖、推广种植面积超过 100 万亩的高州储良龙眼母树

唐朝高力士贡奉杨贵妃荔枝的千年古荔——贡园荔王

● 革命史迹 ●

大革命时期，中共南路地委、广东省农民协会南路办事处旧址——南皋学舍

大革命时期南塘乡农民协会会旗——犁头旗

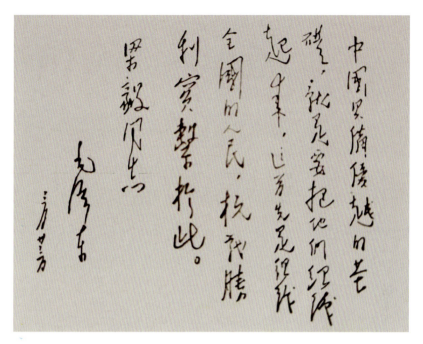

1938年3月22日，毛泽东在延安为中国人民抗日军事政治大学第三期第三大队毕业生、高州青年梁毅题词手书

抗战时期，中共高雷工委、南路特委、香港学生赈济会青年回国服务团团部旧址——益寿庵

茂电信党组织领导人和游击队的秘密驻地——罗秋云故居

解放战争时期，茂电信独立连浮山岭战斗遗址

茂北武装工作队开展革命活动场所遗址——古塘碉堡

茂名县独立大队（代号"大钊大队"）成立处遗址——苏坑梁氏祠堂

1949 年 11 月 2 日高州解放进城前，解放军、县首长在茂南白土村合影

1949 年 11 月 2 日，中共茂名县委、县政府及解放军领导人进入茂名县政府机关接管政权

1949 年 11 月 2 日，解放军二野四兵团先遣部队经南湖塘进入高州城的路上

高州革命烈士陵园

沙田革命烈士纪念碑

● **建设类** ●

1953 年 4 月结束土地改革工作后，中共茂名县委土改办公室全体人员合影

20 世纪 50 年代建设高州水库现场

1965 年，中共高州县委组织部干部、群众 10 人参观样板上留驾生产队水稻丰产片

● 其他类 ●

高州人民会堂

高州孙中山纪念堂

高州三塔——宝光塔（国家文物保护单位）　高州三塔——文光塔　　高州三塔——艮塔

瀛洲公园

"中土无双"珍稀树种——高州缅茄树

高州缅茄雕（1957年4月17日，缅茄雕刻被作为国家珍贵礼品赠送给访问中国的苏联最高苏维埃主席团主席伏罗希洛夫）

微信扫描二维码
您立即开展本书的
延伸阅读

前　言 / 001

第一章　区域和老区概况 / 001

第一节　自然地理 / 002

第二节　历史沿革及行政区划 / 006

第三节　历史人文 / 008

第四节　社会经济 / 010

第二章　大革命时期和土地革命时期（1925 年—1937 年 7 月）/ 013

第一节　农民运动的蓬勃开展 / 014

　　一、20 世纪 20 年代茂名县的社会状况 / 014

　　二、中共茂名县支部的诞生 / 015

　　三、以农民运动为主体的革命运动蓬勃开展 / 016

第二节　与国民党反动派的斗争 / 022

　　一、与国民党右派的斗争 / 022

　　二、国民党反动派在高州制造反革命事变及"清党"
　　　/ 023

　　三、以武装反抗国民党的猖狂进攻 / 024

第三节　大革命的失败 / 030

一、李雅度被杀害 / 030

二、中共南路特委遭破坏，黄平民、朱也赤被杀害 / 030

第三章　全面抗日战争时期（1937 年 7 月—1945 年 8 月）/ 033

第一节　党组织的恢复发展 / 034

一、茂名县的抗日救亡运动热潮 / 034

二、香港学生赈济会青年回国服务团第一团进驻高州
　　/ 035

三、中共高雷工委、茂名县工委的建立 / 036

第二节　支持、推动张炎开展抗日救亡工作 / 038

一、广东省民众抗日自卫团第十一区统率委员会迁入茂
　　名县 / 038

二、建立抗日团体 / 039

三、惩办汉奸 / 042

第三节　香港学生赈济会青年回国服务团第一团在茂名县的抗日
　　救亡活动 / 043

一、帮助恢复重建党组织 / 043

二、深入农村广泛宣传党的抗日主张 / 044

三、关心农民生活，开展赈济工作 / 044

四、坚持团结方针，推动张炎抗战 / 045

五、组织民众抗日武装，开辟游击根据地 / 046

第四节　国民党掀起反共逆流高潮及中共南路党组织对反共逆流
　　的抗击 / 048

一、国民党掀起反共逆流 / 048

二、抗击国民党反动逆流 / 050

第五节　领导群众武装抗日 / 056

一、建立抗日武装力量发展游击小组 / 056

二、广泛筹集抗日武器和财物 / 057

三、发动抗日武装起义 / 057

第四章　解放战争时期（1945 年 8 月—1949 年 11 月）/ 067

第一节　争取和平民主，坚持自卫斗争 / 068

一、召开茂电信武装骨干会议，明确斗争方向 / 068

二、领导高州城区争取和平、民主的学生运动 / 069

三、国民党反动派对革命人士的屠杀 / 070

第二节　加强党组织建设 / 071

一、中共茂名中心县委和茂电信工委的成立 / 071

二、区、乡党组织及政权建设 / 072

第三节　建立基干武装队伍，发展壮大武装力量 / 073

一、茂电信独立大队的建立及活动 / 073

二、发展武工队及游击小组 / 076

三、组建茂名县独立大队 / 078

第四节　开辟新区 / 079

一、茂北游击区的开辟 / 079

二、茂东游击区的开辟 / 080

三、茂南游击区的开辟 / 081

四、茂西游击区的开辟 / 081

第五节　建立广泛的交通联络网 / 083

一、高州城区交通站 / 083

二、茂北地区交通站 / 084

三、茂东地区交通站 / 085

四、茂南地区交通站 / 086

五、茂西地区交通站 / 086

第六节　粉碎敌人的"清乡""扫荡" / 088

一、敌人疯狂的"清乡""扫荡" / 088

二、开展反"扫荡"斗争 / 090

第七节　加强统战工作 / 094

一、对国民党政要人员的统战工作 / 094

二、对知识分子的统战工作 / 096

第八节　全面展开攻势，迎接茂名解放 / 097

一、中共茂名县委、四大区委的建立及团组织的重建 / 097

二、加强武装队伍建设 / 098

三、人民群众踊跃参加革命斗争 / 101

四、打击反动分子 / 102

五、策动敌军起义 / 104

六、培训干部，建立新政权 / 105

七、迎接茂名解放 / 106

八、歼灭茂西残敌 / 108

第五章　建设探索时期（1949 年 12 月—1978 年 11 月）/ 111

第一节　建立茂名县人民民主政权 / 112

第二节　土地改革 / 115

第三节　对农业、手工业和资本主义工商业的社会主义改造 / 119

一、对农业的社会主义改造 / 119

二、对手工业的社会主义改造 / 121

三、对资本主义工商业的社会主义改造 / 123

第四节　人民公社的建立 / 125

第五节　农业学大寨、工业学大庆运动 / 129

一、农业学大寨运动 / 129

二、工业学大庆运动 / 131

第六节　水利、科技、教育和卫生事业的发展 / 133

一、水利事业 / 133

二、科技事业 / 135

三、教育事业 / 136

四、卫生事业 / 140

第六章　改革开放时期（1978 年 12 月—2017 年）/ 143

第一节　拨乱反正 / 144

一、揭批"四人帮"罪行 / 144

二、解放思想，破除"左"的思想禁锢 / 145

三、平反冤假错案，落实各项政策 / 145

第二节　经济体制改革 / 148

一、农村经济体制改革 / 148

二、城镇经济体制改革 / 150

第三节　撤县设市 / 158

第四节　江泽民视察高州 / 160

一、深入镇、村调研 / 160

二、召开市、镇、村三级干部党建工作座谈会 / 161

三、作"三讲"教育动员 / 162

四、盛赞冼夫人的爱国主义精神 / 163

第五节　奋发图强快速崛起 / 164

一、工业的发展 / 164

二、农业的发展 / 170

三、商贸旅游的发展 / 171

四、城乡基础设施建设 / 176

五、各项社会事业的改革和发展 / 188

六、精神文明建设 / 199

第六节　全面建设小康社会 / 206

一、全面贯彻落实党的十八大精神 / 206

二、经济实力持续提升 / 207

三、城乡面貌焕然一新 / 207

四、文教卫生再获佳绩 / 208

五、党的建设切实加强 / 209

六、以党的十九大精神引领高州新发展 / 209

第七章　落实政策　促进老区发展 / 213

第一节　建立健全老区建设工作领导机制 / 214

一、高州县革命老区建设研究促进会的成立 / 214

二、高州县革命老区建设办公室的成立 / 215

三、高州市老区建设基金管理委员会的成立 / 215

第二节　帮扶革命老区建设的方针、举措与成效 / 217

一、革命老区建设工作的方针和目标 / 217

二、革命老区建设资金的筹集及管理 / 217

三、支持革命老区建设的举措与成果 / 218

第八章　红色资源 / 233

第一节　老区镇、老区村庄 / 234

　　一、老区镇 / 234

　　二、老区村庄 / 234

第二节　革命遗址 / 250

第三节　茂名县新民主主义革命时期烈士（含深镇镇）共 274 名 / 264

　　一、大革命和土地革命战争时期牺牲的烈士（23 名）/ 264

　　二、抗日战争时期牺牲的烈士（1937 年 7 月 7 日至 1945 年 9 月 2 日）（36 名）/ 264

　　三、解放战争时期牺牲的烈士（1945 年 9 月 3 日至 1949 年 9 月 30 日）（208 名）/ 265

　　四、外籍在茂名县牺牲的烈士名单（22 名）/ 266

第四节　革命纪念场馆 / 267

　　一、革命烈士陵园 / 267

　　二、革命历史纪念馆（室）/ 267

第五节　重要革命人物简介 / 269

　　一、革命烈士 / 269

　　二、重要革命领导人 / 277

附　录 / 285

附录一　历史文献选录 / 286

附录二　红歌、红色标语 / 300

附录三　大事记 / 301

后　记 / 319

为贯彻落实习近平总书记关于"发扬红色资源优势,深入进行党史、军史、老区革命史优良传统教育,把红色基因代代传下去"的指示,中央办公厅、国务院办公厅在印发《关于加大脱贫攻坚支持革命老区开发建设的指导意见》中明确提出:"积极支持老区精神挖掘整理工作,扶持创作一批反映老区优良传统,展现老区精神风貌的优秀文艺作品和文化产品。"中国老区建设促进会研究决定,组织全国1599个革命老区县(市、区、旗)编纂《全国革命老区县发展史》丛书,为党政机关、大专院校、科研单位和社会各界了解老区、宣传老区、支持老区提供一部有价值的学习和研究史料,并进一步为推动老区历史史料及红色文化的挖掘整理、推进老区精神的深入研究和宣传,为老区脱贫攻坚全面建成小康社会提供强大精神动力,营造良好的舆论氛围。

革命老区,是指革命战争时期,在中国共产党领导下创建的革命根据地。《高州市革命老区发展史》是一部记述高州市革命老区人民在中国共产党领导下开展革命斗争、社会主义革命和建设以及致富奔康的史书。在革命斗争时期,高州市是中国共产党在高雷(10个县、市)、南路(17个县、市)开展革命斗争的中心基地之一。高州市革命老区人民在中国共产党领导下,为推翻帝国主义、封建主义、官僚资本主义三座大山,不怕牺牲,前赴后继，进行了长期艰苦卓绝的斗争，描绘了一幅幅惊心动魄、可歌可泣的革命历史画卷。在社会主义革命和建设时期，高州市革命老区人民在中国共产党领导下，弘扬老区的光荣传统，踏着社会主义革命和建设的历史节拍，乘着改革开放的强劲春风，顺着创新发展的时代潮流，不忘初心，砥砺前行，取得了辉煌的建设成就。先后获得"全国农村综合实力百强县（市）""全国粮食生产先进县（市）""全国水果第一县（市）""全国首届农林牧渔业总产值百强县（市）""全省农业综合开发立项竞争第一名""全省粮食高产创建先进单位"等多项国家级、省级殊荣。

大革命时期 高州市时称茂名县。1925年，茂名县籍中共党员朱也赤随国民革命军南征部队回到茂名县，开始筹建党组织工作。1926年5月，建立中共茂名县支部，是南路比较早建立党组织的县份之一。1926年秋，广东省农民协会南路办事处迁到高州城，身兼中共南路特派员的黄学增任办事处主任。黄学增在高州城举办农民运动干部训练班，培训茂名、电白、信宜、化县、吴川、廉江、遂溪、海康、徐闻、阳江、阳春、钦县、防城、合浦、灵山等县和梅菉市、北海市的农民运动积极分子。随后，又召开南路农民代表会、南路工人代表会和国民党南路代表会。

茂名县的农民运动蓬勃发展。1926年10月，茂名县东、南、西、北都建立起一批农民协会，全县农民协会会员近10万人。茂名县农民协会开展惩办恶霸地主、土豪劣绅，实行"二五"减租，反对贪官污吏等斗争，取得了丰硕的斗争成果。与此同时，茂名县总工会、学生联合会、妇女解放协会也相继成立。茂名县以农民运动为主的大革命开展得有声有色，成为南路的革命中心。

农民运动的兴起，触动了官僚地主和国民党右派的利益。1926年底，茂名县国民党右派制造事端，恶毒攻击共产党。1927年4月18日，茂名县"清党运动"开始。国民党军队包围农民协会南路办事处，捕捉共产党人和农民运动积极分子。高雷"清党委员会"发布命令通缉共产党人，朱也赤、黄学增等208人被通缉。为反击国民党右派，中共南路特委、茂名县党组织发动沙田农民暴动，又策动高州兵变，有力地回击了国民党反动派。1928年12月，中共南路特委机关被破坏，朱也赤与特委书记黄平民等被敌人杀害于高州城，茂名县党组织暂时停止了活动。

抗日战争时期　在抗日战争时期，茂名县人民抗日救亡情绪高涨。青年学生、知识分子和开明士绅成立了"茂名县抗日救亡御侮委员会"，自发开展抗日救亡活动。1938年秋，高州中学学生廖盖隆、杨毅、杨进琳、卓树基、刘淑祥、程均昌、杨优德、余荣中、李淑珠不远千里，奔赴延安抗日前线。在南路抗日救亡运动的推动下，国民党政府任命张炎出任第十一游击区司令，主持南路抗战事务。受张炎邀请，中共广东东南特委向南路派出香港学生赈济会青年回国服务团第一团，到高州协助张炎操办抗战事务。1939年夏，中共高雷工委、茂名县工委建立。茂名县工委建立后，发展建立党组织，发动群众抗日救亡，建立抗日根据地，占领宣传阵地（控制《高州民国日报》），同时执行党的抗日统一战线政策，支持、团结张炎抗日。张炎在中共党组织和香港学生赈济会青年回国服务团第一团的支持下，成立了抗日乡村工作团、学生队、妇女队、干部训练队和保育院等一批团体。茂名县的抗日救亡运动开展得如火如荼，成为南路抗日救亡运动中心。

1940年，国民党顽固派发动反共逆流，攻击张炎"容共"，张炎被迫下台，茂名县党组织转入隐蔽斗争。1945年2—5月，茂名县党组织发动了茂东、茂南、茂西、茂北抗日武装起义，给国民党反动派以沉重的打击。

解放战争时期　抗日战争胜利后，茂名国民党政府加紧对革命力量的进攻。对游击区实行"扫荡"和"清乡"，残杀共产党人，捕杀革命群众，革命斗争处于低潮。1946 年 12 月，中共中央香港分局作出恢复武装斗争的决定。茂名县在中共南路特委和茂电信党组织的领导下，不断发展壮大党组织，成立中共茂名县委并建立茂北、茂西、茂南、茂东 4 个区委；加强武装队伍建设，成立游击队、武装工作队，组建茂名县独立大队（代号"大钊大队"）和中国人民解放军粤桂边纵队第五支队第十四团；建立游击村庄，开辟茂北、茂西、茂南、茂东游击区；建立交通联络站，形成四通八达的交通网络；加强统战工作，建立"白皮红心"的两面政权，策反敌军，瓦解敌人。1949 年 10 月初，茂名县人民政府成立；11 月 2 日，在中国人民解放军的协助下，中共茂名县委、县人民政府进入高州城正式接管政权，宣告茂名县解放。从此，茂名历史翻开了崭新的一页。

在 20 多年革命斗争的艰苦岁月中，高州市革命老区人民积极支持和参加革命，为革命提供了坚持长期斗争所需要的人力、物力和财力，为壮大革命力量，取得最后胜利，付出了巨大牺牲，作出了极大贡献。在敌人实行疯狂"扫荡"的日子里，不少群众被关押，他们宁死不屈，大义凛然。他们当中，有举家参加革命的，有举家为革命牺牲的，茂名县为革命献出了朱也赤、李雅度、梁弘道、李淑明、欧叶三奶等 200 多名优秀儿女的生命，他们的事迹惊天地、泣鬼神！老区的革命传统和历史经验是非常宝贵的精神财富，它的光辉业绩将彪炳史册，永放光芒。

建设探索时期　中华人民共和国成立后至 1978 年，高州市革命老区人民在中国共产党领导下进行社会主义革命和建设，是建设探索、曲折发展的时期。

1949 年 11 月至 1956 年，是建立和巩固茂名县人民民主政权及向社会主义过渡时期。中共茂名县委领导接管政权后，带领全县人民进行整顿社会经济秩序，建立新经济社会秩序；禁烟（鸦片）、禁赌、禁娼，剿匪反霸，稳定社会环境；土地改革，彻底铲除封建土地制度的基础；贯彻党在过渡时期的总路线，完成党对农业、手工业、资本主义工商业的社会主义改造，建立社会主义制度；开展"三反""五反"运动，肃整干部队伍和社会风气；建立人民民主和党内民主制度，对旧式教育和科学文化事业进行卓有成效的改革，并通过实施国家"一五"计划，使国民经济和各项事业全面发展，为全面进行社会主义建设打下了良好基础。

1957—1966 年，是全面建设社会主义探索的十年时期。期间，取得了建设高州水库等巨大成就，但也出现了反右扩大化、"大跃进"、人民公社化运动等严重失误。全县人民在各级党组织的领导下，团结一致，克服重重困难，逐步纠正了错误，全县社会主义建设得到恢复和发展。

1966—1976 年，高州与全国同步进入十年"文化大革命"动乱时期。出现大动乱局面，给党、国家和人民群众造成了深重的灾难。1970 年各级党组织恢复活动后，带领广大党员和人民群众竭尽全力，将动乱造成的破坏减少到最小程度。农业、工业依然有所发展，高州的"科学种田"模式继续推广，所创的农村合作医疗等基层卫生工作经验得到国家肯定，被推选到联合国世界卫生组织召开的第三十届大会上作介绍，受到与会者的高度关注。

1976—1978 年，是拨乱反正、徘徊前进时期。1976 年 10 月，"四人帮"被粉碎，"文化大革命"宣告结束。在中共高州县委的领导下，全县对"左"倾思想展开批判，历史遗留问题逐步得到清理与平反，开展了关于真理标准的大讨论，打破了"两个凡是"的阴影，农业、工业生产逐渐增长，教育、文化、卫生等各业也回归正轨并有所发展。

改革开放时期　1978 年 12 月，中共十一届三中全会召开，高州伴随全国的步伐，进入了以经济建设为中心的改革开放新时期。中共高州县委根据中央的指示精神，进行拨乱反正，平反冤假错案；恢复建立党政领导机构，恢复了人民代表大会和中共高州县纪律检查委员会，建立了政协高州县委员会。把党的中心工作转移到经济建设上来，全面推行农村家庭联产承包责任制，调动了农民的生产积极性和创造性。进行经济体制的全面改革，大力兴办乡镇企业。1992年，邓小平南方视察后，全国进入了深化改革、扩大开放的新阶段，社会主义现代化的建设步伐全面加快，初步建立了社会主义市场经济体制。高州县委以市场为导向，大力发展"三高"农业；进一步深化工业企业体制改革，大力兴办民营企业；开展招商引资，建设工业园区；加快第三产业发展；加强各项基础设施、精神文明建设；对老区村庄实行政策倾斜扶持，加快老区建设步伐；大力发展教育、卫生事业，进行"改危"和"创强"。2000年2月，时任中共中央总书记江泽民出席高州"三讲"动员会，提出了"三个代表"重要思想，成为新时期党的指导思想。高州的县域经济快速发展，各项事业都取得了辉煌的建设成就，人民的生活水平显著提高；曾被时任中共中央政治局委员、广东省委书记李长春赞誉为"广东省山区综合开发的一面旗帜"。

2012年党的十八大召开以来，高州市坚持以习近平新时代中国特色社会主义思想为指导，扎实推进"五位一体"总体布局和"四个全面"战略布局在高州的实施，坚持稳中求进工作总基调，践行新发展理念，推进供给侧结构性改革，不忘初心、牢记使命，打好全面建成小康社会攻坚战，努力在新时代开启新征程、续写新篇章，为把广东建设成为向世界展示习近平新时代中国特色社会主义思想的重要"窗口"和"示范区"作出"高州贡献"。

2017年10月18日，习近平总书记在党的十九大报告中指出："从现在到二〇二〇年，是全面建成小康社会决胜期。"在党的十九大精神引领下，高州市革命老区人民深入贯彻习近平总书记系列重要讲话和习近平总书记对广东工作重要指示批示精神，坚持以新时代党的建设为引领，按照中共广东省委、茂名市委、高州市委的工作部署，聚焦加快乡村振兴、加快产业发展、加快城市建设、抓好生态环境保护、加强精神文明建设、提高民生保障质量等关键环节和重点领域，同心同德，迎难而上，攻坚克难，扎实推进高质量发展，以新担当新作为开创高州工作新局面。

1

第一章

区域和老区概况

第一节 自然地理

高州市位于广东省西南部，鉴江中上游，东邻阳春市，南邻电白区和茂南区，西与化州市和广西北流市交界，北与信宜市接壤，辖区总面积3276平方千米。2017年，辖谢鸡、新垌、云潭、分界、根子、泗水、石鼓、镇江、沙田、荷塘、南塘、荷花、石板、东岸、大井、潭头、长坡（县域副中心）、大坡、平山、古丁、深镇、马贵、曹江23个镇，潘州、山美、石仔岭、宝光、金山5个街道，村委会439个、居委会49个，自然村庄（村落）5378条，2017年末户籍人口181.62万人。有8个革命老区镇，768条革命老区村庄。

高州境内地形复杂，自东北向西南逐渐展开，形成东北高、西南低的斜形状态。山地、丘陵主要分布在市东部及北部，约占全市总面积的50.4%。台地主要分布在市中部及西部，约占总面积的32%。沉积平原主要分布在鉴江流域两岸及南部一带，约占总面积的16.6%。地势最高点是东北部马贵镇的棉被顶，海拔1627.3米；最低点是西南部石鼓镇祥山的鉴江河床，海拔11.5米，高低相差1615.8米。

市内主要河流有鉴江干流，是粤西沿海最大最长的一条独流入海的河流。境内属于鉴江干流一级支流的有沙田河、南塘河、大井河、曹江河、大坡河、马贵河。鉴江最大支流陵江，在市内西北荷花镇与广西北流市接壤处入境，流经荷花镇、石板镇后流入化州宝墟镇,到化州城汇入鉴江。

高州位于北回归线以南,为亚热带—热带湿润季风气候,有高温湿重的特点。由于光照充足,雨量充沛,无霜期长,为植物生长繁衍提供了优越的光、热、水等自然条件,对发展农业生产十分有利。因此,市内农作物一年四季,常年可种可收。

高州境内自然资源丰富,主要有:

(1) 土地资源。全市土地总面积3270.79平方千米,占全省土地总面积1.84%,2017年有耕地60344.47公顷(1顷≈0.067平方千米,下同),其中基本农田46792.53公顷,基本农田保护率77.54%,人均耕地0.5亩(1亩≈666.67平方米,下同),土地后备资源相对不足。

(2) 森林资源。高州市处于热带亚热带气候带,林业资源丰富,植物地理分布大体和气候带等自然环境相适应,多为亚热带雨林,自然植物多属常绿针阔叶树,树种有120多科200多种。野生和人工栽培的乔木树种主要有松科、杉科、樟科、桑科、山茶科、苏木科、木兰科、橄榄科、大戟科,壳斗科、桃金娘科、含羞草科等120多科,野生淀粉植物37种,野生油料植物21种,野生纤维植物23种,野生药用植物170多种,竹类30多种。用材林主要有杉、松、桉、楠、樟、枫树、红椎、梨木、苦楝等。经济林主要有油茶、油桐、橡胶、紫胶以及木本水果荔枝、龙眼、杧果、柿子、沙梨、山楂、油柑、黄榄、柑、橙、杨桃、菠萝蜜、三华李、黄皮、番石榴、柚等。植被物多为岗松、芒箕、桃金娘、鹧鸪草、乌毛蕨、野牡丹、淡竹叶、九节、算盘子、鸭脚木等。高州市是全省50个山区县(市)之一,2017年境内林业用地约300万亩(含国有林场),占国土面积61%,其中生态公益林达116.4万亩,占集体林地面积43.4%,林木蓄积量达1142万立方米,森林覆盖率达67.36%。野生动物主要有山猪、黄猄、果狸、穿山甲、乌龟、石蛤、箭猪、坡狗、飞鹰、山鸡、白鹤、鹧鸪等。古树名木被誉为"绿色古董",根据普查登记,全市 2017 年登记建档古树名木有 1143 株,其中稀有树种有缅茄树 3 株、见血封喉树 16 株、泰国木棉 3 株,名木 1 株（中华红荔枝树）。全市古树名木以散生单株分布为主,主要分布在根子、新垌、宝光等镇（街道）,从树种的数量来看,榕树数量最多,居第一位,其次是荔枝树,其他的主要有见血封喉树、人面子、樟树、仙桃木、椎木、仪花树、大叶冬青树等。

（3）水力资源。高州市降雨主要由低压槽和台风等类天气形成。高州市多年平均降水量为 1711 毫米,汛期主要集中在 4 ~ 9 月。高州市多年平均河川径流量为 33.07 亿立方米,多年平均地下水资源量为 7.71 亿立方米。总体来说,高州市水质尚好,鉴江上游山区支流,水质达到 II 类标准;鉴江中下游干流,水质为 III 类标准。

（4）矿产资源。高州市矿产资源丰富,已发现的矿种有 50 多种,矿点矿床 310 多处。非金属矿主要有煤、油页岩、高岭土、滑石、活性漂白土、稀土、花岗岩、石灰石、钾长石、辉长岩、绢云母、石英矿、磷矿石、石油、硼矿等 20 多种。有色金属矿主要有金、铝、银、锡、铅、锌、钨、镍、铀、硫铁矿、铁矿等 20 多种。规模较大的矿藏有 10 多种,其中煤矿储量 4400 多万吨,高岭土储量 7000 万吨,磷矿石储量 2 亿吨,花岗岩总储量 21 亿立方米以上。此外,还有玉石、玛瑙、水晶、琥珀等矿产。煤矿主要分布在石鼓镇、泗水镇、镇江镇等地;磷矿主要分布在大井镇、新垌镇、马贵镇等地;石灰石主要分布在长坡镇、大坡镇、平山镇、古丁镇、根子镇等地;高岭土主要分布在宝光街道、沙田镇、分界镇、泗水镇、南塘镇、东岸镇、潭头镇等地;花岗岩主要分布在深镇镇、大坡镇、东岸镇、长坡镇、石板镇、根子镇、新垌镇、云潭镇、大井镇等地，有纯黑、墨绿、麻白、虎皮红等多种颜色的花岗岩 13 类 20 多种；金矿主要分布在宝光街道、沙田镇、泗水镇、石鼓镇、马贵镇等地；铁矿主要分布在谢鸡镇、石鼓镇、古丁镇等地。其他矿藏如云母、滑石、漂白土等矿藏也正在有计划地开采利用。此外，还有荷花镇温泉、大坡平云山和新垌九龙山优质矿泉水资源。

第二节 历史沿革及行政区划

　　高州市历史悠久,源远流长。早在4500年前的新石器时代,市境已有土著民族繁衍生息,创造了高州古代人类文明。夏商时期(公元前21世纪—前11世纪),高州土著民族陆续结成联盟,先后融入西瓯和骆越两大部落。春秋战国时期,高州属楚地。秦统一中国后,在岭南地区设立南海郡、桂林郡和象郡,高州属桂林郡和象郡。汉代,岭南地区重新分设为南海、交趾、合浦等7郡,高州属合浦郡。西汉元鼎六年(公元前111年),合浦郡下设高凉县,县治在今高州市高凉山下的高州市副中心长坡旧城村。汉灭南越国后,部分南越民族开始汉化,原南越民族则史称为俚族。南朝梁大同元年(535年),在俚人聚居地区中心置立高州,此为高州之始,州治设于今高州市副中心长坡旧城村。梁中大通元年(529年),置电白郡,郡治附于高州治内。陈永定二年(558年),高州治迁至安宁县(今阳江市);又于境内东北部置务德县,县治在今高州市东岸镇良德圩旁。1958年,这里修建良德水库,整座良德县城被淹于水下。隋朝,置茂名县,属高凉郡。开皇十八年(598年),茂名改属罗州。唐贞观八年(634年),南宕州从定川徙治茂名,更名潘州,茂名城称潘州城。贞观二十三年(649年),高州治从西平迁至良德。至此,在今天的高州市内,同时存在着两州(高州、潘州)、三县(茂名、良德、电白)的行政治所。宋代,潘州并入高州;良德县并入电白县。元代,改州为路，高州为高州路。明代，改路为府，高州路为高州府。洪武元年（1368 年），高州府治迁至茂名县，茂名县城便称高州城。清代沿明制，高州府治、茂名县治以及高州总兵机构同设于高州城。民国时期，撤府留县。茂名县先后隶属广东省高雷道、南路行政区、第七行政区、第十三行政区。

中华人民共和国成立后，茂名县先后隶属南路专区、高雷专区、粤西行政区、湛江专区。1958 年 8 月，在茂名县南部成立茂名工矿区市（即茂名市）。10 月，将茂名县南部的原公馆乡和袂花乡、鳌头乡的部分地域划给茂名市管辖；小良乡划归电白县；龙首乡等划归吴川县，南盛乡划归化州县。11 月，茂名、信宜两县合并为茂信县，12 月改称高州县。1961 年 4 月，茂名、信宜两县分署，原茂名县部分仍称高州县，原信宜县管辖的深镇、古丁、马贵 3 个公社划归高州县管辖。1993 年 6 月，撤销高州县，设立高州市。

历史人文

　　高州市山川钟灵毓秀，孕育和造就了大批著名人物。西晋时期的潘茂名，一生习静修道，采药炼丹，为百姓解除疾苦，深受群众爱戴和朝廷重视，被誉为"岭南第一道"。南朝时期，南越俚人女首领冼夫人，一生致力于国家统一和民族团结，为岭南地区的和平稳定作出了卓越贡献，先后被朝廷册封为石龙太夫人、宋康郡夫人和谯国夫人，官阶从一品。唐代的高力士，在朝廷中任知内侍省事，为朝廷推荐了一批任职高官的人才，深受唐玄宗的宠信。明代的李学曾，任大理寺少卿，与县内同出一门的进士李邦直、李一迪被誉为"为官耿直三进士"，扬名朝野。清代同治年间的杨颐，先后任职兵部和工部左侍郎，为编纂国史、修建北京胜迹等作出了杰出贡献。民国初期的张锦芳、杨永泰，先后任职广东省省长，对广东的建设和发展卓有建树。民国后期的梁华盛，曾任职吉林省主席，并在高州开办海珊中学，促进了高州教育事业的发展。国民革命军第三十五集团军总司令邓龙光，在高州修建秀川图书馆，为高州保存了大量的地方文献和古籍资料。

　　高州人民富有爱国主义和革命斗争的光荣传统。从元明以来，境内不断发生抗击外敌及农民起义等军事斗争，其中较大的兵事有10多次。至元十五年（1278年）六月，元兵直捣高州，茂名县尹潘惟贤率众力拒，被执后不屈而死。其子潘斗辅亦持剑怒闯敌营，与敌同归于尽，留下了一门忠烈的美名。明隆庆五年

（1571 年）十二月，倭寇大举进攻高州城，高州民众协同官军奋力抗击，血战城南，终于退敌。清代后期，农民起义频繁，高州大批群众加入天地会、三点会组织，起义反清。天地会会员苏三娘，丈夫被杀后，投奔太平军，成为太平天国一名出色的女将领。辛亥革命期间，梁海珊、周伟民、熊英、谭惠泉等加入同盟会，组织武装力量，在孙中山的旗帜下，为光复南路、光复高州作出了贡献。民国 15 年（1926 年），共产党员、南路农民运动领袖黄学增、朱也赤，在高州设立广东省农民协会南路办事处，建立中共地方组织，发展地下武装力量，于民国 17 年（1928 年）3 月举行了震惊广东南路的沙田暴动。民国 28 年（1939 年），原国民革命军第十九路军爱国将领张炎，在中共地方党组织的帮助下，在高州城西郊组织近千人的南路抗日学生队，开展抗日救亡活动。

在社会主义革命和社会主义建设中，高州也贤才辈出。他们在不同的岗位上，为高州的社会主义建设事业作出了卓越贡献。据不完全统计，至 1993 年底，全市（县）获得全国、部、省级劳动模范、先进个人称号的有 200 多人，获得高级专业技术职务的有 700 多人，获得中级专业技术职务的有 5900 多人；有处级以上领导干部 500 多人。他们通过不同的方式支持高州的各项事业，促进高州的社会发展。如中国科学院学部委员（院士）世界著名农学家、水稻专家丁颖教授，毕生从事农业教育和科研工作，对稻种的起源演变、生态类型、选育良种、栽培技术等均有重大贡献，历任华南农学院院长、中国农业科学院院长、中国科学技术协会副主席等职。此外，还有不少高州籍人士远涉重洋，建功异域，但他们却心系祖国，情结故里，造福乡梓。他们都是高州人民的杰出代表。

第四节 社会经济

　　高州的社会经济在历史上是比较发达的。在距今 4500 年前的新石器时代，高州先民便在这块土地上繁衍生息，开始制造并使用石斧、石锛、夹砂粗陶等原始的生产工具和生活用具。春秋战国时期，高州出现冶炼业，境内南塘镇曾出土有代表百越文化典型特征的人面纹青铜短剑及青铜簪等多件青铜文物。秦汉以后，他们与南下的中原汉人杂处，并受到中原先进的生产技术影响，开始禽畜饲养，使用牛耕，统一度量衡，进行产品交易。西汉时期，高州出现采矿业，在东岸镇双利村的古河道旁，还保存有西汉时期开采滑石的矿道遗址。铸铜业比较先进，境内出土的铜鼓造型美观，装饰精致，标志着冶炼工艺技术已达到较高的水平。当时，荔枝、龙眼、香蕉等水果也开始了人工培植。三国、两晋时期，制陶技艺有了新的进步，不但能制作出大容量的陶器，而且能烧制青釉瓷器。群众的居住条件开始改善，"穴居崖处"的状况逐渐为砖瓦房屋所取代。南朝时期，高凉俚人女首领冼夫人与高凉太守冯宝联姻的社会效应，促进了汉俚民族大融合。唐代，农业生产空前繁荣，"一年养蚕八次，收稻两次，十月种田，正月收粟"。家庭手工业也得到了发展，所产的葛布质量甚佳，被列为贡品之一。市内对金矿开采也形成了一定的规模。宋代，由于水利的兴修、耕地的扩大、生产技术的改进，粮食生产有较大的发展。长坡镇大型矿冶遗址的形成、高州镇数万枚窖藏古币的出土，真实地反映了当时的经济状况。明清时期，高州的社会生产得到较大的发展。首先是农业耕地面积的扩大，水利设施的兴修，保证了农业生产的稳定发展。仅明万历年间，全县新垦田69顷，增建水陂38个，山塘28口。其次是生产工具与生产技术有了改进，农作物品种增多，一年三熟，提高了土地的利用率。此外，出现了专业化的农作物产区，特种种养业也开始出现。新垌的茶园、低坑的鱼苗、山区的大面积种葛，都成为专业化的种养业。这时期的手工业生产也有新的发展，特别是瓷业制作技术有更大的新突破。明代的高州炉所铸的青钱是全国铸币成色最高者之一，在全国处于领先地位。商业贸易也逐渐发展，主要表现在圩市的增多、圩期的缩短和行商远途贩运的出现。清乾嘉年间，高州商人率先在海口建立高州会馆，其时高州商人开设的"南行"，在海口商界中与广州商人开设的"广行"、潮州商人开设的"潮行"，成为鼎足之势。此后，高州商人又先后在广州、广西等地开设高州会馆，其中在广州越秀中路开设的高州会馆，其活动一直延续至民国后期。

中华人民共和国成立后，在中国共产党的领导下，各项社会事业得到恢复和发展。特别是1979年以来，全县人民贯彻以经济建设为中心，坚持四项基本原则，坚持改革开放，以市场为导向，全面调整产业结构，各项社会事业全面高速发展，人民生活水平显著提高。2012年党的十八大召开以来，全市人民以习近平新时代中国特色社会主义思想为指导，牢固树立"创新、协调、绿色、开放、共享"五大发展理念，全力打好全面建成小康社会攻坚战，推进高质量发展，开创了高州改革发展新局面。2017年，全市完成地区生产总值566.12亿元，固定资产投资261.95亿元，社会消费品零售总额224.62亿元，一般公共预算收入17.38亿元，主要指标连续多年保持较快增长。

第二章

大革命时期和土地革命时期

（1925 年—1937 年 7 月）

第一节 农民运动的蓬勃开展

一、20世纪20年代茂名县的社会状况

20世纪20年代的茂名县，在帝国主义、封建主义、官僚资本主义三座大山的压迫下，经济落后，生产力水平低下，社会动荡，人民的生活处于水深火热之中。

茂名县地处山区，人多田少，民国初年的人口密度，每平方千米达200多人。土地80%以上集中在地主、富农手中，占人口90%以上的农民，绝大多数都是赤贫的佃农、雇农。当时的地租，一般为主六佃四。即使遇水旱灾害，颗粒无收，地租也分厘不能少。为了交租，农民不得不生钱借债，忍受高利盘剥，借债农民还得将房屋或妻女作抵押，到期还不清债款者则要将房屋、妻女抵债。

茂名县城（高州城）在历史上较长时期是州、府、道、行政专署等治所，是南路的政治、经济、文化中心，成为军阀必争之地。民国初年，军阀割据混战。1918年初，龙济光占据高州城。1921年，桂系军阀出师高州城。自称八属联军总指挥的邓本殷，于1923年率部进据高州城。这些军阀虽然变换频繁，统治时间不长，但他们拥兵割据，压迫人民，勾结帝国主义，支持恶霸劣绅，鱼肉民众，纵容土匪兵痞抢劫掳掠，使当时的茂名社会极为黑暗混乱，给人民带来深重的苦难。

军阀统治，不仅有千捐万税，而且要预征钱粮，民国14年

（1925 年）就已征收到了民国 20 年（1931 年）的钱粮。

由于反动派敲骨吸髓的盘剥，横征暴敛的压榨，工商业破产，农业凋敝，民不聊生，不少人被逼得卖儿鬻女，离乡背井，逃荒要饭。每年全县有一千几百人卖身当"猪仔"[①] 去南洋，高州有一奸商在高州城和西营（今湛江市赤坎）开设"锦纶泰"号，专门做贩卖"猪仔"的生意。1926 年初，就有 5000 余人经"锦纶泰"被卖到了南洋。

二、中共茂名县支部的诞生

俄国十月社会主义革命的胜利，给中国送来了马克思主义，给中国革命指明了方向。高州城学校中一批先进知识分子和青年学生，首先从各种进步书刊中学习、接受马克思主义，要求革命。1919 年的五四运动，对茂名学生和知识界产生了很深的影响。当时，高州城学生采取了发通电、罢课、上街示威游行等行动声援北京学生的反帝爱国运动。1921 年中国共产党诞生后，一批用马克思主义初步武装起来的青年学生，在黑暗中看到了光明，在彷徨中看到了希望，认识到要争取民族解放，要解救国家危难，必须靠无产阶级政党的领导，知识分子要与工农群众结合。马克思主义的迅速传播，五四运动、五卅运动等伟大反帝爱国运动的影响，青年学生和知识分子在思想上的飞跃，是茂名县建党的思想基础。

朱也赤是茂名县第一个中共党员。他原名朝柱，又名克哲，茂南白土村人，1918 年在高州中学毕业，1919 年秋在广东高等师范学校攻读，1920 年秋转读广东公立医药专门学校。他在学校学习勤奋，阅读很多进步书刊，在俄国十月革命和五四运动的影响

---

① "猪仔"：是被西方侵略者诱骗卖身到国外当劳工的人的称谓，是西方侵略者的罪证，也是中国劳工的血泪史的见证。

下，思想进步，追求真理，向往革命，信仰马克思主义，改名为朱也赤。他于1922年夏参加中国社会主义青年团（后改称为中国共产主义青年团，简称"共青团"），后加入中国共产党。

朱也赤回到茂名后，在中共南路党组织的指导下，先后发展了杨绍栋、毛次奇、关耀南、梁泽庵、梁列楷等人为共产党员。1926年5月，建立了中共茂名县支部，书记为朱也赤。党支部成立，使茂名县的革命斗争有了坚强的领导，在反帝反封建和开展农民运动中，充分发挥了战斗堡垒作用。党组织也在斗争中不断发展壮大。到年底，全县党员发展到40多人。

三、以农民运动为主体的革命运动蓬勃开展

农民运动是大革命时期国共合作的产物。农民协会简称"农协"或"农会"，是大革命时期，为维护农民权益而发动农民成立的群众组织，"是完全独立、不受任何方面拘束之合法团体"。国民党中央执行委员会于1924年3月初步确定农民运动计划，决定组织农民协会和农民自卫军（简称"农军"）。7月，国民党中央农民部颁布了《农民协会章程》。中共广东区委通过国民党中央农民部和广州革命政府，派遣特派员到广东省各县进行宣传和组织工作，点起农民运动的火焰。

（一）广东省农民协会南路办事处的成立和迁入高州城

广东省农民协会于1925年5月成立后，中共广东区委对全省农民运动的领导得到进一步加强。1926年3月7日，广东省农民协会南路办事处在梅菉成立，办事处统一领导南路农民运动，辖茂名、电白、信宜、化县、吴川、廉江、遂溪、海康、徐闻、阳江、阳春、钦县、防城、合浦、灵山共15个县和梅菉、北海2个市。办事处主任是身兼中共南路特派员的黄学增，委员有苏其礼、梁本荣，书记为韩盈，朱也赤任总干事，另有特派员10多人。

1926年秋，广东省农民协会南路办事处从梅菉迁至高州城，办公地址初在近圣书院，后迁后街南皋学舍。为贯彻省农民协会执行委员会扩大会议精神，南路办事处、国民党南路特别委员会（"特别委员会"简称"特委"）于1926年9月，在高州城同时召开了广东省南路农民代表会、南路工人代表会和国民党南路代表会。农民代表会议通过实行"二五减租""二分纳息"，继续反对苛捐等项决议，并组织请愿团到广州，要求国民政府惩办破坏农民运动的地主官僚。工人代表会议号召工人团结起来，参加革命斗争，争取改善劳动条件，提高生活待遇，还致电省港罢工委员会，声援省港罢工工人。

在高州城召开的这次南路农民代表会，对整个南路，特别是对茂名县的农民运动产生了很大影响，全县的区、乡农会组织都进一步发展壮大。

（二）茂名县农民运动的蓬勃开展

茂名县的农民运动开展较早。1925年9月，谢鸡墟青年容杰庵到广州农民运动讲习所第五期学习，同年12月回乡。他先后到茂东云炉、官庄等地办起了第一批农会，接收祖尝庙产、田产，兴办平民学校。

朱也赤建立茂名县党支部后，在中共南路党组织和广东省农民协会南路办事处的指导下，全力开展建党工作和农民运动。根据农民运动的发展需要，省农民协会南路办事处于1926年5月任命杨绍栋、梁列楷、梁泽庵为茂名县区级农民运动特派员，进一步加强农民运动领导力量。在6月，成立茂名县农民协会筹备委员会，朱也赤兼任主任。

茂名县的农民运动，在省农民协会南路办事处的指导和茂名县农民协会筹备委员会的领导下，全县农民运动走向高潮，各地纷纷要求建立农会组织。到1926年10月，全县东、南、西、北区都先后建立了一批乡农会。茂北区有回盘、帅堂、安良、南山、大坡、古柳、榕渡、东岸上、东岸下、大双、良德、均圩、石镜、黄塘、均丰等乡；茂东区有银连、灵佛、云炉、谢村等乡；茂南区有白土、书房岭、石车、阮博、山垦、造藤、石浪、袂花、鳌头等乡；茂西区有西岸、南塘、清井、莲水东、玉堂、莲水西等乡；县城郊区有菠萝埠、秧地坡、平山、南湖塘等。全县农会会员超10万人，成为南路农民运动中心。

特别是茂北区，有四分之三的乡成立了农会。1926年11月14日，代表茂北全区2万多农会会员的600多名代表在安良乡银塘村梁氏宗祠召开茂北区农民协会成立大会，由茂名县农民协会筹备委员会主任朱也赤主持，省农民协会南路办事处主要领导人黄学增、韩盈、梁本荣等参加了成立大会，选举梁列楷、张功臣、何超然、揭禄卿、范典臣等13人为茂北区农民协会委员，梁列楷为委员长。全县有40多个乡农会派出观光列席代表参加了大会。

大会选举结束后，当晚召开庆祝大会。代表们和附近5个乡的部分农会会员几千人游行庆祝。茂北区农民协会的建立，产生了积极影响，很快全县各地相继成立了一批乡农会，把全县农民运动推向了高潮。

（三）农会开展保护农民利益的工作和斗争

农会组织积极开展宣传孙中山的三大政策，教农民唱《农会歌》《农民苦》等歌曲；组织推行"二五"减租，反对超耕易佃，保护农民利益。

各地农会组织一般从祖尝或庙宇的地租产业中抽取经费，组织农军，维持社会治安。他们办学校，修桥补路，兴办各项公益事业，深得农民拥护。

各地农会在保护农民利益的同时，还积极领导农民向欺压农民的土豪恶霸作斗争，惩办贪官劣绅。

1. 控告地主恶霸的斗争

1926 年 4 月，云炉、莲塘、银坑等 5 个乡的农会发动群众，联名向省农民协会南路办事处控告莲塘地主恶霸梁竹铭。黄学增、朱也赤当即支持群众斗争梁竹铭，给农民撑腰。县署和驻军营长黄延祯在各方面的压力下，不得不将梁竹铭扣押，送梅菉驻军团部处置。这次斗争极大地鼓舞了群众，大大地提高了农会的权威，产生了很大影响。

2. 反对贪官的斗争

茂南区区长张耀垣，一贯贪赃枉法，勒索民财，敲诈群众，民愤极大。茂南区各乡农会在朱也赤、杨绍栋、刘竹虎等指导下，于 1926 年 10 月，发动农民集会游行，声讨张耀垣的罪行。茂南中学的共青团组织也发动学生罢课，支持农民的斗争，部分小学亦起来响应，参加罢课游行。在群众的强大压力下，张耀垣被罢了官，取得了反贪官的胜利。

3. 捣毁"大利公司"

"大利公司"是茂西区广潭村地主恶霸杨芙生在高州城南关街开设的经营大粪的店铺。在经营中，他们用低价收购，高价卖出，大桶收进，小桶售出，甚至用冲水泥渗假诈骗剥削农民。另外，严重影响公共卫生。1926 年 12 月的一天上午，城郊各乡农会组织几千名群众进城，在圣殿坡集会，控诉"大利公司"的罪恶。黄学增和朱也赤一起率领群众前往县署请愿，但县长拒不接见。于是，群情激愤，队伍转向南关街，经"大利公司"门前，群众怒不可遏冲进去将其捣毁。这次斗争大扫了地主恶霸的威风，显示了群众反霸反贪的力量。

（四）工、青、妇等组织的建立

1. 茂名县总工会的成立

20 世纪 20 年代，茂名的工业主要是县城的一些手工业。随着农民运动的兴起，手工业工人也纷纷起来要求成立组织，维护自身的利益。1926年5月，茂名县总工会成立。

总工会成立后，各行各业工会相继建立起来。到1926年底，计有汽车、印刷、木匠斧头、船业、窑业、裁缝、理发、菜蔬等行业工会，会员总人数为600人左右。

2. 茂名县共青团组织的成立

茂名县共青团组织，酝酿于五四运动之后。在五四运动、五卅运动反帝爱国运动的影响下，高州青年学生积极参加反对帝国主义、封建主义，反对卖国贼，反对军阀的活动，投身到国民革命运动中去，涌现了大批思想进步、要求革命的青年。黄学增、朱也赤等到高州后，即着手建立共青团组织，在各中学发展团员。较早参加共青团的，高州中学有陈文炎、李雅度等；省立第五师范学校有李锡福、张树年等；茂名中学有周兆林等；茂南中学有潘襟江、张汝庚等。

1926年5月，共青团茂名县委成立，全县有团员100多人。

3. 茂名县学生联合会和青年社的成立

为使学生组织发挥更大的作用，朝正确的方向发展，根据形势的需要，在朱也赤等人的发动组织下，1926年1月，成立了茂名县学生联合会，省立第五师范学校学生张树年任学生联合会主席。为广泛团结青年，1926年7月，共青团茂名县委组织成立了外围组织"高州青年社"，由张权担任社长，社址设在后街北园馆，有社员700多人。该社办有《狂涛》小报，宣传马克思主义、国民革命和农民运动，在高州六属（茂名、信宜、电白、化县、吴川、廉江）发行。

4. 茂名县妇女解放协会的成立

随着农民运动的兴起，妇女解放运动也相继发展。1926年9月，茂名县妇女解放协会成立，邓肖容为主任，委员有麦瑞云、周赞奇、揭焕珍、毛瑞英等。他们积极发动妇女开展反帝反封建、争取妇女解放的活动，反对纳妾、置婢、缠足等恶习，还常到农村协助建立区、乡妇女解放协会支部。

第二节 与国民党反动派的斗争

一、与国民党右派的斗争

国共合作期间，国民党右派一贯反对国共合作，反对建立革命统一战线。以蒋介石为代表的新右派在 1926 年 3 月制造了中山舰事件后，各地右派活动更加猖狂。9 月，国民党广东省党部派右派骨干分子林云陔为南路党务督导员，到南路巡视。他指使各地右派分子把持控制工会，破坏农民运动，制造事端，攻击污蔑共产党，到处排挤共产党人，搞分裂。右派势力抬头，恶霸地主梁竹铭被释放了，有的农会干部和共产党人受到迫害，土豪劣绅明目张胆地与农会对抗。

针对国民党右派破坏国共合作、制造分裂的行为，黄学增于 1926 年 12 月在高州城召开南路农民代表会议和国民党南路县党部代表联席会议。一方面，传达贯彻 5 月召开的省第二次农民代表会议精神，保护农民运动；另一方面，旨在团结国民党中间派，坚持团结，反对分裂。

同月，黄学增在国民党茂名县党员代表大会上，挫败了国民党右派分子企图排挤共产党人的阴谋，结果选出的 5 名执行委员会委员中，有朱也赤、杨枝水、毛次奇 3 名共产党人。

1927 年 1 月，林云陔到茂名，网罗周陵、张柏年、张莲洲、梁希周、李沛甘等国民党右派分子，建立反共组织"国民党革命同志社"，变本加厉地进行反对国民革命、反对共产党人的分裂活动。

1927 年在庆祝三八妇女节的会上，林云陔指使人在讲话中攻击共产党人。黄学增也让省农民协会南路办事处干部梁涤生在会上讲话，揭露国民党右派对孙中山的三大政策阳奉阴违，破坏工农运动，保护地主劣绅利益的行径；斥责他们制造事端，搞分裂，背离了国共合作的原则，背叛了国民革命的宗旨。

林云陔到南路后，茂名县的国民党右派便不断掀起反共逆流，政治局势日趋恶化。

二、国民党反动派在高州制造反革命事变及"清党"

1927 年，蒋介石在上海发动"四一二"反革命政变，广东国民党反动派也在广州发动"四一五"反革命政变，之后，茂名国民党军政当局执行反动部署，于 4 月 18 日凌晨 2 时，反动军警包围了南皋学舍。其间，朱也赤正在主持召开有 200 多人参加的茂名县农民协会筹备委员会农民代表会议。幸好 18 日早上，朱也赤接到在当地驻军任特务长的共产党秘密党员（诨名黄老虎）派人送来的密报，同时，收到陈信材派李子安从梅菉送来的紧急撤退隐蔽的通知。朱也赤当即宣布休会，安排代表们迅速撤退，敌人扑了空。之后，茂名县国民党反动当局在全城进行大搜捕，到各区、乡逮捕和杀害农会干部，全县顿时陷入白色恐怖之中。几天内，在县城被捕的有省农民代表会议代表揭禄卿，县妇女解放协会干部揭焕珍、毛瑞英，还有 20 多个学生。21 日，茂西区农民运动特派员梁泽庵在大井圩被捕，押解途中被杀害于冷水铺。

4 月 28 日，由国民党高雷党务视察员林云陔主持召开"清党"会议，成立高雷区"清党"委员会，宣布开展"清党"运动。6 月，由高雷"清党"委员会发布命令，"共产首要分子"

被通缉并开除国民党党籍的有 208 人，其中有：省农民协会南路办事处干部黄学增、林松郁、杨枝水、钟竹筠、王克欧、梁承枢等，茂名县人士朱也赤、梁文玷、关耀南、毛次奇、杨绍栋、何超然、范典臣、周汝莹、梁列楷、张功臣、刘蜀虎、罗兆龄、周兆林、麦瑞云、龙学虞、揭禄卿、潘襟江、张汝庚、黎匡元等；并强令各学校开除进步学生 200 多人。

三、以武装反抗国民党的猖狂进攻

（一）发动沙田暴动

1. 暴动前的形势及准备工作

1927 年，蒋介石发动"四一二"反革命政变后，中共于 8 月 1 日在南昌举行武装起义，打响了武装反抗国民党反动派的第一枪。7 日，中共中央在汉口召开紧急会议，总结了大革命失败的经验教训，确定了土地革命和武装反抗国民党反动派的总方针。20 日，中共广东省委在香港召开会议，张太雷传达了八七会议精神，会议制订了广东各县、市的暴动计划。1928 年 2 月，省委发出《关于目前工作任务的指示》，要求南路"即刻发动茂名、信宜、廉江暴动"。

高州城发生"四一八"反革命事变后，朱也赤等撤退到广州湾（今湛江港）。1927 年 3 月，黄学增调西江地区，南路办事处的工作由朱也赤主持。5 月，南路农民代表会议在广州湾召开。会议讨论决定按照省委的指示，发展农民武装，组织暴动，以人民的武装反击国民党反动派的血腥屠杀。为加强组织领导，在这次会议上成立了南路农民革命委员会，朱也赤为主任。

南路农民代表会议后，李淑明回到沙田传达了中共南路特委的指示，对暴动工作进行了研究，作出暴动方案并获得朱也赤批准后进行部署。

第一，健全组织领导。决定由李雅可任军事总指挥，李淑明负责抓军事训练，李雅度负责筹粮筹款，周君载负责宣传发动工作。

第二，抓武装队伍。农民联合社以维持乡村治安为名，组织了一支50多人的农民武装自卫队，由李淑明带领训练。整个武装队伍按自然村分为4个分队。满村分队，黄应隆为队长；六王分队，朱尧天为队长；田寮分队，朱益初为队长；周村、洞心、狮子坡为一个分队，朱炎隆为队长。

在加紧军事训练的同时，采取借、买的办法，筹集枪支弹药。李雅可以保卫村庄为由，逼使其当乡长的叔父李元甫同意卖掉了50担（1担＝50千克，下同）祖尝田，从中取出2000多元作暴动经费，到广西六靖珠砂地买回1支驳壳枪和2条马枪。周君载卖掉了十几担祖尝田，买回4条土造七九枪。到暴动前，共有枪支128支，包括大唥枪、鸟枪等。

第三，策反敌军。派周肖陶、周泰楷打入高州城驻军及招兵站做策反工作，以期作为内应。

第四，成立7人组成的筹款、筹粮小组，负责筹集粮款，解决暴动所需经费。

第五，抓宣传发动群众。通过宣传、演剧，激发农民的阶级觉悟，把反抗剥削、压迫的火种播到农民群众中去。

在整个准备工作期间，中共南路特委先后派卢宝炫、朱也赤等到沙田指导。暴动前不久，周颂年和车振伦到沙田，在周君载家的楼上召开秘密会议，同李雅可、李雅度、李淑明、周君载等具体研究了暴动的计划和策略，准备占领沙田后即联合信宜、化县、广西的力量，攻占高州城，建立地方苏维埃政权。

2. 沙田暴动的经过

1928年农历闰二月初一日（3月22日），沙田暴动领导人接到中共南路特委指示：怀乡起义失败后，形势紧张，现在要争取主动；并说已通知化县、信宜援助，要迅速举行暴动。

当晚，暴动总指挥李雅可即召开紧急会议，进行部署。参加会议的有李雅度、李淑明、周君载等人。他们组成侦探队、运输队、后备队、宣传队，深夜集结队伍。第二天黎明，李淑明率领起义农军先头部队进入周村大地主的全兴堡，当即开仓分粮，并焚烧了地主卢植三的地契。接着，农军开进大地村，出狮子坡。下午4时，到达新村与周君载率领的队伍会合，占据了地主周家敏的4座楼房，并有少数农军进入沙田圩。这时，沙田地区的地主恶霸、土豪劣绅一片惊慌。大地主周子坚穿着草鞋、破衣，化装跑到高州城报信。24日中午10时左右，县警队开到沙田，遭到暴动农军的截击，打死了几个县警，缴获9支枪。县警队只好龟缩沙田圩。周子坚又到高州城搬兵。当日，国民党高雷警备区何春帆部一连人开到沙田，暴动农军与之激战了一天一夜。这时，信宜援兵受阻于东镇，化县援兵也在大峰岭的大坺沟遭到阻击，暴动农军弹药越来越少，只好于25日深夜撤到周村堡。26日早上，敌军追至全兴堡，农军分两队应战，一队留守堡内，一队出堡迎敌。战斗到黄昏时分，堡内农军出堡支援，与敌军激战，打死敌军3人，农军刘寿海、魏元玩、魏元茂3人英勇牺牲，黄杰受伤。农军只好撤到六王山上。农军在六王山上白天隐蔽、夜间活动，取得了群众的支持，在山上坚持了三个月。

3. 沙田暴动的历史功绩

沙田暴动虽然失败了，但有其深远的历史意义和影响。

第一，沙田暴动是对国民党南路反动派的一个有力打击，给革命人民以巨大鼓舞，使人们看到了希望，相信革命的火种并没有被反动派扑灭、共产党人并没有被杀绝，而是前赴后继、浴血斗争，星星之火可以燎原。

第二，这次暴动为地方进行游击战开了先河，创造了化整为零、依靠群众、保存力量的经验。

第三，播下了革命的火种。在沙田暴动中，农军有 3 位同志英勇牺牲，他们是刘寿海、魏元茂、魏元玩。起义失败后，被敌人杀害的有朱寅昌、李家保、李植创、朱应齐、朱益初、黄应隆、黄程兴、卢建隆、周积彬、朱庆云、周肖陶等同志，李雅度后来也被杀害，杨有创被捕后死于狱中，李雅可、李连培、李子风 3 人失踪。起义失败后，敌人在沙田大肆烧杀、抢劫，凶残至极。李雅可的爱人张夸娥怀孕在身，敌人也不放过。她被捕入狱后，在狱中生下一个孩子，取名监生。这次暴动前后牺牲了 25 人，有数十人失踪。敌人的屠杀，在沙田人民的心中深深埋下了仇恨的种子。他们热爱共产党，信赖支持共产党，把翻身的希望寄托在共产党的身上，对国民党反动派怀有刻骨的仇恨。

（二）策划高州兵变

1. 兵变前的兵运工作

1928 年 4 月 13 日，中共广东省委扩大会议通过了军事问题决议案，提出要"破坏地主资产阶级赖以生存的武装力量，瓦解敌军，促进全省工农联合的总暴动"。为了执行省委这一决定，中共南路特委于 4 月 15 日召开特委扩大会议，成立南路特委兵委，具体负责兵运工作，并制定了兵士运动大纲，以指导南路兵运工作。

5 月上旬，陈铭枢率领十一军二十四师开到南路，布防于高雷钦廉，二十四师全师 3 个团（七十团驻雷州，七十一团驻高州，七十二团驻北海），师部设在高州城，由特务营担任警卫。二十四师特务营下辖 4 个连队，共 200 多人，武器装备较好，有一定的战斗力。这个营的官兵，除少部分是土匪改编的外，大部分来自工农，其中一些老兵是上海暴动的工人和东江农民自卫队队员，他们多是在暴动失败后，生活无着，被迫当兵谋生的。进了部队后，他们还经常受到官长打骂虐待，吃不饱、穿不暖，生活异常痛苦，深深感到为军阀卖命是没有出路的。在这个部队进行地下活动的邓施公，因势利导，教育提高士兵觉悟，团结了大多数战士。邓施公即派聂都山、谭天二人到广州湾与中共南路特委联系，6月23日，南路特委召开会议，研究了聂都山和谭天报告的情况，对二十四师的兵运工作作了一系列具体指示。经过一段时间的工作，南路特委鉴于二十四师的兵运工作进展比较顺利，打算在高州和雷州同时发动兵变，完成南路割据。

2. 高州兵变的经过

1928年7月29日下午，三连、四连士兵140多人在邓施公、聂都山、谭天的指挥下，分两路进攻：一连冲进特务营营部，枪杀了反动营长；另一连冲入二十四师司令部，枪杀了克扣军饷的师参谋长，没收了师部所存的10多万元军饷。接着包围学兵营，缴获步枪400余支、机关枪2挺、驳壳4支、左轮2支及子弹一批。

特务营三连、四连兵变后，怕被敌人包围，邓施公即率队迅速撤离高州城，开往茂东农村。

高州兵变后，国民党军阀十分恐慌。7月30日，二十四师从梅菉、化县调集两个营的兵力，开往茂东追击。兵变部队为了避免与敌人接触，在茂东农村活动了几天，收缴了民团的枪支，没收了一些土豪劣绅的钱粮，筹集到8万元的军饷，然后撤离茂名县。

中共南路特委派到高州领导兵变的龚昌荣、何瑞在兵变前已回南路特委。兵变部队在撤离高州后，邓施公即派聂都山和谭天到广州湾向南路特委报告兵变情况和部队去向，请南路特委指示和支援。8月3日，聂都山、谭天两人到达广州湾，向南路特委作了详细汇报，南路特委当即作出明确指示。但是，聂都山和谭天在返回兵变部队途中，不幸被敌人逮捕杀害。为摆脱敌人的"围剿"，邓施公于 8 月中旬率部队转到电白、阳江交界的双髻岭。当时，山上有一股打家劫舍的人，有 100 多人。他们绝大多数是贫苦农民，因生活所迫而上山的，这些人打着"替天行道，杀富济贫"的旗号。兵变部队上山后，邓施公即与他们的头领联系。经过协商，决定双方人马统一指挥，联合行动。两支队伍合并后，共 300 多人，600 支枪，8 万余元军饷。

嗣后，邓施公派人同灵山的兵变七十三团九连取得联系，这个连建有秘密的党组织。

高州兵变后，中共广东省委于 8 月 2 日派原叶挺部的团长史书元到南路负责指挥，先后两次派人去寻找兵变队伍，终因敌人严密封锁、环境恶劣而没有找到。高州兵变由于缺乏武装斗争经验，组织计划不够周密，且没有充分发动工农群众密切配合，使得这支兵变队伍最后下落不明。

3. 高州兵变的意义和影响

高州兵变虽然失败了，但对当时的革命斗争有很大的意义和影响。正如中共广东省委所指出的，"此次高州兵变，证明省委兵运政策以破坏反革命军为主要目的，这是正确有效力的办法"。首先，瓦解了敌军士气；其次，牵制了敌人兵力，支援了东江农民暴动；最后，鼓舞了南路人民的斗志。高州兵变使党员和群众感到振奋，看到敌人的武装是可以瓦解的，土地革命的前途是有希望的。

第三节 大革命的失败

一、李雅度被杀害

1928 年 2 月，李雅度参加中共茂名临时县委的领导工作。因当时的特殊环境和工作关系，他常留驻广州湾（今湛江港）。12月，国民党茂名县反动当局指派与李雅度同乡、在天主教堂当神父的叶恒兴到广州湾，以教会名义同法帝国主义在广州湾的官员勾结，逮捕李雅度押解回高州城。不久，李雅度英勇就义。

二、中共南路特委遭破坏，黄平民、朱也赤被杀害

国民党反动派杀害了李雅度后，继而收买党内叛徒梁超群破坏中共南路特委。

梁超群原是中共广东省委派到南路负责兵运工作的。他被收买叛变后，向敌人告密，并伪造省委紧急通知，骗南路特委领导人到西营（今湛江市霞山）码头，说省委要他们乘"永利"号轮船取道香港转到东江。当南路特委领导人到达码头时，即被法国警察逮捕。叛徒梁超群还串通另一个叛徒陈兴到住所搜捕其他南路特委领导人。陈兴原籍吴川县，后迁至赤坎菜园仔村居住，独眼，是车振伦的 3 间制面公司（中华、中国、中兴）的面条师傅。他入党后，负责管理南路特委租赁房子、各种物资，安排来往人员的生活，对南路特委机关情况十分熟悉。所以梁超群和陈

兴叛变后，使南路特委机关遭到极大的破坏，大部分领导人被捕。

1928年12月，南路特委领导人先后被捕的有特委书记黄平民，委员（常委）朱也赤、陈周鉴、李本华、丘九（丘祥霞）、冯克、周静止、范金荣、易永言、张浦碧、陈梅等10余人。他们被捕后，被引渡给国民党政府，押解到梅菉后，杀害了数人，其余押解到高州城。

黄平民、朱也赤等同志在狱中备受严刑拷打，始终坚强不屈，表现了共产党人的崇高气节。朱也赤写了一些气壮山河的诗篇，给探望他的地下党员刘蜀虎带了出来，表达自己对党组织的忠心，并作为他留给后人的遗言。其中两首是：

（一）

愁云惨雾罩南粤，志士成仁飞赤血。

浩气长存宇宙间，耿耿赤心悬明月。

（二）

为主义牺牲，为工农死节。

不负天地生，无污父母血。

何呜咽！何呜咽！

壮哉十六再回头，碎破山河待建设。

1928年12月23日，黄平民、朱也赤、陈梅等在高州城东门岭慷慨就义。

黄平民、朱也赤等同志牺牲后，中共广东省委对他们的业绩给予高度评价。中共南路特委遭到破坏后，省委曾派人到南路做组织恢复工作，南路幸存的党员也设法寻找党组织，但终因环境恶劣，联系不上。不久，茂名县的党组织便暂时停止了活动。

第三章

全面抗日战争时期

（1937 年 7 月—1945 年 8 月）

第
一
节 党组织的恢复发展

一、茂名县的抗日救亡运动热潮

抗日战争全面爆发后，茂名县各界人士积极响应中国共产党团结抗日的号召。1937 年 9 月，茂名县的工人、农民、知识分子、开明绅士等在高州城成立了"茂名县抗日救亡御侮委员会"，发动广大民众组织抗日自卫队、担架队和妇女救护队等团体，准备支援前线。编印了《抗日御侮》《南国文艺》等宣传资料，指导全县开展抗日救亡工作。在抗日救亡活动中，各校青年学生特别活跃。9 月初，高州中学组织了上百人的抗日宣传队到县内农村、圩镇进行抗日宣传。茂南中学、茂名师范学校、保安中学等也相继开展抗日宣传活动。有的学生还利用星期天，组成十几二十人的小型宣传队下乡宣传。1938 年春，高州中学专门安排了一个月时间组织学生下乡宣传抗日救亡。他们进行街头演讲、演出，刷标语，画漫画，宣传防空、救护知识等。

在抗日救亡运动热潮中，一批青年学生积极阅读有关马列主义著作和其他进步书刊，如《新华日报》《群众》等。大批青年学生经常会集在一起，读书看报，纵谈国事，关心时局。一些初步接受了马列主义思想的学生，激于抗日爱国热情，急于寻找党的组织，迫切希望投身到抗日救国的最前列。但这个时候茂名县的党组织还未恢复重建。他们当中一些人，为寻求革命真理，就千方百计打探如何奔赴中共中央的所在地——延安。1938年7月，高州中学的廖盖隆、杨毅、杨进琳、卓树基、刘淑祥、程均昌、杨优德、余荣中、李淑珠9位学生，在从延安中国人民抗日军事政治大学学习回到高州的梁锡琼（现名梁毅）的帮助下，终于踏上了奔赴延安的征途。他们经由八路军驻广州办事处介绍，7月中旬由高州出发，长途跋涉到达延安，分别进入陕北公学、鲁迅艺术学院和马列学院学习。进步青年学生、爱国知识分子进行的各种活动，大大地推动了茂名县城乡抗日救亡运动的发展，为重建党的组织打下了思想基础和群众基础。

二、香港学生赈济会青年回国服务团第一团进驻高州

1938年12月，应抗日爱国将领张炎的邀请，中共广东东南特委派遣香港学生赈济会青年回国服务团第一团（下称"服务团"）到南路。12月28日，在团长刘谈锋（中共党员）、副团长黄洛思（中共党员，又名黄秋耘）的率领下，服务团到达南路的政治、文化中心——高州城，团部设在高州城西益寿庵，到达高州时全团26人，其中中共党员15人。服务团秘密建立了中共特别支部，书记霍侣凡（冯安国），肩负着发展党员，帮助恢复重建地方党组织，推动张炎抗日，发动群众开展抗日救亡运动，逐步建立游击根据地的重任。

服务团到达高州后，该团党组织按照中共东南特委的指示，在抗日救亡工作中，寻找和恢复大革命时期失去联系的党员，发展新党员，恢复和建立地方党组织。团的分工，除派出黄洛思等部分人到电白、信宜活动外，大部分力量放在茂名县。团长刘谈锋等驻守团部，负责做张炎和上层人物的统战工作，得到张炎的真诚合作，为服务团到各地开展抗日宣传工作提供方便和支持，

同时，客观上也为茂电信地区恢复重建地方党组织创造了有利条件。

三、中共高雷工委、茂名县工委的建立

大革命失败后，茂名党组织与上级组织中断联系，随之停止活动。1938年8月，车振伦、梁弘道、梁昌东分头到香港、广州和梅菉等地寻找党的组织。他们到了八路军驻广州办事处，该办事处一位负责同志指示他们：回去后要深入群众、深入山区，做好抗日宣传工作，不久就会有共产党人去找你们了。他们回到茂名后，经过讨论研究，决定自筹费用，由梁昌东带领李荣平、康慧英、江日荣、江沅等一批进步青年深入云潭山区，宣传群众，开展抗日救亡活动；梁弘道则到梅菉参加爱国将领张炎领导的抗日团体，推动张炎坚持抗日。11月，中共广东西南特委派周明、林林、阮明等中共党员组成一个支部，到南路工作。随着抗日救亡运动在南路蓬勃兴起，革命由低潮逐步走向高潮，茂名县党的活动得到恢复，党组织也重新建立并发展起来。

（一）中共高雷工委的建立

1939年春，中共广东省委派遣周楠、陆新等同志到高州筹建高雷工作委员会（"工作委员会"简称"工委"）。他们到达高州后，住在服务团的团部——高州城西益寿庵，进行秘密活动。5月，正式成立中共高雷工委，书记周楠，秘书陆新，委员刘谈锋、黄其江。高雷工委统一领导高雷地区（包括服务团）的党组织，开展抗日救亡以及党的恢复重建工作。高雷工委建立后，不久就在高州城培养吸收赖广居入党。赖广居入党后不久又介绍李赞全、方仕钦入党。曾由陆新单线联系的中共党员杨飞（1939年3月在阳江由谭葆英介绍入党）也在高州中学发展了周瑞腾等人入党。同时，高雷工委还注意在张炎的抗日进步团体中建立党组织，培

养发展党员。其中，属茂名县籍的有凌俊卿、程耀连、李绛云（李嘉）、罗淑英（罗志坚）、罗涛经（罗明）、黎文棣等人。高雷工委的领导，大大地加速了茂名县党的力量的发展。

（二）中共茂名县工委的建立

经过多方面的努力，茂名县发展的党员和从外地调进的党员，已达到相当的数量。为更好地发展，需要建立县一级的领导机构，加以统一管理和指导。1939年夏，高雷工委决定成立中共茂名县工委。主要负责人阮明，成员有刘谈锋、冯安国等。到年底，全县共产党员已达100多人。随着党员人数的增加，形势发展的需要，茂名党组织的机构也相应发生了变化。1940年2月，由周楠主持，改选了茂名县工委领导机构，书记冯安国，组织委员梁仲华，宣传委员黄沙。中共茂名县工委成立后，服务团特别支部和张炎学生总队的茂名县党支部也划归县工委领导。至此，茂名县党组织在中断活动十年后，又恢复重建了起来。

第二节 支持、推动张炎开展抗日救亡工作

一、广东省民众抗日自卫团第十一区统率委员会迁入茂名县

抗日战争全面爆发后，国共合作，建立抗日民族统一战线，开展全面抗日救亡工作。1938年1月，广东省民众抗日自卫团统率委员会成立。2月，广东省民众抗日自卫团第十一区统率委员会成立，办事处设于梅菉，张炎出任主任。10月，办事处迁入高州，在城郊西岸红花庙内办公；同月，第十一区统率委员会改为第十一区游击司令部，张炎任司令，担负高州六属抗日救亡、保家卫国的重任。张炎是吴川县樟山人，原十九路军爱国将领，属国民党左派，参加过"一·二八"淞沪抗战，后又参加福建人民政府的反蒋活动。他真诚拥护中共关于团结合作抗日的主张，"确信国共和各党派切实合作，才能挽救中国的危亡"，号召各县成立民众抗日自卫团。他广泛发动民众开展抗日宣传，提出"抗战利益高于一切""有钱出钱，有力出力，有枪出枪"口号，动员散居南路的原十九路军旧部起来抗日。他还亲自到香港八路军办事处请求中共派干部给他，协助开展抗日救亡运动。为筹集抗战经费，张炎先把自己在香港和广州湾的部分房产变卖，还亲自多次到广州湾募捐。中共广东东南特委、南路特委等地方党组织，认真执行党的统一战线，团结、支持、推动张炎的抗日救亡工作，使南路和茂名县的抗日救亡工作轰轰烈烈地开展，一时成为南路

抗日救亡运动中心。

二、建立抗日团体

茂名党组织恢复重建后，紧密结合茂名的斗争实际，认真执行抗日民族统一战线的方针，联合、帮助、支持张炎操办南路抗战事务。在中共党组织的帮助下，张炎先后组建了十六干部教导队、抗日乡村工作团、战时工作队、抗日游击队、学生队、妇女队、儿童团、保育院、正气剧团等抗日团体。党组织通过这些团体，开展抗日救亡运动，培养了大批青年骨干和党员干部，发展了 100 多名党员，这些人后来分散到各地工作，绝大部分成为高州六属的革命骨干，茂名县的梁昌东、梁弘道、杨飞、车振伦、张虎、程耀连、杨麟、杨超、李颐年、罗秋云等都是当时培养出来的。

（一）建立抗日救亡乡村工作团

张炎上任后，为肩负起抗战救国重任，广泛深入发动群众，不断物色招聘爱国进步人士到他身边工作，任用大革命时期加入中国共产党的彭中英、陈信材为参议，聘用共产党员刘谈锋（服务团团长）、黄洛思（服务团副团长）等担任政治教官，为他出谋献策。

为适应战时形势需要，1938 年 11 月初，张炎召集彭中英、陈信材、周印心、陈智乾等商量，公开招收社会进步男女青年300 多人，组成广东省第十一区游击司令部抗日救亡乡村工作团（下称"乡工团"），在高州城郊西岸红花庙进行集训。乡工团团长由张炎兼任，周印心任秘书，周曼青、陈智乾等为教官。团部下设 6 个队，茂名、电白、信宜、化县、廉江、吴川各一队，茂名队队长梁弘道。乡工团仅集训一个月就派下城乡做抗日救亡的宣传和组织工作。

1939 年初，张炎接任广东省第七区行政督察专员兼保安司令。5 月，高、雷、钦、防、两阳（阳江和阳春）划为第四战区南路地区特别守备区，张炎兼任副司令。张炎利用全面扩充军政机构的时机，将在各县乡村学习、工作的乡工团人员，根据其能力与表现，安排任区长、乡长、校长、教员，其余改编为第七行政区战时工作队，深入高州六属各县农村访贫问苦，与农民交朋友，采用演讲、演活报剧、唱革命歌曲、办民众夜校等多种形式，宣传抗日救国，推动南路的抗日救亡运动不断走向高潮。

（二）组建高州妇女服务总队

1939 年 3 月，张炎支持其夫人郑坤廉组建第七区战时妇女服务总队。总队部有五六十人，队员一律实行供给制。总队地址设在高州城郊西岸梁家大屋，正、副总队长为郑坤廉、李朝晖；总干事初时是程颂文，关素梅曾代理，后由张越（袁惠慈）接任。总队部下设总务、生产、救护和宣传 4 个组。总务组组长翁崇芳，财务梁惠全；生产组组长苏远娴兼任，并负责附属工厂工读班的工作；救护组组长黎慕贤；宣传组组长张雪馨。

妇女服务总队有健全的组织机构，并有明确的任务，平时对妇女群众进行抗日宣传及战地救护和生产技术的训练，战时配合前线做好救护伤员和救护儿童及搞好后方生产、支援前线等工作。为唤起民众，发动组织全民抗日，妇女服务总队把抗日宣传作为一项主要任务来抓。当时，妇女服务总队的成员大部分是未婚青年，她们决心远离亲人和家庭，怀着强烈的爱国之情，投身于抗日救亡运动的战斗行列。尤其是宣传组的同志，不畏艰苦，克服重重困难，自编自导节目，经常随军进行抗日宣传活动。

（三）建立南路抗日学生队

南路抗日学生队于 1939 年 7 月成立，学员人数近 1 千人。学生队设总部，总部下设中队、小队。学员来自南路各县，亦有香港、广西等地的 18～25 岁身体健康、爱国的青年。总部地址设在高州城郊西岸红花庙。总部发给学生枪支、被服，供给伙食，还每月发给 2 元生活津贴。学生队所有装备和供给品，均由张炎募集。

南路抗日学生队建立后，集中在高州城郊西岸红花庙，以中国人民抗日军事政治大学为榜样，按照"坚定正确的政治方向，艰苦朴素的工作作风，灵活机动的战略战术"和"团结、紧张、严肃、活泼"的方针，进行学习和训练。张炎在红花庙附近搭了 10 多个草棚供学员居住。学习的课程主要有两大类：一类是政治理论方面的，一类是军事方面的。担任政治思想课程的教官大多数是共产党员，如刘谈锋、黄洛思、李康寿、阮明、陆瑜等，军事课程主要由张炎部下的军官担任。

张炎接纳彭中英、陈信材、刘谈锋等的建议，安排了很多共产党员和进步人士在学生队里担任各种职务。

中国共产党地方组织支持和参加学生队的组建以及教育训练活动，并在学生队里发展党员，建立了党的基层组织。学生队的整个思想政治工作基本为中共南路党组织所掌握。

南路抗日学生队是中共帮助爱国将领张炎在茂名建立起来的一支抗日武装工作队伍。它高举团结抗日的旗帜，把南路大批爱国青年集结起来，接受爱国主义的教育和武装训练，为抗战和后来的革命斗争培养了一批干部，在南路的抗战和革命斗争史上写下了光辉的一页。

（四）成立抗日游击干部补训队

1940 年春，张炎在高州创办抗日游击干部补训队，培训游击骨干。这批骨干从学生队、妇女队中挑选，服务团一部分团员也参加了补训队。队址设在高州城郊西岸红花庙。红花庙的侧边盖了一排排茅屋，这就是队员的营房。补训队集结了 180 个优秀的爱国男女青年。他们组成1个中队、3个小队，其中女青年编为1个小队。张炎很关心补训队学员的成长，他亲自给学员作报告，讲抗日救国的道理，要求青年为祖国独立、民族自强而献身，勉励大家不怕艰难，刻苦学习。在张炎的关怀指导下，补训队办得很出色。

三、惩办汉奸

日军占领广州后，为实现"以华制华"的阴谋，加强诱降活动。日寇收买广东省维持会会长彭东园（吴川县人）担任广东省府主席，组织傀儡政权。南路反动头子吕春荣（廉江人，八属时期师长）立即跑到广州投奔他，当上了和平救国军伪司令。在彭东园、吕春荣的拉拢收买下，南路汉奸活动猖獗。张炎依靠林林、叶信芳、谢玖等共产党员和机关情报人员侦破他们的活动，查获他们来往的密信，采取断然措施跟他们开展斗争。1938年12月，在高州捕杀了汉奸头子林绳武（信宜人，清朝举人，地方大绅，他写密信搞情报给彭东园、吕春荣），并将其罪状公之于众，饬令全区机关团体清除其影响。1939年春，破获一宗汉奸扰乱金融案。查明此案与地主恶霸许宝石、许伯伦父子（电白人，许伯伦曾任国民党团长）有关。他们与彭东园、吕春荣勾结，偷运战备物资接济日军。张炎当即下令将他们逮捕，予以处决。此外，他还镇压了赖飞等一批汉奸分子，从而稳定了抗战局面。

在共产党的支持下，张炎不避权贵，对资敌行为展开斗争。邓龙光（国民党第三十五集团军总司令）的父亲邓秀川自备渔船，偷运战备物资出海资敌，张炎饬令沿海军警缜密查缉。1939年夏，驻梅菉的郑汝雄大队政训员叶信芳督率游击队在博茂港缉获邓秀川资敌物资300多担。张炎把这批物资全部没收，作为学生队的经费。

香港学生赈济会青年回国服务团第一团在茂名县的抗日救亡活动

服务团到达高州时，受到张炎的热烈欢迎。在南路期间，服务团的活动是独立自主的。团的领导分工，团长刘谈锋等驻团部，负责做张炎和上层人物的统战工作。其余领导和团员组成分队，深入农村，发动群众，开展抗日救亡运动。服务团在南路的抗日救亡活动，主要有如下几方面：

一、帮助恢复重建党组织

服务团在茂名县以农村为工作重点，分成塘口、板桥、云潭、分界、根子、沙田等分队和流动宣传队，分别由黄沙、何达超、陈达英、梁仲华、卢颂轩、曾沃涛等担任队长。他们深入各地乡村，和农民交朋友，开展抗日宣传，培养革命骨干，发动群众参加抗日救亡活动，打好建党基础。各分队都设有党小组，负责恢复发展党组织的任务。云潭分队先后吸收了张杞才、张桂春、张泽深、张桂秋、张汝才等10多名党员，于1939年10月在云潭上乡珍珠垌建立了一个党支部。随后，企水村也建立了一个党支部。在塘口、板桥、根子等点上，发展了汤兰芳、汤祖芳等一些党员。在高州城内，刘谈锋发展了梁弘道、梁昌东、曹宗佺等人入党。共产党员张越、郑海燕等在张炎的妇女队等组织中也发展了一些党员。对寻找和恢复大革命时期失散关系的党员，服务团的党组织做了大量工作，曾专门组织一个小分队，由曾沃涛带领，深入茂西寻找沙田起义失败后留下的党员。

二、深入农村广泛宣传党的抗日主张

服务团到高州不久，通过塘口一个开印刷所的商人，翻印了毛泽东的《论持久战》《论新阶段》《抗日游击战争的战略问题》等著作，在高州城公开出售。此外，服务团还编印出版《抗战青年》等刊物，宣传抗日，把中国共产党的主张传播到更多的群众中去，提高了抗日救国的热情，坚定了抗战必胜的信念。

当时，高州是国民党统治区，未受日寇的蹂躏，农民对日寇野蛮残暴的认识还处于相当蒙昧的状态。服务团根据群众的思想实际，采取各种通俗易懂、生动活泼的形式进行宣传，如讲英雄人物故事、演抗战戏剧、唱救亡歌曲、办识字班等。通过多种形式的宣传，揭露日寇的侵华罪行，激发农民的爱国热情。为把抗日救亡宣传扩大到面上，使更多的群众受到教育，1939 年秋，服务团从各队抽调了 6 个同志，组成流动宣传队，由曾沃涛带领，到茂名县内各地宣传。服务团足迹所到之处都响起了抗日的呼声，在当年服务团住过的村庄，很多人还清楚地记得当年抗日救亡运动的情景。板桥村苏焕贵的母亲，年已古稀，至今她还能一字不漏地唱出当年服务团教唱的歌曲。

三、关心农民生活，开展赈济工作

赈济工作是服务团开展抗日救亡宣传的一种重要辅助措施。20 世纪 30 年代的南路，在地主阶级官僚恶霸的统治下，农民生活十分贫困，特别是山区边远农村，农民缺吃少穿，无医无药。

服务团每个分队配备药箱和常用药物，碰到生病的农民便给予治疗。当时农村常见的病是发冷（俗称"打摆子"，即疟疾）、烂脚、生疮、肚子痛等。对于这些疾病，服务团的同志几乎是药到病除，在板桥、塘口等村留下了许多救死扶伤的动人故事。这种施医送药的结果，大大地密切了服务团和农民的关系，很快取得农民的信任，对动员农民参加抗日救亡运动起到很好的作用。

服务团还积极帮助农民解决生活上的困难。春荒期间，地主囤积粮食，价格上升，农民买不到粮食，生活非常困难。服务团便把在塘口储备以应付日军进犯时打游击用的一批粮食，平价卖给了农民，帮助农民渡过了粮荒。1939 年，云潭也出现粮荒，这次粮荒是日军和汉奸地主制造的。当时，日军的军舰停泊在电白海面上。通过汉奸和反动地主勾结，将茂名县的粮食从云潭偷运出境，卖给日军。云潭本是产粮区，因此反而缺粮造成了粮荒，农民叫苦连天，服务团对这种资敌卖国的汉奸行为进行了坚决的斗争。通过发动群众，召开群众大会，揭发反动地主的罪行，组织农民武装把守路口，用武力镇压反动地主武装，截回大批粮食，以平价卖给农民，解决度荒问题，有力地打击了日军、汉奸和反动地主，帮助了农民，使群众受到一次抗日斗争的锻炼，也提高了服务团的威望。

四、坚持团结方针，推动张炎抗战

服务团坚决执行党的指示，坚持团结方针，支持张炎的抗日爱国行动，帮助他训练抗日骨干，组织抗日团体，建设抗日民主政治，坚持抗战到底。服务团团长刘谈锋与张炎建立良好的合作关系。张炎经常请刘谈锋参加他们的会议，并让他担任军官队的教官。张炎曾向刘谈锋表示，他知道服务团是最进步的，他愿意合作，做个掩护。应服务团的要求，张炎发给服务团步枪 20 多支、子弹数箱、手榴弹百多枚和药物等，他还允许服务团自购手枪，让服务团在高州六属通行无阻。

为帮助张炎把学生队等抗日团体办好，服务团除了从团里选派骨干参加这些团体外，还通过学生赈济会从香港先后招来100多人参加学生队。服务团派到张炎各团体中的有黄洛思任学生队政治教官，张越任妇女队总干事，郑海燕协助郑坤廉主持儿童团事务，谢澄海、许漱梅协助郑坤廉办保育院，黄晋德在《高州民国日报》主编副刊《南路青年》。

服务团在南路工作期间，努力推动张炎实行民主政治，建立抗日民主秩序，同时广泛地团结了政治、文化、教育、工商各界上层人士，结成抗日统一战线，使南路的抗日救亡活动空前活跃，连时任民国军事委员会副总参谋长兼军训部长的白崇禧也赞扬南路的抗战气氛浓厚，并派人到茂名来考察。

五、组织民众抗日武装，开辟游击根据地

发动群众，组织民众抗日武装，建立抗日游击根据地，这是中共广东东南特委交给服务团党组织的一项重要任务。服务团决定，开辟云潭为抗日游击战争的根据地。云潭地处茂名、电白两县交界，境内山高林密，村庄分散，适宜开展游击战争。服务团从各点抽调一批人员组队到云潭，队长是陈达英。在云潭，他们主要活动于石古垌、珍珠垌、企水、平水等村庄，其中在珍珠垌的时间最长，救亡活动也是珍珠垌做得最好。他们在珍珠垌建立了抗日民主的村政权，成立了儿童团等各种抗日团体。村政权下设宣传组、警卫组、救护组。警卫组组长张泽深和救护组组长张杞才都是中共党员。宣传组组织群众写标语、呼口号、排演抗战戏剧，救护组组织妇女学习战地救护知识，警卫组组织全村青年20多人进行武装训练。同时组织了40多人的儿童团。村里男女老少都被发动组织起来了，抗日救亡活动搞得轰轰烈烈。

为建立中共党组织领导的抗日武装，服务团党组织做了大量工作。张炎的学生队是一支全副武装的抗日力量。为掌握这支武

装，服务团与当地党组织一起，选派了得力的骨干参加学生队，提高这支武装力量的政治素质。在他们的共同努力下，学生队副总队长由地下党员陈次彬担任，学生队的 6 个中队的副队长都由中共地下党员担任。这支武装实际上基本为南路党组织掌握，他们中的很多人后来都成为革命斗争的政治、军事干部。

第四节 国民党掀起反共逆流高潮及中共南路党组织对反共逆流的抗击

一、国民党掀起反共逆流

1939 年冬，蒋介石秘密颁发了《限制异党活动办法》，发动了第一次反共高潮，紧接着国民党顽固派开始肆意破坏抗日民族统一战线，广东顽固派特别注意控制在高州主张抗日的张炎活动。12 月 1 日，设立南路行署，委派罗翼群为主任，以代表省府管辖第七、第八二区为名，实质是监视和控制张炎活动。1940 年 2 月，罗翼群将南路行署迁至茂名县广潭杨家祠。罗翼群在高州到处陷害爱国青年，强令解散学生队，驱赶服务团。高州上空乌云滚滚，地下刀光闪闪，民众抗日力量受到严重打击和摧残。茂名党组织在中共南路特委的直接领导下，坚决执行"三坚持、三反对"（坚持抗战，反对投降；坚持团结，反对分裂；坚持进步，反对倒退）的方针，同国民党反动派展开了针锋相对的斗争。

（一）"周、文事件"

1940 年 3 月 29 日，服务团和学生队散发第十八集团军（即八路军）致国民党中央通电的文告，揭露国民党顽固派制造分裂、破坏团结抗日的罪行，要求国民党当局惩办"平江惨案"凶手，反对国民党制造分裂，坚持团结抗日。服务团团员文允武和学生队副中队长周崇和分别在云潭、新垌散发文告时，被反动乡长邓桂藩无理扣留，押送茂名县游击指挥部。指挥官黄茂权即将他们转送给张炎。围绕着"周、文事件"，革命派与顽固派之间展开了尖锐激烈的斗争。罗翼群频频电催张炎把周、文二人押送省府交李汉魂处理。张炎接受中共南路党组织的意见，他表示宁可下台不做官，也不把抗日青年送给顽固派。张炎召开会议，统一思想，决定释放周、文二人。为了应付罗翼群，张炎采取了假越狱的办法进行释放。

（二）服务团离境

"周、文事件"后一个月左右，国民党限令服务团离境。服务团早已做出撤退准备，把急救医疗药物、宣传器材和被服送到云潭掩蔽，把张炎发给服务团的步枪、子弹等交给了当地党组织。撤退时，服务团印发了《告高州六属父老书》，揭露国民党顽固派搞分裂、倒退的罪行，号召高雷人民"坚持抗战，反对投降；坚持团结，反对分裂；坚持进步，反对倒退"，把抗战进行到底。

服务团在高州六属虽然只活动了一年多时间，但是，在南路的抗日斗争中写下了光辉的一页，对南路革命斗争的影响是深远的。原中共南路特委书记周楠指出："在高州六属以茂名为中心，则有香港学赈会回国服务团开展各种抗日救亡工作，并推动张炎成立了700多人的学生总队；经过这些组织，茂名人民紧紧团结在共产党的周围，提高了抗日的信心与情绪，从而奠下了以后茂名人民武装抗日的雄厚基础。"这个评价是正确的。

大革命失败后，茂名党组织在相当长一段时间里停止了活动。服务团到来后，服务团特训支部发展了一批新党员，帮助恢复重建了茂名、电白、信宜三县的党组织，这是服务团的一个重大贡献。

服务团虽然撤退了，但很多同志留了下来。更重要的是，他们的思想作风、革命精神，他们在茂名播下的革命种子，深深地扎进了茂名人民的心田，鼓舞着茂名人民不屈不挠地进行斗争。

（三）学生队被迫解散

"周、文事件"后，张炎处境十分不利。为了避免内战，共同抗日，张炎不得不宣布解散学生队。学生队从成立到解散，存在不足一年。在短暂的时间里，学生队在茂名的抗日运动中和南路后来的革命斗争中都发挥了很大作用，产生了积极影响。

（四）张炎被逼下台

"周、文事件"后，服务团被强令离境，学生队被迫解散，在军事上，国民党当局调派一个团到高州，企图以武力解决张炎。当时张炎的处境已十分困难，他随即宣布辞职。

二、抗击国民党反动逆流

"周、文事件"后，茂名县抗日救亡运动走向低潮，县委根据形势的变化，相应改变了斗争策略，党的群众工作和活动方式由半公开转为秘密，继续分批撤退隐蔽党员，把共产党员安排到各个地方去。茂名县党组织将在县内活动的100多名党员，留下50多人以读书、教书、经商等作掩护，继续在县内工作，有40多人分批转移到外地活动。

（一）改组领导机构

1940年5月，由于服务团被强令离境，当时担任中共茂名县工委的领导成员冯安国、黄沙、梁仲华均为服务团的干部，也被迫撤回香港或转移到外地。为巩固和发展茂名县党组织，中共南路特委采取了果断措施，及时将已暴露的党员撤往外地，进行掩蔽活动，以保存力量；同时，从外地先后调派张进煊、陈醒亚、陈华、李明华（又名李敏、邓麟彰）等干部到茂名县，并成立中共茂名县委，书记张进煊，委员陈醒亚（6月任组织部部长）、陈华（11月任宣传部部长）。与此同时，南路特委于1940年冬分工副书记梁嘉负责高州六属工作。1942年3月，梁嘉调走后，温焯华分工负责高州六属工作。由于中共粤北省委和粤南省委相继被破坏，南方局指示采取应变措施，改党委制为特派员方式领导工作，实行单线联系，温焯华任高州六属特派员，李明华、陈华任茂名县特派员。

（二）隐蔽发展

茂名党组织贯彻执行了中共中央关于在国统区实行"隐蔽精干，长期埋伏，积蓄力量，以待时机"的方针，把已暴露的党员撤到外地，将留下来的党员分散到城乡各中小学校、国民党的党政机关和其他组织、部门中隐蔽活动，建立交通联络站，实行"社会化、职业化、合法化"，开展"勤职、勤学、勤交友"活动。

党组织先后安排赖广居、陈达增、杨飞等人分别进入国民党监狱、七区专署、县警察局任职，以掌握顽固派的决策动向；康慧英进入茂名县妇女会当主任，继续从事妇女运动工作，通过办识字班、歌咏队等形式向县城中学的女生和茂名新生活合作社的女工宣传抗日救国道理；1941 年罗秋云打入国民党陈垌乡公所任乡长兼中心小学校长，他先后安排了陈志辉（伍学海）、杨凤泽（杨丽）等到该乡公所和学校任职；赖浩勋、林肖玲先后在城郊广南中心学校任校长，他们先后安排了梁恩波、王佩琼、丁应昌、黄达荣、梁之梗、梁浩熙等到该校任教。1941 年春，县委领导李明华、陈华通过罗明利用社会关系，到曹江西山峒、下南山以教师职业作掩护，实际是将县委机关迁到农村开展工作。

在隐蔽活动的同时，为不断发展壮大党组织，加强对党员的联系，相继建立了一批党支部。1940 年秋，在茂名县妇女会工作的地下党员组成了党小组，组长康慧英；在茂南建立了公馆党支部，书记梁恩波。1941 年 4 月，在高州城德明中学建立了党支部，书记杨鹏泽（杨超）。1942 年，在高州民国日报社建立了党小组，组长黄文山。1943 年日军占领雷州半岛。为更好地领导和发动抗日救亡，茂名党组织又先后建立了几个支部：高州中学高三级党支部，书记梁绍魏；高州中学高一级党支部，书记李载赓；高州女子师范学校党支部，书记李嘉；茂名中学党支部，书记李翘秀（李一鸣）；广南中心学校党支部，书记梁之梗；1944 年 2 月，信宜党组织在茂（名）信（宜）边界的才口建立党支部，书记梁特立（属信宜党组织领导）；1944 年 3 月，在云潭榕木塘建立党支部，书记梁平；1944 年 11 月，在茂南烧酒建立党支部，书记龙思云。

经过几年努力，茂名党组织得到了巩固和壮大，除建立了不少党支部、党小组外，还发展了不少单线联系的党员。党员人数由 1940 年秋撤退隐蔽时的五六十人增至 1944 年的 100 余人。他们成为后来举行抗日武装起义的领导核心，为抗战胜利作出了积极贡献。

（三）广泛建立交通站

为适应形势的发展和对敌斗争的需要，茂名党组织遵照上级的指示，动员党员深入下层，扎根农村；采取各种各样的形式和活动方法，广泛建立交通站，发动群众开展新的斗争。

1940 年 6 月，茂名党组织在高州中山路的"茹文阁"建立了一个交通站，罗明为负责人。约三个月后，该站被敌人怀疑即迁往"明轩馆"。随后，由罗淑英、黄菊秀、王兰、张凤岐等人负责在文彊洗衣店又建立一个交通站。1940 年秋，为沟通茂名—电白—梅菉的联系，中共茂名县委在公馆圩"新民学社"建立了一个交通站。

为便于被安排撤离的同志与党组织保持联系，茂名党组织在县内的东、南、西、北 4 个区都设有地下交通联络站，如高州城区有北街金刚塘的李赞全家、新街的赖广居家、西岸广南中心小学（负责人林肖玲）、茂名师范学校（先后由袁李光、李茂源负责）、后街合水书院、西关街林盛屋、西门街的黄栋柱家等；茂东地区有云潭珍珠垌小学（负责人张杞才）；茂南地区有合水汝嘉小学，芋地坡的冯柱朝家、烧酒（负责人李颐年），飞马的郑奎家，兰石的梁之模和李嘉家等；茂西地区有南塘的谷箐和隆正；茂北地区有茂信边境的石古垌。这些交通站的任务是掩护党的领导同志，搞好接待工作，传达上级指示精神，串连发动群众，开展抗日救国活动，发展党的组织，开展对敌斗争，做好乡绅的统战工作，发动他们支持抗日救国。

（四）特委、县委举办党员干部训练班

面对国民党反共逆流，党员中出现了一些思想混乱。为适应形势的变化，增强党员干部的革命斗志和信心，并布置隐蔽党员后的工作，1940年5月，中共南路特委组织部部长温焯华在高州城主持举办一期党员干部训练班；7月，由县委书记张进煊在高州城东郊一户农民家里主持举办为期10多天的党员训练班。1941年，由县委宣传部部长陈华先后主持举办了3期党员训练班：第一期是2月在谢鸡程耀连家，第二期是7月在化县播扬陈升华家，第三期是8月在良德李会芳家。8月，由县委书记李明华在曹江杨飞家里主持举办为期7天的党员训练班。这些训练班使受训者坚定了立场，增强了党性，使党组织在逆境中站稳了脚跟，在巩固的基础上有了新的发展。

（五）掌控《高州民国日报》

《高州民国日报》是国民党于1925年创刊的广东南路一份地方机关报纸。抗日战争中后期，茂名党组织通过各种办法，派员打进去，不断壮大报社的进步力量。利用这块宣传阵地，积极宣传中国共产党的抗日主张，反映人民心声，扶持正义，鞭挞丑恶，传播革命思想，动员广大群众投身抗日救国斗争。

《高州民国日报》被茂名党组织基本掌握后，利用这一舆论阵地，积极开展如下方面的斗争：

（1）唤醒民众抗日，挽救国家危亡。茂名党组织利用《高州民国日报》积极宣传抗日救国，唤醒民众，共同对敌。该报特约撰述陈华亲自或组织梁其荣、周梦吉等撰写了不少有关抗日救国方面内容的社论或专论；同时，大量报道各地抗战获胜的消息，以鼓舞人民群众的斗志和树立抗战必胜的信心。

（2）扶持正义，鞭挞丑恶。1942年，茂名中学学生郑凌华，目睹其校腐败现象严重，激起义愤，便向《高州民国日报》投稿披露。该校校长从报上看到这篇文稿后，恼羞成怒，竟以莫须有的罪名，开除了郑凌华的学籍。事后，报社编辑部站在正义立场上，出面进行干涉，结果迫使该校改变了开除郑凌华学籍的决定；同时，还揭露当地土豪封建腐朽的婚嫁习俗。

（3）搞好情报和统战工作。例如，有一次杨飞以报社记者的身份，在同国民党高州当局要员的谈话中了解到，中共地下党员梁昌东等被怀疑，并准备缉拿他们。杨飞随即把这一情况报告党组织，使党组织及时地布置梁昌东等同志撤退，安全脱离了险境。

随着形势的变化发展，为开展农村武装斗争的需要，1944年下半年，地下党组织便有计划地分期分批把打入报社工作的同志转移到农村去，发动组织群众，巩固发展游击小组，筹集枪支弹药，大搞革命武装起义。

（六）领导青年学生运动

茂名县的高州城在历史上很长一段时间是广东南路的政治、文化中心，革命战争年代学生运动十分活跃。

抗日战争时期，沦陷地区有的大中学校迁来茂名，一些茂名籍的国民党要员也回乡创办中学，全县大中学校达20多所，其中设在县城的占一半。据统计，高州城学生人数占全城居民的

40%。人们称之为"学生城"。

在反共逆流到来之际，党组织采取公开合法斗争与秘密活动相结合的办法，通过成立读书会开展读书活动，夺取学生自治组织领导权，开展形式多样的抗日救亡宣传活动，开办夜校宣传革命真理等做法，在学生中贯彻"三坚持、三反对"的方针，揭露日军侵华的滔天罪行，批判国民党消极抗日、积极反共的政策，依靠学生的骨干分子，团结广大进步的学生和教师，对反动派开展了多种形式的、卓有成效的斗争。

领导群众武装抗日

一、建立抗日武装力量发展游击小组

1943 年 2 月，雷州半岛和广州湾失陷。翌年 4 月，日军发起豫湘桂战役，国民党军队闻风逃命，日军得以长驱直入。盘踞在广州湾等地的日军混成旅，相继进犯高州六属的廉、化、吴三县。面对严峻形势，茂名的国民党顽固派仍然不断地向抗日军民疯狂进攻，残酷捕杀，横征暴敛，无所不用其极。1944 年 2 月，中共南路特委书记周楠从重庆返回传达贯彻南方局的指示，要放手发动群众，发展抗日武装，建立党直接领导的独立自主的抗日队伍，开展游击战争。茂名党组织根据上级的指示，深入农村、城镇和学校，加紧扩大发展游击小组。高州中学游击小组组员有：叶琼森、周文莲、罗强、范松基、卢庆福、黄兰芳、黄充熙、吴汉兴、欧学铭、李鹏翔、华英、庞一高、陈光中、黄宪、朱丽芳等。茂名师范学校仅在十一、十二两个班吸收了杨光武、许俊文、柯乙福、谭仲才、李匡一、李秀坤、冯柱朝、梁彤璧、吴时苑、朱耀荣、邓焕恩、庞玉琼、王素徽等 20 多人为游击小组组员。茂北的俞钧、俞辉、黄正山在信宜广雅中学经陆明章监誓，参加游击小组，俞钧为组长。到 9 月止，茂名县秘密吸收参加游击小组的骨干已有 1000 余人，为建立抗日武装力量初步做好了组织准备。

二、广泛筹集抗日武器和财物

为解决抗日队伍的枪支弹药和财物问题，茂名党组织采用以下 5 种办法积极筹集：（1）发动游击组员向家庭和亲戚朋友筹取，发动社会进步人士有枪出枪、有钱出钱；（2）筹集资金购买；（3）收缴反动地主恶霸、土豪劣绅的武器和财物；（4）从"白皮红心"两面政权的乡公所、保公所中拉出枪支弹药来；（5）向国民党顽固派的"剿共"军队手中夺缴武器。

大垌铺伏击战，便是从敌人手上夺缴武器来武装自己的范例。

1944 年 10 月底，党派遣打入国民党第七区保安司令部任参谋主任的中共党员陈达增送出一份情报：省保十团于 11 月 4 日从高州城运送一批武器到化县连界驻地，进行"剿共"。这批武器有机枪 2 挺，还有步枪、子弹、手榴弹等。司令部派一个班兵力护送，班的人数不足，连副官、挑夫共 10 多人，途经沙顿乡大垌铺。

中共南路特委领导温焯华接到情报后，即与陈华商量，决定夺取这批枪支。陈华召集车振伦等研究夺枪部署，确定这次夺枪行动由车振伦任指挥，罗秋云为副指挥，罗选之为队长，车振文为副队长。由于精心组织，周密部署，11 月 4 日在沙顿乡大垌铺进行截击，经过激烈战斗，最后夺枪成功。后来，这批枪支由黄达荣、杨进瑞运走，交给了组织。

这一伏击战斗的打响，拉开了茂名县抗战时期武装斗争的序幕，为后来茂名各地举行抗日武装起义提供了宝贵的经验。

三、发动抗日武装起义

（一）起义前的形势及工作部署

1944 年冬，中共南路特委根据南方局的指示，结合南路实际，配合中央的战略部署，迎接王震部队南下，支援大军行动，决定发动南路各县人民举行武装起义，保家卫国。要求茂名县在1945年春节前后举行武装起义，以配合吴、廉、化起义部队前来会师攻打高州城的整个部署。

茂名县东、南、西、北4个区的党组织，按照上级布置的军事部署迅速地行动起来。他们分别负责组织训练游击小组骨干，筹集枪支弹药。全县训练骨干750多人，筹集长、短枪140多支，轻机枪2挺，手榴弹200多枚，以及钱粮等财物一大批。从1945年1月起，先后发动了茂东、茂南、茂西、茂北等抗日武装起义，反击消极抗战、积极反共的国民党顽固派。

（二）起义的经过

1. 茂东抗日武装起义

云潭处于茂、电、阳边缘山区，抗日游击根据地在党组织的领导下得到巩固和发展。到1944年9月，云潭先后扩大发展游击小组骨干50多人，游击队的活动地带延伸到茂东的云炉、新垌、根子、分界、谢鸡和茂北的朗韶、大坡、石骨等山区。

起义前夕，陈华亲自到云潭检查工作，召开云潭党员领导骨干会议，宣布成立云潭人民革命军事行动委员会，任命郑光民为政治委员，梁平为组织委员，范杙为军事委员，张杞才为财粮后勤委员。并决定：泗水游击队于1月29日起义，兵分两路，一路攻打海珊乡公所，一路攻打根子乡公所；云潭游击队于1月30日起义，攻打云潭乡公所。

但是，由于叛徒告密，泗水区的行动计划暴露，起义受挫。陈华令杨进瑞速把部队由泗水转移到云潭。30日，杨进瑞带领的队伍到达云潭，云潭只好仓促配合泗水的起义部队攻打云潭乡公所。云潭的敌兵见起义队伍配有轻机枪2挺和长、短枪数十支，浩浩荡荡地前来，便仓皇地逃离乡公所，游击队因此未经战斗便进入云潭乡公所，但只缴到一些残旧的枪支、弹药。攻下云潭乡公所后，杨进瑞所率领的部队转移分散。

2月中旬，驻在高州城的国民党军队和茂东区的地方自卫队、联防队，集中了成千兵力，开始重点"扫荡"云潭。茂名党组织决定：王代英等同志撤离云潭，留下郑光民与当地党员组成武装工作队（简称"武工队"），发动群众坚持反"清乡"、反"扫荡"斗争。

国民党部队进入云潭后，到处抓人、杀人。游击队员赵载文的父亲被敌人剖腹取心，惨死于敌人的刀下；范杙被捕杀害。

2. 茂南抗日武装起义

1945年2月初，刘炳新调到茂南和车振伦负责组织武装起义，茂南起义的中心是烧酒。2月16日晚，罗秋云率领陈垌中队50多人，郑奎带领飞马中队50多人与烧酒中队50多人3个中队共160多人在烧酒龙底村小学集中。18日，由车振伦、刘炳新宣布武装起义，正式成立南路人民抗日解放军茂南大队，大队长为车振伦，副大队长为郑奎和罗秋云，政委为刘炳新。

茂南大队成立的第二天，决定攻打仁里（新圩）乡公所。为了摸清敌情，当天下午，车振伦和钟正书带领一个侦察小组前往仁里进行侦察。发现乡公所的敌人四门紧闭，防守森严，并在岗楼上架起排枪，形成剑拔弩张之势。车振伦等见敌人已做准备，无法下手。于是决定改变计划，将队伍拉到红粉营整训，等待时机，观察动静，准备再战。

在烧酒武装起义前，李淑明从家里取出1支左轮枪和100多发七九步枪子弹，交党组织时不幸被捕，被押解高州城。李淑明在狱中英勇顽强斗争，惨无人道的国民党反动派对她施以严刑——烧着香插入她的乳房，限时勒令她供出起义的秘密。李淑明坚贞不屈，没说出半点机密。临刑前她把戒指给谭琼珍，让其交给她的妈妈，所有衣物都分给狱中难友，她只穿上仅可掩体的破衣，遍体鳞伤，满身血迹，高唱国际歌，高呼"打倒日本帝国主义！""打倒国民党反动派！""最后胜利属于我们！"从容就义。此事震撼整个高州。李淑明牺牲时年仅18岁，她是中华民族的优秀儿女，是我们的好榜样。

5月，茂名县警察局局长黄光弼带领国民党自卫队300多人再次开进烧酒村进行"扫荡"，关押村中群众400多人，威逼他们交出地下党员和游击小组成员。经党组织教育同情支持革命的保长李立溪回村解救群众，被敌人枪杀。敌人对地下党员李维三家属严刑逼供，并杀害了李维三的儿子李亚庆。

3. 茂西抗日武装起义

1944年12月，茂西区党组织决定组建茂西游击大队，大队政委由茂西党组织负责人黄达荣担任，大队长由梁德玉担任。大队在南丰、道平、清井、祥莲四乡各筹建一个中队。

茂西区党组织负责人黄达荣，为解决起义经费，他卖掉家里的4亩田、4头猪、1头牛及准备建房的材料，所得款项全部捐给党组织，并亲临各乡指挥督战。

1945年2月1日晚，南丰乡起义队伍在白坑学校集中，凌晨2时，宣誓出发，由梁德玉指挥，刘圣清引路。到道平乡苏坑村与道平乡起义队伍会合后，队伍途经伦道村时，收缴了村中地主邱正刚的长枪2支、短枪2支。收缴枪械后，继续前往道平乡公所，迅速将乡公所包围起来，梁德玉率领冲锋队从前门发动进攻。敌人抵抗了一阵子便逃跑了，起义队伍进入乡公所室内，收缴到步枪数支、子弹一箩，把乡公所的文件和账册全部烧毁。当晚11时，起义队伍到塘函村收缴地主枪械，途中发现国民党自卫队，梁德玉即令队伍后撤。回到良坑村休息吃饭时，得到情报说，敌区自卫队队长邹克昌带区中队已到苏坑村抄家捉人"扫荡"，县自卫大队大队长李秀亦带两个自卫中队从县城开出。当时各地起义情况不明，又和上级党组织联系不上，梁德玉决定把武器集中交道平乡同志带到大风山村收藏，人员则分散掩蔽。

2 月 4 日晚，清井起义军攻打反动的清井乡公所，由于事前做了一定的争取工作，顺利攻克，收缴了一批武器、弹药，俘获乡长杨觉新、乡队副杨家驹及几个乡兵。对俘获人员教育后，便将他们释放了。

这时候，国民党派出的大批军警已在起义村庄大举"清乡""扫荡"，情况恶化。在伦道村逮捕了刘圣清的父亲刘忍三，在苏坑村逮捕了邱成章的弟弟邱成干，在高坡村逮捕了起义骨干黎忠球（中共党员，后被杀害）。游击大队政委黄达荣、大队长梁德玉也不幸落入敌手，后被杀害。

吴川县抗日武装起义后，驻在吴川的南路人民抗日游击队陈以铁大队和吴化梅茂边区的李一鸣大队共 200 多人，于 1945 年 2 月间奉命到茂西支援人民抗日武装起义。队伍在陈以铁、李一鸣、王国强、李明华、朱兰清率领下，从吴川上岭仔出发，经过 8 天日宿夜行，到了目的地大窝村。由于那里抗日起义已失败，敌人便集中兵力"扫荡"。3 月 4 日，陈以铁大队、李一鸣大队转移到茂西的木坑塘村，部队在做饭休息时，遭敌突然袭击。战斗中，苏爱莲（苏少婉）、欧鼎寰（欧振东）、李贤高、张胜龙、张惠东、骆期初（骆亚富）等壮烈牺牲，陈以铁、梁尚文、张绍基、张帝元、张锦崇等 12 人被俘。4 月 16 日夜间，陈以铁等 9 人被敌人秘密杀害于高州城。

茂西抗日武装起义受到严重挫折，预期目的没有达到。但党组织通过这次起义开始掌握了武装力量，使茂西革命斗争走上了新的阶段。

4. 茂北抗日武装起义

1944 年 12 月，陈华派杨超、罗强、杨麟、王志文、叶琼森、黄兰芳、张锡德、杨飞、杨丽等，先后离开学校或工作单位到达曹江，以凤村为基地，大力开展抗日宣传工作，并秘密发展了200 人参加游击小组。同时，积极筹集长、短枪共 20 多支，并搞到十万分之一的军用地图和一批干粮。上级党组织也送来一批药物和救护包等。

起义前，由杨飞主持，宣布成立茂北游击大队，公开声称杨飞为大队长，实际上组建一个中队。中队长先是陈照明，后是杨麟，政治指导员是杨超。下辖两个排，梁基文、李文志分别担任排长。会议还进行了分工，落实工作责任，白玉衡负责后勤供给；杨丽、黄兰芳负责卫生救护；杨超负责交通情报，分设先觉、下南山、竹坑、里村 4 个交通联络站。

1945 年 2 月 1 日晚，40 多名茂北游击队员依时会集到凤村，由杨飞作动员，宣布曹江人民武装起义。当晚直捣国民党顽固派杨官首席保办事处，缴获单响步枪 30 多支、子弹 3000 多发、手榴弹 100 多枚。首战告捷后，随即挥师攻打国民党曹江乡公所，但因起义人员枪走火，惊动了敌兵，以至双方对打起来，激战了一个多小时。快天亮时，该地距离县城只有 10 华里（1 华里 = 500 米，下同），为避免不必要的损失，起义队伍主动撤出战斗，按原计划把队伍拉到双城封村隐蔽。

由于封村看守不严，该村保长谭道之跳墙逃出，跑到白花塘向国民党联防主任黄俊思报告。黄俊思随即率领数十人前来对起义队伍进行偷袭，但被哨兵发现，起义队伍迅速抢占高地予以控制，反将部分敌兵包围，对其呼喊口号，开展政治攻势。结果被起义队伍包围的敌兵举手投降，缴获了步枪 4 支、子弹 500 多发。

2 月 2 日下午 1 时左右，敌县警大队 200 多人在邹克昌率领下，前来"围剿"。此后，国民党顽固派不断派兵"扫荡"。起义队伍便将人员化整为零，三五人一组分散活动，继续宣传发动群众。经过一个多月的努力，又开辟了20多条村庄，收缴驳壳枪2支、步枪数支。

4月中旬，国民党顽固派纠集县内东、南、西、北4个区的联防队共1000多人，同一天分五路包围曹江游击活动区，逐个山头、逐条村庄进行大搜捕，结果他们又是一无所获。嗣后，杨飞和外来的同志按上级指示撤走了，只留杨麟、杨超带领当地游击队骨干与敌周旋，坚持斗争。

5月，茂名县警大队长邹克昌率领1个大队、3个连队分驻凤村杨飞家、古柳坡、杨官首席保办事处，再次进行大搜捕，关押无辜群众300多人，把杨剑秋、杨亚伙、杨九妹3人伪称为共产党员杀害。同月，游击队员罗传佳撤到外地也遭敌杀害。

敌兵长驻古柳坡等处后，使坚持斗争的同志活动十分困难。杨麟、杨超带领一组人员向外围发展，开辟了低塱、山脚、裴坑、罗平及新垌一带10多条村庄。后来，杨麟、杨超奉命调到覃巴活动。

曹江这次武装起义，一直坚持斗争三个多月，发展了五六十条村庄，缴获长、短枪40多支及弹药一批，战果丰硕。既打击了反共的国民党顽固派，武装了自己的队伍，又大大地鼓舞了革命者和广大群众开展抗日斗争的信心。

根据中共南路特委的部署，茂名县在1945年春节前后准备起义而未能按计划行动的，还有石骨、才口、德新、东才、分界、黄塘、谢鸡等地。

5. 覃巴再次武装起义

1945年6月，正当日军准备进犯梅菉、水东、阳江，企图打通与广州的通路时，党组织决定在群众基础较好的覃巴再次发动武装起义打击敌人。已在覃巴组织群众开展抗日的庞达、梁昌东、周亮等，以梁振初开设的"国技馆"为掩护，发展了100多名农民游击队员。同时，茂名党组织派飞马的郑奎利用同族同乡关系，潜入梅菉争取打入国民党军任自卫大队副大队长的郑剑，率领90多名士兵起义，开到覃巴和梁振初"国技馆"的游击队会合，共200多人、100多支枪，组成南路人民抗日解放军茂名大队。郑奎任大队长，周亮为教导员，杨超为助理教导员，梁振初、郑剑为副大队长。大队下设两个连，第一连由梁振初兼连长，周亮兼指导员；第二连由郑奎兼连长，杨超兼指导员。

7月12日清晨，大队集结在南山村祠堂门口，宣布武装起义。起义队伍从南山开进覃巴圩，攻占了反动的乡公所，打开官僚、军阀邓龙光家人开设的当铺，缴了守护当铺卫兵的枪，将契据、账簿烧毁，让群众取回所有典当的物资，得到广大群众的拥护。随后上街宣传中国共产党的抗日救国主张，并收缴覃巴一带的反动地主武装。

几天后，国民党保警队和当地反动武装600多人前来"扫荡"，起义队伍与敌人激战后，转到廉江新塘，编为南路人民抗日解放军第一团独立营。在覃巴沿海一带，起义队伍两次打退保安团的进攻，从而为建立和打通由覃巴至梅菉、梅菉至水东、三角窝至广州湾等沿海交通联络线，起着十分重要的作用。不久，随团部开往遂溪笔架岭一带整训学习，正式整编为南路人民抗日解放军第四团第六连，任命郑奎为连长，周亮为指导员。从此，第六连在遂溪、廉江同兄弟部队一起抗击日本侵略军，争取抗日战争的最后胜利。

（三）起义的历史意义

茂名县几次抗日武装起义，由于国民党顽固派力量过于强大，起义虽然失败了，但有其深远的意义和影响。

第一，宣传了群众，教育了群众。抗日武装起义，使人民群众清醒地认识到：抗日的出路，只有依靠自己的力量，在中国共产党的领导下，才能取得胜利。

第二，有效地牵制了敌人的力量，间接打击了日本侵略者的气焰。1944 年 12 月，国民党顽固派准备把逃窜到信宜的一五五师调派南下，配合 4 个保安团的兵力，向化县、吴川抗日武装进攻。由于茂名县抗日武装起义爆发，国民党顽固派只能将一五五师留守茂名县，所以，使中共南路特委领导的抗日游击队配合张炎部队解放了吴川全境，有效地牵制了盘踞雷州半岛的日军参与豫湘桂战役的力量，打击了进犯吴（川）化（县）廉（江）边境的日伪军。

第三，有力地打击了国民党顽固派。1945 年茂名县的抗日武装起义，其起义次数之多、时间之迅速，为茂名历年未见，给国民党顽固派以前所未有的打击。

第四，发展了人民抗日武装力量，扩大了游击活动区，为南路解放战争准备了力量。从此，游击区遍布全县大部分的乡村，为茂名地区的解放战争打下了坚实基础。

1945 年 8 月 15 日，日本宣布无条件投降。9 月 21 日，侵占雷州半岛、广州湾的日军雷州支队支队长渡部市藏在赤坎签字投降，茂名人民抗日战争取得了最后的胜利。

4

第四章
解放战争时期
（1945 年 8 月—1949 年 11 月）

第一节 争取和平民主，坚持自卫斗争

抗日战争胜利后，以蒋介石为首的国民党反动派为了抢夺人民的抗战成果，不顾全民族的利益和全国人民的愿望，在美帝国主义的支持下，玩弄反革命的两面派手法：一面命令"各战区将士加紧作战努力，一切依照既定军事计划与命令积极推前，勿稍松懈"，调派大批军队进攻解放区；一面高唱和谈调子。中国共产党与之进行了针锋相对的斗争，制定了以革命的两手反对反革命的两手的策略。一方面以最大的努力，为争取和平民主而斗争，与国民党谈判，签订了《双十协定》；一方面做好迎击敌人进攻的准备。国民党广东反动当局妄图利用和平烟幕，在两个月内"肃清"所谓"奸匪"，以稳定其统治。1945 年 10 月，广州行营主任张发奎在广州召开粤桂两省"绥靖"会议，成立了粤桂南"绥靖"指挥部，增派 3 个正规军到南路和海南岛，以接收为名，对中共根据地和游击区进行了惨绝人寰的"清乡""扫荡"。

一、召开茂电信武装骨干会议，明确斗争方向

中共广东区委于 1945 年 9 月 20 日发出《广东长期坚持斗争的工作布置》，确定广东党的工作方针为"一方面坚持斗争，保存武装，保存干部；一方面长期打算，准备将来合法民主的斗争"。10 月 24 日，再次发出《当前的斗争形势与工作指示》，要求各地分散发展，扩大据点，组织更多的武工队进行自卫斗争。

1946 年春节，茂电信特派员陈华在云潭金斗坪附近的大河尾召开了茂名、电白、信宜三县武装斗争骨干会议，历时 10 多天。参加人员有郑光民、钟正书、陈广杰、周亮、严子刚、杨超、李载赓、郑奎、李颐年、龙思云、梁昌东、黄载源、杨麟、王杰等10 多人。会议主要任务是贯彻中共七大精神，同时，贯彻南方局和南路特委关于加强党对武装斗争的领导、扩大部队、在解放区发动群众组织游击队、搞好统一战线工作等一系列指示，树立为革命斗争到底的信念。会议在总结前段时间茂电信革命斗争经验的基础上，决定：改正抗日武装起义"一刀切"，全面拔根式的错误做法；恢复和加强城市的工人、学生、居民的统战工作；转移干部，进行分散隐蔽以保存实力；留下坚强干部，组织精干武工队，继续发动群众坚持斗争。会议还根据斗争形势的需要，进行了革命气节教育，布置了到会同志今后的活动地区和斗争任务。

这是一次十分重要的会议。它是在时局急剧变化的转折关头召开的，会议不仅澄清了革命队伍中的各种混乱思想，增强了革命必胜的信心，而且明确了今后斗争的方向，为进一步发展党的组织、壮大人民力量、开展游击战争奠定了思想基础。

二、领导高州城区争取和平、民主的学生运动

为加强对高州城区工作的领导，1945 年 10 月，茂电信党组织派林其材到高州主持城区工作。

地下党组织采用广交朋友的斗争策略，广泛团结教师、学生同敌人展开了争夺学生自治会领导权、抵制加入"三民主义青年团"（简称"三青团"）以及开展"反饥饿、反迫害"等各种斗争。

通过这些斗争，进一步揭露了国民党反动当局的黑暗腐败，孤立打击了反动势力，团结教育了广大群众，发展了进步力量。

经过斗争的考验，冯柱朝、李匡一、邓培基等学生骨干先后被吸收为中共党员，壮大了党的组织。

三、国民党反动派对革命人士的屠杀

国民党反动派在一面大喊和谈的同时，一面加紧发动对解放区的进攻，残酷屠杀革命人士。茂电信的反动派也进一步强化各种统治制度，实行法西斯统治，疯狂地杀害共产党人和进步人士。

1946年3月，撤退隐蔽在阳江县的中共党员李嘉及其丈夫梁之模（革命知识分子、两阳中学教师）不幸被捕，反动派于织箦附近的太平岭将他们杀害。4月5日，由茂名县党组织领导的在覃巴活动的原六连排长庄冠周和游击队员陈亚福，被国民党自卫队捉去，押解至梅菉杀害。6月3日发生了震动茂电信的"小水事件"。郑奎、黄载源率领武工队员在经过信宜小水乡公所附近时，遭到乡兵盘查、围攻，战斗中因敌众我寡，郑奎、张贵、杨康日、杨亚松4人不幸被捕后杀害；黄载源只身突围南下，在茂名县蓝田村铺仔住宿时被敌人检查逮捕，押回高州城，后在东门岭将其秘密枪杀。

国民党反动派的倒行逆施，激起了人民的公愤，使人们认清了反动派的真面目，更加坚定了反独裁，争取和平、民主的信心。

加强党组织建设

一、中共茂名中心县委和茂电信工委的成立

1947年6月，上级党组织决定，改特派员制为党委制，撤销茂电信特派员，成立中共茂名中心县委，任命王国强为书记，林其材为副书记，郑光民、钟正书、钟永月为委员。

中心县委在海珊乡良村召开了第一次会议，会议由王国强主持。会上，传达讨论中共中央香港分局"关于开展游击战争，建立新根据地"和"武装斗争要从小搞到大搞"的指示。会议讨论了党的建设、武装斗争、群众路线、统一战线、游击战术等问题。会上大家根据上级的指示，结合茂电信地区的实际情况，决定大规模、广泛地组织武工队，深入发动群众，坚持武装斗争，以茂北、信宜为重点，巩固老区，开辟新区，建立和扩大游击区，把信宜、茂北、云潭、那霍连成一片，逐步建立主力部队；加强统战工作，争取地方开明绅士和反对蒋介石发动内战的乡长、保长、甲长建立"白皮红心"的两面政权；做好城镇学校工作，配合农村武装斗争。

12月，为了斗争的需要，中共粤桂边区党委决定成立茂电信工委，工委的领导成员按中心县委不变。同月，工委在海珊乡良村召开会议。这次会议决定：大力开展武装斗争，迎接东征部队；以信宜、茂北为重点，建立和发展游击区；筹备成立茂电信各县委领导机构。

二、区、乡党组织及政权建设

中共茂名中心县委成立后，茂名县的区、乡党组织及政权也根据形势变化作了相应调整。1947 年 12 月，中共茂电信工委因开展游击战争的需要，撤销茂北区委，成立"台湾区"（今深镇、古丁、马贵一带）临时区委，书记杨麟，副书记简常，委员黄祖文。临时区委兼管"广州区"（今平山、长坡一带）的工作。1948 年 1 月，杨麟、简常奉命调往"天津区"（今信宜的钱排、茶山、洪冠、贵子、合水一带）开辟新区，临时区委撤销而改为支部，由黄祖文任支部书记。1948 年 10 月才重新成立中共茂西北区工委，杨麟任书记，周文莲任副书记。中共茂东南区工委也同时成立，柯乙福任书记，柯日轮任副书记，冯柱朝、李匡一为委员。两大区工委均属茂电信工委直接领导。

茂西地区的党组织在 1945 年初的抗日武装起义后，受到了很大破坏。1946 年秋，南路党组织决定将下茂西地区划给化县党组织领导。化县党组织派化北武工队队长李锋率 20 多人到该地区活动，1947 年 4 月成立了化茂边区人民政府（辖今沙田、镇江、顿梭、荷塘地区），李锋任区长。同时，成立祥莲、沙顿、道平 3 个乡政府，分别由卢初隆、朱益昌、卢俭隆任乡长，在乡之下成立了行政村政权。该地区于 1948 年秋才重新划归茂名县党组织领导。

上茂西地区（现荷花、石板、大井、潭头等地区）曾一度由信宜县党组织管辖。1947 年 7 月，信宜县党组织派何逢林担任德新、清井两个乡的领导工作。何逢林与在该地区坚持斗争的党员列玉阶、孙明耀等成立了党小组，领导开展革命活动。1948 年 10 月，中共茂电信工委决定将德新、清井两个乡划归茂西北区工委管辖。同年 11 月，茂西北区工委派吴卓璧、俞辉领导该地区工作，以加强对该地区革命活动的领导。

建立基干武装队伍，发展壮大武装力量

一、茂电信独立大队的建立及活动

（一）茂电信独立大队的建立

1946 年 8 月，茂电信特派员陈华按照南路党组织的部署，布置钟正书在覃巴、茂南、羊角、马踏地区组建武装队伍。钟正书接受任务后，即组织召开会议决定：在覃巴组建一个中队，由梁振初、李时清负责；在茂南组建一个中队，由钟正书负责；在电白的马踏组建一个中队，由杨瑞芬负责。

会后，各地积极发动群众参军、收集武器及筹粮筹款。为夺取武器装备，钟正书同梁振初等人研究，决定袭击驻防梅福庙的谢麟图自卫队。8 月 17 日深夜，集中了 30 多名武工队员和动员了 30 多名覃巴的群众，突袭该庙守敌，毙敌数名，缴获轻机枪 1 挺、步枪 8 支及弹药一批。袭击梅福庙是恢复武装斗争后的一次重要战斗，在茂电信及吴化地区产生了很大影响。

梅福庙战斗后，武工队乘胜把覃巴一带的乡兵、保丁、甲长及地主的枪支子弹全都收缴过来，同时集中了电白羊角、马踏游击队员所掌握的枪支，共收集了长、短枪 100 多支。

8 月 23 日，各中队集中覃巴，25 日正式宣布成立茂电信独立大队，梁振初任大队长，钟正书任政委，全队 140 多人，分 3 个中队，李延年、杨瑞芬、李时清分别任中队长。

（二）部队整编和赴化县会战

1947 年 2 月，为加强部队建设，积极发动游击战争，茂电信党组织从部队中抽出一部分干部、战士组成武工队去开辟新区，建立群众基础，把剩下的整编为茂电信独立连，连长梁振初，副连长刘绍兰，指导员钟正书，副指导员李颐年。下辖 3 个排，车克猷、李时清、蔡景祥分别任排长。3 月，茂电信独立连奉命由王国强、钟正书率领开赴化县参加会战。队伍经茂南飞马良塘村时，遭敌 400 多人围攻，茂电信独立连奋起反击，将敌击退。队伍进入化县会同新一团、新四团兄弟部队，进行了化县中垌、柑村、外垌等一系列战斗，连战皆捷。这使敌人非常惊恐，赶忙集结兵力对化、廉等游击区进行"围剿"。

（三）回师牵敌

为了牵制敌人，支援遂、廉、化、吴老区部队，粉碎敌人的企图，茂电信独立连奉命回师茂电信游击区活动。

1. 飞马溃敌

1947 年 4 月，王国强率领部队回到飞马，敌人集中电白水东自卫队和鳌头区自卫队共 500 多人向独立连进犯，茂电信独立连和化县叶宗玙率领的柯炽明连队联合作战，一面发动冲锋，一面组织 20 多人渡河佯攻鳌头，采用"围魏救赵"的战术，把敌军击溃，独立六连随即继续向茂电阳（茂名、电白、阳春）山区进发。

2. 三战浮山岭

部队到达电白观珠，得到当地党员的支持，提供情报，出其不意地突袭观珠乡公所，缴获敌人长枪 10 多支、马 1 匹，俘虏国民党特务 1 人。这时，霞垌敌军集中 500 多人进行追击，部队撤到浮山岭企石庙蜈蚣岭，占据有利地形埋伏下来，等敌人到达 200 米附近后，用机枪和枪排一齐向敌人开火。敌中队长骑的白马被打死，他滚落地下。敌军死的死、伤的伤，伏在水田里，不敢抬头，像落水狗一样满身泥巴。敌人被打得大乱，只好仓皇逃命。部队乘胜追击 10 多华里，敌人惊慌地跑回霞垌老巢，说："倒霉！碰上真共军！"

敌人吃了败仗，不敢单独出来"清乡""扫荡"。5 月初，敌人调集茂名保警队、自卫队、联防队及乡兵警察 400 多人，从根子上山，向在浮山岭北麓冼太庙的阵地发起猛烈进攻，企图一举歼灭茂电信独立连。战士们不畏强敌，英勇作战，毙敌 10 多人，伤敌数人，打退了敌人的进攻，取得了二战浮山岭的胜利。

二战浮山岭后，部队从云潭、那霍转移到黄坑村时，该村保长向敌人报信，敌人纠集茂、电、阳三县兵力追击围攻。早上，东方刚刚露出鱼肚白，群众就跑来报告："敌人来了！"部队立即上山，只见山下 2000 多名敌军疯狂地围攻过来，部队 200 多人撤上浮山岭顶峰，利用占据制高点的有利地势，分 3 条防线，迎击敌人。战斗非常激烈，战士们英勇地从早上 8 时打到天黑。敌军发动 5 次冲锋，均被击退。这次战斗毙伤敌人 30 多人，其中两个轻机手被击毙，而茂电信独立连无一伤亡。可是，战士们的每支枪仅剩下三五颗子弹了。晚上，部队在夜幕的掩护下冒雨转移到霞垌游击区，在得到武工队的支持，补充了弹药后，第三次上云潭的龙文肚、横山冲大森林中去。

3. 冲出大森林

部队进入大森林不久，茂电阳地区的敌人集中 25 个中队共2000 多人，把整个大森林团团包围起来，并将大森林周围的村庄抢光、烧光，实行"无人区"，企图把茂电信独立连困死在大森林中。部队在大森林中露营，要进行两面作战：一面要防止敌人进攻，一面又要防老虎袭击。在荒无人烟的大森林里，找不到锅煮饭，每人每餐吃一把生米，用山上的清泉水送吃。部队在大森林里住了 5 天后，经过多次侦察，选择敌军布防最薄弱的一环，在一个晚上三四点钟的时候，组织敢死队突然出击，在山里大雾漫天的掩护下，越过敌人一个排哨，在敌人的封锁线上扯开了一个缺口，终于冲出敌人的包围圈。当敌人听到枪声从梦中惊醒后，集合一个大队追击时，部队已爬上云潭大轿顶、三冠顶去了。敌人无可奈何，只好垂头丧气，望山长叹。

茂电信独立大队（即茂电信独立连）建立以来，与茂、电、阳三县的敌人展开激烈的大小战斗共计 50 多次，打破了茂、电、阳三县敌军 2000 多人的追击、合围、"扫荡"，毙敌 120 多人，伤敌 250 多人，俘敌 4 人，缴获敌人轻机枪 1 挺、手提机 1 挺、步枪 200 多支、马 1 匹及弹药一批。茂电信独立连牺牲排长 1 人、战士 5 人。在战斗中，茂电信独立连打出了军威，创造了以少胜多、以弱胜强的战例。部队广泛深入发动群众，开辟了 300 华里的游击区，建立和扩大了农村群众基础，与此同时，发动群众参军参战，部队扩大到 280 多人，胜利完成牵敌任务。

4. 化廉边境整训

1947 年 6 月，南路党组织对茂电信地区工作进行了新的部署，通知王国强率茂电信独立连开到化（县）廉（江）边境整训，后编为粤桂边区人民解放军司令部警卫连，刘绍兰任连长，李颐年任指导员。会议结束后，王国强带一批武装骨干分子返回茂电信地区开展工作。

二、发展武工队及游击小组

茂电信地区成立武工队、武工组的时间较早，特别是良村会议后，全县各地党组织根据各自情况纷纷建立武工队、武工组。

第一，茂北地区。1947 年初，杨麟与周宗岳师徒相称，到信宜龙觐乡（今深镇、古丁一带）以摆药摊卖药为掩护开展活动。

不久，他们建立了一支 10 多人的武工队。黄祖文和简常也调到该区以加强对该区工作的领导，他们成立了党支部，杨麟为负责人。后不久升格为临时区委。茂信边界一带农村被逐渐开辟成为游击区。

8 月，为加强茂北各地的武装斗争，杨麟根据王国强的指示领导成立了茂北武工队，全队近 40 人。茂北武工队总部的领导人是杨麟。武工队分为 3 队（组）：一队由杨麟兼队长率领到石骨、黄塘、大雾岭仙人垌一带活动，先开辟了代号为"台湾区"的游击区，后又开辟了代号为"广州区"的游击区；一队由周文莲率领到东才、均圩、十二火灶、石古垌、大成等地活动，后来上级党组织从遂溪调叶锦到该队，与周文莲一起领导开辟了代号为"青岛区"（今东岸、大潮、信宜大成带）的游击区；一组由俞钧率领（后调信宜）到东才、伍村、大应村、高岭咀等地活动。

第二，茂东地区。中共茂名中心县委派钟正书负责以平原老区为基础，大力发展武工队，在巩固老区的同时，积极开辟茂东和电东北及茂阳（茂名、阳春）边界，将平原和山区连成一片。

第三，茂南地区。茂南地区也成立了武工队。为了打击敌人，扩大影响，筹集枪支弹药支援独立连，陈垌、羊角武工队在当地同志的紧密配合下，于 1947 年 6 月袭击了国民党茂名县自卫总队副总队长丁龙起家，收缴了长、短枪 5 支及子弹数百发，活捉了大恶霸丁仲兰（丁龙起的大哥），后押至羊角处决，对敌人震动很大。

第四，茂西地区。下茂西地区，在化茂边区人民政府成立时，就配备了领导武装斗争的专职干部，区的武装干部是陈光和董伯才，沙顿乡是万秀武，祥莲乡是冯维初，道平乡是程万华。1947 年秋，各乡均成立了游击队，由武装干部任队长，仅道平乡游击队就达 40 多人。

茂电信武工队的再次成立。1946年4月曾成立的茂电信武工队，由于当时的队员有的牺牲，有的调离，实际上已经解体。1948年1月，茂电信武工队（代号"国际队"）在那霍再次成立，队长庄严（庄冠凡），副队长陈昭正，指导员王克（后李延年）。到中华人民共和国成立前夕，全县建立了20多支武工队及众多的武工组，还有许多游击小组。据统计，全县参加游击小组的人数达3000多人。各地还以"地下军"等多种名称组织了许多武装民兵。这为武装斗争的发展打下了坚实的群众基础。

三、组建茂名县独立大队

1948年8月，中共茂电信工委在水东会议上决定成立主力部队。各县在继续加强武工队建设的同时，组建县独立大队，开展游击战争。11月，党组织派杨麟回茂北与周文莲负责组建茂名县独立大队。他们以信宜龙觐乡的苏坑、文坡村为基地，成立了一个突击队，黎武为队长，李文新负责军需处，廖镇海负责军事、组织安排兵源及武器转送外，还协助李文新筹枪筹粮等工作，梁淮负责宣传动员工作，余芝惠负责均良乡、东才乡相关工作。他们用访苦串连的办法，发动茂信边界的农民参军、捐枪、捐粮，仅龙觐乡文坡村的堡垒户梁世高一次便捐出稻谷10担，其妻也献出麻布20丈（1丈≈3.33米，下同）。经过两个多月的筹备，于次年2月，茂名县独立大队（代号"大钊大队"）正式成立，刘绍兰任大队长，杨麟任政委。下辖一个中队，中队长黎日坤，指导员俞辉，文化教员梁基赵、周群，特务长毛亚伟，全队80多人。建队不久，王国强指示杨麟率部队转到信（宜）罗（定）边界活动，留下廖镇海带领武工队员梁世彬、毛陈生在"台湾区"坚持革命斗争。

开辟新区

一、茂北游击区的开辟

武装力量的扩大和游击战争的发展，大大地加快了开辟茂名县游击区的工作。良村会议后，中共茂名中心县委把茂北作为发展的重点地区，逐步充实了茂北区的领导力量。这一时期，曾到茂北活动的党员共有 80 多人。

1947 年 6 月，中共茂名中心县委书记王国强指示俞钧回到伍村在长沙建立交通联络站。7 月，俞钧随王国强、杨麟到大应村发动群众，在欧屋发展了欧炽祥、欧叶三奶等为游击小组组员，建立交通联络站，大应村的群众很快被发动起来了。

大应交通站建立后，俞钧回到伍村，与俞辉、黄正山等积极发动群众，先后建立了高车站、高岭咀站，同时争取当地上层人士的支持，使以伍村为中心一带村庄的群众基础得到巩固和发展。

8 月，杨麟率俞钧、梁枫、梁君陶、廖镇海等到黄塘乡的田坪、崩窝等村庄，在当地黎日坤、黎日光等的配合下，采用大刀阔斧的办法，封村召开群众大会，宣传发动群众，选举成立村农会，从而把这一带村庄的群众发动起来，发展成为游击区。

1948 年 8 月，党组织派吴卓璧负责下茂北地区和茂西德新乡、清井乡一带的工作。他在伍村附近的村庄培养了一批骨干分子，在东才乡岑山村吴佩玉家建立交通联络站，并利用村中兄弟的关系，把国民党东才乡乡长吴福伍争取了过来。10 月，在伍村成立了党支部，吴卓璧为书记，何逢林、列玉阶为委员，后来增补俞辉为委员。该支部发展了一批党员，到 1949 年春，该支部连同原来的罗荣华、黄国升及支部委员等共有 15 名党员。至此，下茂北地区的活动范围扩大到东坡、甘村、石坑、黄榄坳等一带村庄。

经武工队及全体同志的共同努力，把茂北地区的群众发动起来了，使茂北成为茂名县稳固的游击区。

二、茂东游击区的开辟

1947 年 6 月，吴汉兴奉中共茂名中心县委委员钟正书的指示，从电白羊角返回良村一带活动，梁振初也带一个武工组来协助，以恢复发展茂东游击活动区。他们首先在良坑设立交通联络站，接着又在山背园村、黎坑村、渡涧塘村设立分站。同时，他们组织了一支 10 多人的武工队，由吴云标任队长，卢坤惠任副队长，在良村周围的村庄发展游击小组，领导群众开展反"三征"（征兵、征粮、征税）斗争。1947 年秋，羊角武工队派李延年率部分队员到良村，与梁振初、吴汉兴领导的武工队一起开辟茂东地区。在他们的共同努力下，仅一个多月时间就在海珊乡的干垌、鹤地坡、大塘、仙塘等村和谢鸡乡的罗迪坑、义山乡的深垌等村发展游击小组成员 200 多人，开辟了一批新的游击村庄。

1948 年 8 月，吴汉兴带张高胜、吴炳昌到分界龚屋、里屋角等村庄活动，发展了龚世芳、龚瑞芳、龚兆琴等 10 多人参加游击小组，并安排龚兆琴竞选为副保长，控制基层政权。12 月，吴汉兴与龚瑞芳到谢鸡乡的官庄活动，发展了一批游击小组成员；在根子乡开辟了远垌、河背等村庄，发展了钟耀先等参加游击小组。

1948 年底，邓培基和邓世芳在陈以大、李匡一的指导下，先后在马兰、长爵峒建立了交通联络站，同时秘密发展了一批游击小组成员。在长爵峒村以保护生产为名成立了巡夜队，实际上是茂东党组织掌握的农民武装组织。

地处与茂北交界的云炉乡，早在 1946 年李文新到苦竹根一带活动时，就在苦竹根建立了交通联络站。1948 年秋，又先后在长田、卓村建立了交通联络站。

三、茂南游击区的开辟

茂南地区在革命斗争中形成上、中、下三片，上南片由冯柱朝负责，中南片（即合水地区）由柯乙福负责，下南片由陈泽永、郑凌华负责，各片均由茂电信党组织单线联系。1948 年 10 月，中共茂东南区工委成立后，合水地区先后培养了 20 多人入党，白土、袂花、飞马等地也发展了一批党员，这便大大加强了党组织在茂南地区的领导力量。茂南党组织在积极发展游击小组的同时，发动农民组织"同心会""姐妹会""生理会"，开展减租减息的斗争。茂南游击区分别以迳谷岭、果子园、北斗为中心，迅速向周围发展。

四、茂西游击区的开辟

1946 年 7 月，南路党组织把化茂边区的道平、祥莲、沙顿三乡划归化县党组织领导，指派中共化北区工委委员、武工队队长李锋和陈光率武工队到该地区活动。他们首先在道平的山口村成立政权，并建立交通联络站，接着先后在群众基础较好的村庄建立行政村政权。同时，在合水成立"地下军"（民兵组织），1946 年 12 月底，在陈光主持下，红光也成立了"地下军"。这样，下茂西三乡的局面迅速被打开，到 1947 年 4 月化茂边区人民政府成立时，大部分村庄已成为游击区。

在化县党组织开辟下茂西游击区的同时，被信宜县党组织委派到贺花乡开展活动的陆明章，先后在茂名、化县和广西北流边界的三角地带发展了一批革命力量。

第五节

建立广泛的交通联络网

　　茂名县在抗日战争时期建立的交通联络站，有不少受到破坏，随着群众基础的逐步恢复和党组织活动范围的扩大，茂名县党组织增设了一批新的交通联络站，使茂名县的交通联络站、联络点星罗棋布，遍及全县各地，形成了广泛的交通网络。经茂北可连接信宜，经茂北、茂东可连接阳春、电白，经茂南可连接电白、吴川、化县，经茂西可连接化县、廉江、广西的交通网络，使东南西北全方位沟通。这些网络为党组织收集及转送情报、文件，护送干部过境等发挥了巨大作用。从事交通联络工作的同志，为了完成革命任务，担风冒险，战胜各种难以想象的艰难险阻，有的甚至无私地献出了宝贵的生命。如大应交通站负责人欧炽祥、欧叶三奶及其儿子欧瑞桂、媳妇任大嫂（已怀孕 6 个月），1948年 7 月因叛徒出卖被捕，惨遭敌人杀害，成为轰动一时的"四尸五命"惨案。从事交通情报的同志就是这样用自己的鲜血和生命，在茂名县历史中，谱写了光辉灿烂的一页。

一、高州城区交通站

　　解放战争时期，高州城区的主要交通站有：新街赖广居家、北街李赞全家、吴振文负责的生生书店、汤志道负责的哲庐（1946 年下半年至 1948 年春，其间曾移到"小文彊"和北街）、黄泮光负责的文彊馆、莫瑞娟和梁德芳负责的泽庐、后街李纬住家、曾敏住所益寿庵，以及陈以大专门用来收集情报的东门巷桂园。

1949 年 8 月后设立的交通站有：集贤街周屋莫婉芬住所、中山路致德馆吴甡华住所等。

此外，在城内还设有交换情报的联络点。如林其材领导时期设的联络点有：茂名师范学校、茂名中学、高州中学、高州女子师范学校林婉述宿舍、高州农校杨柳琼和杨茂勋宿舍、鸿泰祥商店、周茂森家、容健锋家、吴美琼家，以及由汤志道负责与茂北党组织交换情报点哲庐附近的土地庙等。

二、茂北地区交通站

该区是茂名县党组织活动的重点地区，交通联络十分重要。

（1）朗韶乡平云山村站。该站建于 1945 年，交通站设在该村的冼太庙内，庙祝邓礼帆为负责人。该站是茂、电两县交通联络重点站，茂电信党组织和茂名县党组织领导人车振伦、龙思云、梁振初等都曾在该站住宿、开展活动。

（2）岸榕乡伍村站。1948 年 1 月前，该站曾被茂电信党组织定为交通联络总站。负责人先是俞钧，后来何逢林、袁李光、廖镇海等也曾负责过该站的领导工作。茂电信党组织及茂北党组织的领导人王国强、林其材、郑光民、车振伦、龙思云、杨麟、张虎等常在该站住宿、开展活动。

（3）岸榕乡大应站。该站负责人为欧炽祥、欧叶三奶。该站与伍村站、镇隆站、茂东良村站连成一线，作为茂电信主要领导人过往住宿之地，是茂电信党组织直接领导的交通站。

（4）龙靓乡文坡站。该站是"大钊大队"成立的所在地，茂电信党组织的重要会议和军事秘密会议都曾在该站召开，负责人为梁刚昌。

（5）双城站。该站建于 1948 年，负责人为容健锋。该站承担着与高州城、茂东、电白的交通站及茂北的伍村、苏坑等站的联络。

除上述交通站外，茂北的主要交通站还有：均良乡的均圩站、独田垌站，黄塘乡的坡垌站、大坡村站、围干脚站，信宜龙觐的苏坑站、横坑站，东才乡的高岭咀站、高车站、大箩站、才口站、鹅公塘坳站、岑山站，曹江乡的先觉站、凤村站等。解放战争时期，茂北地区先后建立的交通情报站总数达 25 个。

三、茂东地区交通站

（1）保安乡田头屋站。该站于 1945 年建立，负责人为李匡一。该站被茂电信党组织作为交通大站，茂电信的主要领导王国强、林其材、车振伦、郑光民、钟正书、梁昌东、陈以大等经常在这里住宿、开展革命活动。这个交通站有 10 多人的专职交通队伍，分头与电白、茂南、高州城、云潭、新垌等地的交通站联系。

（2）海珊乡良村站。该站是 1947 年由吴汉兴建立的。该站曾一度成为茂电信党组织的联络中心。

（3）云潭垌头站。该站为茂电阳边界的中心站，负责人为邓慈基。

（4）新垌垯垌村、马兰村站。该站于 1948 年建立，直接受中共茂东区委委员陈淑坤领导，是茂东的中心站之一。

（5）谢鸡大池塘村站。该站于 1945 年建立，也是茂东的重要交通站。

茂东的主要交通站还有陈垌、六匝、樟木根、珍珠、王羌、长田、谢鸡坡等站。除交通站外，该地区还设有许多分站或联络点，仅云潭地区设有的站、点就达 30 多个。

四、茂南地区交通站

（1）公馆圩的"源栈"交通站。该站于 1946 年在柯乙福家公馆圩的"源栈"商店建立，1947 年转移至果子园村的汝嘉小学。这是茂电信党组织设置的交通大站，负担着合水至电白，合水至高州城，合水至吴川、湛江及化州、廉江的交通任务，有青少年交通员 20 多人。

（2）白土迳谷岭村交通站。该站于 1946 年 8 月建立，先设在该村小学，负责人为冯柱朝；后设在该村的朱至唐家，由朱至唐任站长，有 20 多名交通员。该站是茂名县的重要交通站之一，东与保安，南与合水，西与茂西、化中地区，北与高州城、曹江等站联络。1949 年初，中共茂名县委成立后，县委的主要领导龙思云、梁昌东及茂电信党组织负责人林其材、车振伦等常在该站住宿、开展活动。

此外，茂南地区还有里麻、陈垌、石鼓光地、后背岭、塘背、湖塘、板桥、大石岭、文林田头屋等站。

下茂南地区的主要交通站有：袂花荔枝车村站（负责人为陈擎天）、袂花北斗村站（负责人为陈泽永）、飞马大村站（负责人为郑文辉）、飞马塘边村站（负责人为郑凌华、郑凤）、婆凼村站、文运村站、红坎村站、兰石站、双塘仔村站、旺基坡村站等。该地区除主要交通站外，还设置有 10 多个交通分站及许多联络点。

五、茂西地区交通站

上茂西地区的主要交通站有：德新乡白铺村站（负责人为丁兆南）、清井乡水对冲站（负责人为杨君荣）、清垌低坡村杨咸熙家交通站等。

1949 年初，中共茂名县委委员梁振初建立金坑总站，站长赖匡杰。该站东面有山马分站（今属石板镇），站长赖恒期；西面有万丈埇分站（属广西北流），站长林泉生；南面有涧头垌分站（属化县），站长陈华文。交通联络点有卧龙埇（属荷花镇）、张家堡、山口、莪埇、白米肚、北河口、莪公埇、回龙、大伦的普源铺（上述均属今广西北流市）等。

在下茂西地区，朱益昌先后建立了 10 多个联络点。1947 年，中共化茂边区人民政府分别在山口、坑尾、狮子坡、塘湖等地设立了交通联络站，同时还在各行政村设立了一批交通联络点。同年，熊夏武在嶙然中学设立交通联络站，担负茂名县至化县的通信联络。

第六节 粉碎敌人的"清乡""扫荡"

一、敌人疯狂的"清乡""扫荡"

1947年7月，人民解放战争由战略防御转向战略进攻。国民党蒋介石集团为了挽救节节败退的局面，维护其反动统治，于是加紧了对南方几省的游击队进行"清剿"，以巩固其后方。

1947年上半年，国民党广东省当局为了"肃清"南路的共产党和游击队，制定了"全面清剿、重点进攻"的"清剿"计划，指令驻高州的第七区专员兼保安司令林时清加紧进攻茂电信的革命游击区。7月，茂名、电白两县的国民党反动政府联合设立了"清剿"指挥所，由电白县参议长陈作新任指挥，茂名县自卫大队大队长兼茂梅化吴边"清乡"主任杨爱周（人称"杀人王"）任副指挥，率兵对茂（名）电（白）边界的游击区进行疯狂的"扫荡"。杨爱周率一个自卫大队500多人配合电白之敌，"扫荡"南庄、官渡、新圩、保安、陈垌、海珊。敌人采用拉大网战术，进行逐村包围搜查。他们白天分片围村，晚上设卡伏击，还派出大批特务化装成小商贩、猪牛贩等进村刺探革命力量的情报。敌人所到之处，烧杀抢掠，无恶不作。

9月，宋子文入粤主政，随即派省保警处处长陈沛任粤桂南区"剿匪"总指挥部总指挥。陈沛率广东、广西之敌5000多人重点"清剿"化（县）吴（川）地区，国民党茂名县当局也配合加紧对游击区进行"扫荡"。

茂电边界的"扫荡"更加疯狂。敌人采取所谓"定点打钉"的战术，留下机动兵力驻在中心点，将其余兵力分散驻进各村，强迫群众"自首"，连小孩、老人都不放过，妄图将共产党人和武工队"斩尽杀绝"。9月7日，覃巴地区负责人梁关率武工队到覃巴下山村活动，遭茂名县警一中队包围。梁关、梁柏森、冯华宝在突围中牺牲，杨和仔、冯石仔被俘遇害。事后，在覃巴坚持工作的罗淑英和李平年前往电白羊角找上级党组织报告情况，途中不幸被捕。不久，敌人将二人押送高州城，后在东门岭杀害。

茂名、信宜两县国民党反动派相互勾结，联合"扫荡"茂北游击区。10月上旬，茂名县第四区"清乡"主任吴源兴、区长汪广汉率自卫队100多人到黄塘、石骨一带"扫荡"，很多地下交通站被破坏，先后捉走革命同志和群众30多人，共产党员周宗岳、黎日光和革命群众黎应元、黎首文等7人惨遭杀害。10月6日，信宜县警察局局长张佐治带领一个保警大队300多人"扫荡"东才乡，包围大村联保小学。由于打入东才乡公所做内线工作的罗荣华和吴佩玉及时送出情报，使当晚在该校开会的中共茂名中心县委委员、信宜县特派员郑光民和茂北区委书记张虎等20多人安全转移。农历十一月，张佐治率军警大举"围剿"芦蓬、柏坑等村庄，敌人逐屋搜查，捕捉无辜群众，使当地群众受到了很大的摧残和损失。

1948年2月，敌人更加凶残地对"青岛区"进行再次"扫荡"，拘捕群众30多人，地下交通员唐亚明及两名群众遭到杀害。3月，"扫荡"化茂边区。正在金坑（属道平乡）开展革命活动的中共化北区委委员叶宜劲，沙顿乡人民政府乡长朱益昌、副乡长梁振伟，祥莲乡人民政府乡长卢初隆、副乡长李煜文，道平乡人民政府乡长卢俭隆、副乡长万秀武，被国民党茂名自卫总队独立中队中队长谭孟锟和道平乡队副李盛海带领的 200 多人包围。在突围中，叶宜劲、朱益昌、卢初隆、卢俭隆、梁振伟、李煜文、万秀武及游击队员黎信才英勇牺牲。6 月底 7 月初，敌人又调集大批兵力，在茂名县保警第一大队大队长李辉强的指挥下，对茂东地区进行"大扫荡"，先后"扫荡"了保安、海珊、根子、新垌、谢鸡等乡。敌人"扫荡"良村附近的村庄时，当场逮走了 50 多人，杀害了卢坤惠、卢炳燊等 18 人。6 月，敌人在叛徒刘楚云、麦咏嫦的带领下两次"扫荡"大应山及伍村等村庄。

敌人对高州城区学生运动也加强了监视和镇压。1948 年 5 月，从信宜转移到千中中学任教的郑康平，被从信宜追踪到高州来的特务发现并逮捕，20 多天后遭杀害，其妻梁英（地下党员）和一个初生的孩子被敌人"押解出境"，生死不明。进步教师熊夏武、卢叔度受株连被捕（后经党组织营救出狱），汤志道、卢国盛、杨柳琼等由于及时转移而免遭于难。

敌人在加紧"扫荡"的同时，还搞"乡联防""户联保"，封屋、抄家、逼迁，见人就抓，有钱才放，许多群众惨遭杀害，致使群众的元气大伤。

二、开展反"扫荡"斗争

为粉碎敌人的"扫荡"，茂电信党组织根据中共中央香港分局发出的关于"保存革命力量，粉碎敌人各个击破的阴谋，把内线作战变为外线作战，以便分散敌人的兵力"的指示及"普遍发展，大胆进攻，以进攻消灭敌人的进攻，以发展消灭敌人的进攻"的方针，放手发动群众，扩大人民武装，开展群众性的反"扫荡"斗争。由于党组织采取了正确的斗争策略，使敌人的"大网"不久即被人民武装扯破。

（一）打出外线作战

面对敌人的"围剿""扫荡"，为保存革命力量，避免不必要的损失，中共党组织采用"化整为零，打出外线，开辟新区，巩固老区"的办法，同敌人展开了针锋相对的斗争。

1947年8月中旬，茂电边界的羊角武工队，在中共茂名中心县委委员钟正书的领导下，针对敌人"拉大网"的战术，将武工队分成3个小组：一组由李延年、王克率领，配合梁振初、吴汉兴领导的武工队，向海珊、谢鸡发展，开辟茂东新区；一组由黄成煦带领，配合郑金领导的武工队及合水地下党组织负责人柯乙福，向茂南的高山、石浪、袂花发展，开辟茂南新区；一组由黄坚领导，留在当地坚持斗争。这样，很快就将敌人的"大网"扯个粉碎。10月，敌人改用"定点打钉"的战术。武工队则"敌变我变"，白天分散到新区掩蔽，做发动群众工作，开辟新区；晚上集中回老区寻找战机，骚扰打击敌人。茂东、茂南的武工队也四处活动，牵制打击敌人，迫使处处挨打的敌人不得不缩回自己的老巢。

1948年1月，中共茂电信工委书记王国强将在茂北活动的杨麟、简常、叶锦、周文莲、梁淮、李文新、梁枫、周文杰、李南、邹庭熙及从遂溪调来的梁甫、马光、马朝奕、叶高等20多位同志派往信宜的钱排、合水开辟新区，当地则留下黄祖文、廖镇海、毛陈生、梁世彬等领导坚持斗争。这样，大大减轻了茂北老区的压力，也为粤桂边区人民解放军东征部队的东进打下了群众基础。

4月，为牵制和分散敌人的兵力，支援开辟新区，粉碎敌人对化吴地区的重点"清剿"，中共粤桂边区党委组织了800多人的东征部队，在欧初等的率领下进行东征。部队在遂溪北区的下洋誓师出发，转战化（县）陆（川）边境。4月中旬，部队渡罗江进入茂西，在李坑村冲破了国民党茂名县自卫大队的截击。部队至信宜的白鸡岭，与追击之敌 300 多人激战了一天，毙伤敌人数十名；随即转移至云开，配合当地武工队开展宣传工作，收缴反动分子武器，开仓分粮，开辟新区。部队活动了数天即向西山转移，挺进粤中。

在东征期间，中共茂电信工委派车振伦、龙思云、杨麟、梁振初、吴卓璧、俞钧组成工作组，到东征部队协助开展工作（到粤中后，他们才返回本地工作）。茂名县党组织积极发动群众参军，捐献钱粮支援部队，使部队按照预期目的完成了东征任务。

东征部队在茂信地区的活动，打击了地方反动势力，鼓舞了广大群众的斗争意志，对茂电信武装斗争的开展，在政治上和军事上都产生了重大影响。

（二）杀特锄奸

为打击敌人的嚣张气焰，配合反"扫荡"斗争，地下党组织和武工队展开了杀特锄奸、拔"钉子"的活动。1947 年底，茂南的飞马、覃巴武工队在袂花枪杀了密探、反动乡绅潘德兴，在六扇车处决了土霸、自卫队中队长郑积传。在茂北，党组织则从武工队中挑选精干人员成立锄奸队，由简常任队长，李文新任副队长，队员有廖镇海、梁枫、黎日坤、黎武、黎金耀。他们计划杀掉吴源兴、汪广汉等 8 个反动骨干分子。虽然这次行动过早地暴露了行踪而引起敌人的警觉，没有实现计划，但对敌人却起到极大的威慑作用。有些地方还组织了手枪队，配合武工队镇压反革命分子，骚扰敌人。这使得敌人胆战心惊，再也不敢随便轻举妄动了。

（三）广泛开展宣传活动

为配合反"扫荡"斗争，茂名县党组织决定扩大宣传中国共产党的方针、政策，从思想上唤起群众，打击敌人。

1947 年 7 月，俞钧奉调从电白游击区回茂北伍村活动。他将中国人民解放军的招兵布告和委任梁昌东为茂名县人民政府县长的布告等宣传品，交由高州中学游击组员俞辉、黄正山等，在高州城、沙田等地散发、张贴，使国民党茂名县当局一片惊慌，接连几夜在全城实行戒严。为确保各种宣传品能持续发往各地，林其材亲自主持在茂南品盛村何权生家里挖了一个地洞，开设一间地下印刷所，大量印刷革命小报、标语口号、对敌人的警告信等。在茂北双城站也建立了印刷所，由周梦吉和梁奇负责。在茂西也曾建立过印刷点。所印刷的宣传品发遍茂名、电白、信宜三县的广大地区，对宣传中国共产党的方针、政策，指导革命斗争，发动群众，打击敌人，起到很大作用。

1947年底，茂电信党组织开始推广梁汝新、梁振初等同志向群众做宣传发动工作的经验。通过运用通俗易懂的宣传，激发了农民的阶级觉悟，在反"扫荡"斗争中，他们积极配合地下党、游击队与敌人作坚决的斗争。如云潭是敌人"扫荡"最残酷的地区之一，但在"将近两年的'清乡''扫荡'中，云潭地区无一投敌变节分子"。这使革命的力量不断发展壮大。

经过一年多的艰苦斗争，终于赢得了反"清乡"、反"扫荡"斗争的胜利。

第七节 加强统战工作

建立广泛的革命统一战线是中国共产党战胜敌人的三大法宝之一，茂名党组织认真贯彻党中央的统一战线政策，加强统一战线工作。在策略上，坚持发展进步势力，团结中间势力，孤立顽固势力。在斗争中，重视争取上层人物、地方势力和乡村武装，团结一切可以团结的人，以壮大人民的力量。

一、对国民党政要人员的统战工作

陈达增在抗日战争时期就受党组织派遣，利用他与广东省七区专员林时清是同乡的关系，打入七区保安司令部当参谋，收集情报供给党组织。如国民党为对付共产党，在抗日战争胜利后，派了大批军统、中统特务到七区所属各县，其人数、住地、活动情况等，陈达增都能及时掌握并报告组织，使之能采取相应的对策。

1946 年，茂北党组织指示在东才乡活动的党员争取团结乡民代表，发动群众，揭露该乡反动乡长吴勋南的罪行，将他逼下台，推选开明人士任国勋当乡长，使该乡成为"白皮红心"的两面政权。因有两面政权的掩护，虽然敌人对该乡进行了几次"扫荡"，但革命力量均未受到多大的损失。

1947 年 8 月，中共茂名中心县委书记王国强与茂北区委书记张虎亲自做黎日光（后发展为共产党员）、黎应元、黎首文等上层开明绅士的工作，把他们争取了过来。

1948 年秋，吴卓璧通过吴福伍的儿子吴德建（游击小组成员）及东才乡自卫队班长吴至瑞（交通站联络员），做国民党东才乡乡长吴福伍的思想工作，使其同情革命，并于中华人民共和国成立前夕进行起义。俞钧也积极做俞姓族老及上层开明绅士的思想工作，使他们同意把俞姓放在祠堂保管的公枪 10 多支及子弹一批交李文新转交部队使用；还做通了国民党岸榕乡乡长俞方里、俞秀卿，保长俞佐卿、俞文访、黄国海等的思想工作，使他们同情支持革命，副保长欧炽祥则直接投身到革命队伍中来，这对伍村交通站帮助很大。

白沙乡副乡长柯儒璇与合水联保队副队长黄建棠，在中共党员柯荣萱和进步小学校长、老师们的影响教育下，为保护革命同志起到很好的作用。1945 年，合水地区 20 多人参加起义，乡长查问，柯儒璇说："村中无人参加。"后来，乡联防队要拘捕起义的外乡教师，他及时通知在该村掩蔽的外乡教师撤离。1949 年初，黄建棠得悉茂名县第二区联防队要派 200 多兵来围村，当夜即通知柯乙福、林其材连夜撤离，将武器、文件挖穴埋藏。这两次都保护了地下党组织免遭损失。

国民党保一级基层政权，经做统战工作，许多保长明里应付国民党，暗中则支持革命。双城站是茂电信党组织重要的交通站之一，就设在双城保长谭道之家隔壁的谭论胜家里。在谭论胜家还设有茂电信党组织的地下印刷所，印刷了大量的宣传资料发往茂电信各地。谭论胜家来往食宿的人多，谭道之帮助接待一些同志食宿，地下党员容健峰、梁钜华、黄国声等就曾到他家吃过饭，他还把自己的两支枪交给梁钜华支持武工队开展活动。

在国民党的基层政权内，茂名县党组织还派了一批地下党员和游击队员打进去任职员，一方面做统战工作，一方面截取敌人的情报。

二、对知识分子的统战工作

高州城是广东南路的文化教育中心，知识分子是双方争夺的重要对象，做好知识分子的统战工作，团结广大知识分子，最大限度地孤立敌人极为重要，因而党组织对该项工作十分重视。城区由茂电信党组织直管，重点学校都设有党支部或党小组，没有党小组的学校也派有地下党员开展活动。他们利用同事关系、师生关系、同学关系，层层做思想工作，使广大知识分子认清是非、向革命靠拢。许多知名度较高的知识分子积极支持革命，掩护地下党活动甚至直接投身革命。高州女子师范学校进步教师陆士风，获悉国民党特务要逮捕该校学生、游击组员廖奕骑时，不顾危险前往通知廖奕骑，使她安全撤离高州，免遭被捕。熊夏武、张文光等则直接参加革命。这一时期，接受统战的知名人士还有吴麟瑞、朱耀文、莫嗣祥、卢开隆、陈耀发、曾邦政、卢叔度、梁劭悌等。

由于茂名县党组织坚决贯彻党的统战方针、策略，使一些上层人物、中间势力、地方势力被争取过来，有的转化为革命力量，有的暗中支持革命或保持中立，这就壮大了革命的力量，推动全县革命事业的发展。

全面展开攻势，迎接茂名解放

1949 年 4 月 22 日，人民解放军百万雄师突破了敌人的长江天险防线，4 月 23 日攻克南京，把红旗插上了国民党总统府后，随即以雷霆万钧之势挥师南下。茂名县党组织根据上级党组织的指示，全面展开攻势，解放茂名县全境。

一、中共茂名县委、四大区委的建立及团组织的重建

（一）中共茂名县委的成立

1949 年 1 月，中共茂电信工委书记王国强在信宜中垌会议上宣布，成立中共茂名县委，任命龙思云为书记，杨麟、陈以大、梁振初为委员（后增补梁昌东为副书记、谢华胜为委员）。2 月，县委在茂南白土迳谷岭村召开全体委员会议，决定分工龙思云负责全面工作，杨麟管武装和茂北区工作，陈以大负责高州城、茂东区和茂南区工作，梁振初管群众运动和茂西区工作。县委的成立，结束了自抗日战争后期以来，茂名县党的工作由茂电信党组织负责人直管的历史。

（二）四大区委的建立

中共茂名县委成立后，为健全区、乡党的组织建设，加强对全县各地的领导，1949 年 5 月分别成立了东、南、西、北四大区委。茂北区委：书记杨麟，委员有廖镇海、梁淮、梁钜华、余芝惠。茂东区委：书记柯日轮，副书记李匡一，委员有邓培基（李

文新和陈淑坤后调任委员)。茂南区委:书记柯乙福,委员有冯柱朝、陈泽永、郑凌华。茂西区委:吴卓璧任副书记,何逢林、俞辉任委员;7月,吴卓璧、俞辉被捕,周文莲任副书记,增补夏禹勤为委员。

四大区委建立后,基层党支部和共青团也进一步健全和发展。

二、加强武装队伍建设

(一) 敌人再次残酷"扫荡"茂北、茂东地区

1949年初,国民党加强广东的军事力量,妄图保住广东这块逃往台湾和海南岛的跳板,派六十二军到南路来进行"清乡""扫荡",以巩固其逃跑的走廊。国民党茂名县当局派军警"扫荡"游击区,与之呼应。

1949年3—4月,国民党茂名县民众自卫总队副总队长杨爱周率自卫队轮番"扫荡"茂北。最残酷的是4月中旬对黄塘、龙觊地区的"扫荡"。敌人采用封村逐户搜查的恶毒手段,仅在龙觊的苏坑、文坡、横坑、禾仓一带村庄,就捉去中共地下工作人员和群众70多人,杀害了李庆惠、卢再玄等11人,抢去财物一大批。

5月初,国民党保安乡队副伍华洪率领70多人,"扫荡"龚屋一带的村庄,中共茂东区负责人吴汉兴在突围时遇难,敌人还当场扣押了龚兆琴、龚元荣(龚世芳之父)、龚汝斌(龚世芳之弟)。

(二) 进一步发展壮大武工队,巩固扩大游击区

针对敌人的垂死挣扎,茂名县各级党组织进一步发展壮大武工队,加强武工队的力量,扩大游击区,广泛发动群众,与敌人展开斗争。

茂北区委组建了4支武工队,活动范围遍及整个茂北。梁淮

率一支武工队在曹江地区活动；廖镇海率一支武工队在龙觑、黄塘、石骨一带活动；李文新带领一支武工队到均良地区活动，李文新调茂东后，该武工队由余芝惠领导；梁钜华带领一支武工队在东才、岸榕一带活动。经过充分发动群众，使茂北游击区更加巩固了，后来敌人几次"扫荡"伍村一带的村庄，革命力量均没受到多大损失。

茂东区委也先后组建了新垌、保安、云潭 3 支武工队。区委书记柯日轮率一支武工队在云潭地区活动（这时云潭已划归茂东区委管辖），开辟新区。区委副书记李匡一率保安武工队，在保安、海珊、根子、谢鸡、义山等乡活动，开辟这一带的新区。区委委员邓培基、陈淑坤、李文新带领新垌武工队，在新垌、云炉一带发动群众，建立游击村庄。这使茂东游击区有了很大的发展。保安原来只有田头屋一条村是游击根据地村庄，后来发展扩大到书房屋、沙坡、三树下、旱塘、南山、陈坑、滩底、樟木根等村庄连成了一片，成为游击根据地，游击小组成员发展到 30 多人。在新垌发展成为游击根据地的有长爵垌、埇垌、马兰、茂坡、长坡、梁坑、出瑞龙、沙垌、田中间等 10 多条村庄，游击小组成员发展到 80 多人。同时，在海珊、根子、谢鸡、云炉等地区，也开辟了一批新的革命活动据点。

茂南区委以各地游击小组为基础，成立了一批三五人不等的小型武工队，机动灵活地开展革命活动。到 1949 年下半年，上南的迳谷岭、金塘、里麻、陈垌、石鼓、南宫乡、南盛等几个小片基本上连成了一大片，并与化县中区的游击区相连接。合水地区开辟了以果子园村为中心的 40 多条村庄，纵横 20 多华里，其中有 10 多条是全红或半红的村庄。下南则以北斗、飞马为中心向袂花、石浪、覃巴一带发展，开辟了一批新的村庄。

茂西地区分为上茂西、下茂西两地区。1949 年 3 月，中共高州地方委员会（简称"地委"）增派梁振初和夏禹勤到上茂西工作，茂西地区党组织相继建立了武工队和以金坑（属贺花乡）为总站的交通联络网，吸收了一批新党员和新民主主义青年团员，并于8月成立了团支部。经过艰苦的工作，开辟了跨越广东、广西两省三县的"黑龙江（今高州、化州及广西北流边界一带）游击区"。下茂西地区在1948年3月发生的"金坑（属道平乡）事件"后，化茂边区党组织负责人王怀智、陈光、董伯才率武工队在化茂边境一带的山区坚持斗争。为打开局面，茂电信党组织先后派卢国盛、彭显中、冯柱朝、黄泮光、熊夏武、熊葵等做下茂西的恢复工作。他们一方面积极恢复旧关系，发展新成员；一方面广泛开展统战工作。党组织指示熊夏武、彭显中利用宗亲、同学关系，策动国民党祥莲乡乡长熊英元暗中起义，其辖下的一个国民党自卫中队也为中共茂名县党组织所掌握，从而增强了该地区革命斗争的力量。

（三）中国人民解放军粤桂边纵队第五支队第十四团的建立

由于解放战争形势发展的需要，1949年4月，中共粤桂边区党委决定将茂电信工委改为高州地委，书记王国强，副书记林其材、陈兆荣，常委车振伦，委员郑光民、钟正书。并在茂电信地区组建中国人民解放军粤桂边纵队第五支队，任命王国强为司令员兼政委，陈兆荣为副政委兼政治部主任。支队下辖十三、十四、十五3个团。电白组建十三团，茂名组建十四团，信宜组建十五团。

5月，粤桂边纵队第五支队及辖下的3个团宣布成立。茂名县负责组建的十四团，由刘绍兰任团长，杨麟任政委。由于刘绍兰率"大钊大队"还在信罗边界活动，十四团团部设在云潭山区。为有利于开展工作，9月，上级任命在茂电边界活动的黎光烈为团长，杨飞为政委（当时还任信宜县委副书记，未到职），杨超为政治处主任。

中共茂名县委接受组建十四团的任务后，在茂南合水召开县委会议，决定茂北区组建一营，茂东区组建二营，茂南区组建三营，由杨麟主管建军工作，并派柯日轮协助。各区委根据县委的部署，积极发动农民参军。没有建军任务的茂西区，也组建了 3 个连合编到茂北的第一营。到 10 月底，全团组建了 3 个营、10 个连，共 1100 多人。

三、人民群众踊跃参加革命斗争

茂名县的群众在地方党组织和游击队的宣传发动下，积极支持革命斗争，全县群众纷纷捐钱捐物，有的甚至倾家荡产，全力支援地下党和游击队。黄塘乡妇女冯永秀，不但支持周文莲、周文杰两个儿子参加革命，而且自己也积极投身到党的地下工作中，一次又一次冒着生命危险掩护革命同志脱险。游击队缺乏经费，她便将家中十几担租的田产、结婚时的首饰，总之凡是值钱一些的东西都变换成钱粮，全部捐给游击队，而自己一家却靠借债、摘野菜度日。"青岛游击区"（今东岸镇及信宜的大成镇一带）砰石村的群众，为支援游击队，1949 年共捐白银 180 多元、粮 80 多石（1 石粮食≈150 斤），仅周树彪三奶就捐白银 100 元。黄塘乡冲口村陈汝华，长期接待地下党、武工队同志食宿，为解决过往他家的同志吃饭问题，他将仅有的一头耕牛也卖掉。云潭乡深水垌村黄茂芬，家中已没有粮食，武工队的同志到他家住宿，他连谷种也拿来碾米煮饭给同志们吃。茂南合水不少姑娘把自己的嫁妆卖掉，将得到的钱全部交给地下党组织作为活动经费。

许多群众直接参战。云潭是老游击区，基础较好，群众常为地下党组织的同志及武工队、游击队站岗放哨，传送情报，护理伤病员。在敌人"清乡""扫荡"时，部队及地下工作人员被困在深山密林里，他们冒着生命危险送食物、送情报。不少人则参军进入部队。十四团成立时，仅云潭乡垌头村就有6人参军。

陈赓桃在起义前夕，将几十吨武器交给地下党组织，茂南区委组织了3艘木帆船从梅菉运回合水。船回来后，合水有500多名群众连夜参加搬运枪械，并将这批武器秘密分散收藏起来。陈赓桃起义部队路过分界时，留下的武器及茂东区委筹集的武器，共计长、短枪100多支和子弹100多担，茂东区委及时组织170多名群众将这批武器运到云潭组建十四团二营。

由于广大群众响应党的号召，积极投身人民解放战争，壮大了革命力量，使全县的游击区得到了进一步巩固和扩大。

四、打击反动分子

国民党反动派在战场上节节败退，其反动统治已岌岌可危。他们妄图以加强特务活动和依靠地方上的反动势力来维持其摇摇欲坠的政权。1949年，国民党反动派设在高州的特务组织主要有：中统局南路分区办事处（下辖4个情报站，有特务100人）、军统工作组、专署刑警队、国民党茂名县执行委员会谍报队、茂名县自卫大队总部政治工作队员培训班等等，还有"三青团"、青年党等反动党团组织。他们配合"清乡""扫荡"，到处搜集中共党组织的情报，搜捕、杀害革命同志及群众，破坏中共地下交通站。

针对敌人的活动情况，茂名县党组织用以牙还牙的方法，开展了针锋相对的斗争。

（1）处决张韵笙。国民党云潭乡乡长张韵笙，外号"豆豉油"。他平日在乡里敲诈勒索，无恶不作，人们对其恨之入骨。为消灭中共党组织及武工队，他强迫群众"并村"，妄图切断中共党组织、武工队与人民群众的联系，将革命人员困死在深山密林之中。他抓到革命人士或与革命有联系的群众，即严刑拷打，甚至残忍地挖心剖腹。茂电信党组织决定杀掉这个恶霸，为民除害。1949 年 1 月，茂电游击队利用农历除夕圩期，敌人防备松懈之机，在云潭圩伏击，一举将其击毙，为人民除掉了心腹大患。后来，接任该乡乡长的曹伯顺慑于革命力量，在上任前找到"北平游击区"（今云潭及电白的那霍一带）负责人王克，作出保证，不反动不反人民，并为之通报敌人的活动情况。

（2）攻克十指田。十指田是茂西反动地主伍彩云的堡垒。他仗势与武工队对垒，扬言"一粒子弹拗成三截也要跟他们（指革命力量）打"，反动气焰嚣张至极。中共茂名县委委员梁振初决定拔除这颗"钉子"。1949 年 8—9 月，梁振初率领武工队不费一枪一弹攻克该堡，迫使伍彩云交出长枪 5 支、短枪 2 支、粮食 20 担。这一胜利大大地打击了顽固分子的气焰，击破了他们妄图依靠坚固堡垒顽抗到底的梦想。

（3）活捉梁金铎。梁金铎是国民党特务、茂名县"三青团"头子，一向十分反动。1949 年 10 月，茂北武工队在梁钜华的率领下，利用梁金铎在高凉岭扫墓之机，将其活捉。

同年 7 月，茂北武工队派廖镇海、毛陈生、梁世彬伏击了国民党信宜县龙觐乡芦蓬保反动保长谭鸿祥，将其击成重伤，对敌人起到很大的震慑作用，使叛徒谭芬不敢再向敌人告密，国民党龙觐乡乡长带着几个亲信逃到山上，乡公所全部瘫痪。武工队随即查封了芦蓬村的国民党田亩仓，活捉了管仓员，缴获仓内剩下的稻谷和 30 多元白银。8 月，在东才乡木格村处决了 1 名特务。10 月，在分界圩处决了 2 名特务。

茂名县党组织武工队在严惩反动分子的同时，对愿意改恶从善的，则进行教育改造，以达到最大限度地孤立敌人的目的。这些做法对动摇敌人军心起到重要的作用。

五、策动敌军起义

茂名县地下党组织及人民武装，一方面从军事上加强对敌人的进攻，打击顽固势力；一方面对国民党军政人员展开政治攻势，促使他们起义、投降或保持中立。

（一）发挥茂名县文教界新民主主义革命委员会的作用

1949 年初，中共茂名县委决定利用文化教育界人士的特殊地位，把他们当中的进步力量组织起来，成立一个中介组织，开展统战工作。经过筹备，于 1949 年 9 月正式成立茂名县文教界新民主主义革命委员会（简称"文新革委会"），共有成员 44 人，吴麟瑞为主任委员，揭培支为副主任委员。文新革委会的成员都是茂名文化教育界中思想进步又较有名望的人士，他们利用各自的身份、社会关系去做策反工作、收集敌人的军事和政治情报、筹集革命经费以及枪支弹药等，为革命斗争发挥了重要作用。

（二）策动国民党军队起义

陈赓桃，茂名人，原是国民党第三十五集团军的团长，1947 年在山东被人民解放军打垮后，闲居广州，情绪低落。1949 年初，陈赓桃受任广东省保三师副师长兼保九团团长。但只是虚衔，部属要他自己招募。他是中共党员李灏的堂舅父，其子陈孔安与李灏同在中山大学读书。地下党组织派李灏利用亲戚关系会同陈孔安做其策反工作，并乘陈赓桃重新拉队伍扩充部队之机，推荐进步青年郑伟猷、郑启明给其当干部。陈赓桃委任郑伟猷为该团第二营副营长兼直属步炮连连长，郑启明为班长，派他俩回电白招兵。中共电白县委利用陈赓桃扩充队伍之机，发动 100 多名地下党员、团员、游击队员和进步青年到步炮连当兵，使该连的班长均由党员、团员担任，还在该连成立了党、团组织。这样，中共党组织直接掌握了这个连，使之成为策动起义的基本力量。

1949 年 6 月，中共高州地委派地委副书记林其材、陈兆荣及地委常委车振伦参与做策反工作，以加强领导。10 月 15 日，陈赓桃率领的团部驻梅菉的 2 个营、3 个直属连、1 个通讯排及其弟陈赓彬（保二师副团长兼营长）率领的一个营共 1200 多人，在梅菉宣布起义，向信宜进军。该部取道茂南、茂东、茂北，抵达茂信边界，与粤桂边纵队第五支队取得联系，同第五支队第十五团一起解放了信宜县城。

在争取陈赓桃率部起义的同时，党组织抓住时机，先后策动了一批国民党官兵起义。1949 年 7 月，国民党东才乡乡长吴福伍率乡自卫队 30 多人起义；10 月 18 日，国民党云潭乡自卫队队长谢子才、黄茂桢率领 20 多人起义；还有吴杰棠率国民党茂名县驻飞马自卫中队及飞马自卫队 100 多人起义等。10 月，中共茂南区委派陈泽永及袂花党支部的党员陈凤周等人做陈沛的弟弟陈国宽的思想工作，促使他自愿交出机枪 3 挺、步枪 60 多支、短枪 12 支、子弹 86 箱。茂北武工队在梁淮、廖镇海的带领下，分别逼降国民党保二营残部及强制一个溃逃到古丁的连队 80 多人接受改编。

茂名县党组织采用分化瓦解敌军的正确策略，做好教育争取工作，使国民党军政人员中的部分人员觉悟过来，脱离国民党的控制，举行起义，从而扩大了人民武装力量和控制区，加快了解放茂名全境的进程。

六、培训干部，建立新政权

1949 年 5 月 7 日，中共中央华南分局发出《关于大军渡江后的工作指示》，要求各地党委在大军到来之前，成立边区临时行政委员会，建立县、区、乡政权，准备大批城市干部，以便给军事管制委员会使用，举办革命青年训练班，培养干部。中共茂名县委遵照华南分局的指示，9 月，县委先后在茂南的合水、飞马举办了两期干部训练班，每期 10 多天，参加学习的人员均是党员、团员，共 45 人。这些经过培训的青年干部，后来成了各地的骨干力量，在新政权的建设中发挥了重要作用。

10 月初，在中华人民共和国宣告成立后不久，为迎接全县解放，经上级批准，成立茂名县人民政府，梁昌东任县长，周梦吉、熊夏武任副县长。县政府印发了《告茂名县各界人士书》。茂南白土迳谷岭村为县人民政府临时所在地，中华人民共和国国旗在这里庄严升起，高高飘扬。县人民政府成立后，即着手进行县、区、乡三级党政干部的配备规划，为茂名县解放后建立各级人民政权做好准备。

七、迎接茂名解放

1949 年 4 月 23 日南京解放后，国民党政府迁到广州，妄图利用广东作为基地，进行垂死挣扎，10 月 2 日，人民解放军发动了广东战役。10 月 14 日，广州解放。在广州解放前夕，人民解放军即派部队分数路追歼国民党南逃之敌。茂名县党组织及人民武装放手发动群众，向驻扎县内的国民党军队及地方反动武装发动了全面攻势，拔除敌人据点，扩大控制区。

（一）接收国民党区、乡政权

1949 年 10 月，国民党茂名县政府从东岸粮仓用竹排调运粮食到高州城，以作其最后挣扎之用。中共茂北区委获悉后，派俞乃瑛率武工队在大井大坡村河边设伏，截获稻谷 1 万多斤（1 斤 =500 克，下同），一部分救济贫苦群众，一部分支援部队。同月中旬，陈垌武工队在队长丁仁体的率领下，夜袭了国民党陈垌乡公所，夺取了陈垌粮仓内准备供应残匪喻英奇的粮食数万斤。茂南袂花党支部组织人力破坏了双孖桥及附近的桥梁、道路，阻滞了国民党军喻英奇残部逃窜，为南下大军全歼该敌赢得了时间。

驻扎在云潭的十四团二营会同茂东武工队，先后解放了云潭、云炉等乡。在茂北区的十四团一营配合茂北区委，促使东才、均良、岸榕等乡和平解放后，出兵先后逼降黄塘、石骨、曹江、帅旺、石龙等乡的国民党反动武装，共缴获机枪 5 挺和长、短枪400 多支。驻扎在茂南的十四团三营及武工队，先后解放接收了茂南的国民党区公所、乡公所。由于人民武装频频出击，全县大部分地区获得解放。

（二）胜利进城

随着人民武装控制区的步步扩大，高州城实际上已成了一座"孤岛"，城内的敌人早已惶惶不可终日。1949 年 10 月 22 日，在人民解放军的追击下，国民党粤桂边"剿匪"总指挥部中将司令喻英奇率残部 3000 多人窜到高州城 4 天，奸淫掳掠，抢劫银行大量白银，于 28 日仓皇向西窜往广西。国民党广东省十三区专员吴斌、茂名县县长缪任仁也带领亲信随同西逃，高州城的国民党其他军政人员已经六神无主。31 日，十四团团部及二营 500 多人，在团长黎光烈、政治处主任杨超、二营营长柯日轮等率领下，进军高州城。进城前，部队发布了粤桂边纵队第五支队司令部的《安民告示》，命令国民党茂名具自卫队何忠桓大队集结观山待命投降，下令国民党警察局集合警察等待接收。部队随即整顿队伍，举行入城仪式。当部队排着单列队伍进入城区时，各界群众列队在街道两旁热烈欢迎，口号声、鞭炮声响彻云霄。

中共茂东区委副书记李匡一率领武工队 60 多人，接收了保安、海珊、根子上、根子下四乡后，也于当晚进入高州城。部队进城后，在地下党组织的配合下，先后接收了国民党茂名县政府、警察局，并派力量对银行、邮电局、粮仓、电厂等单位进行重点保护，高州城遂宣告解放。

解放军二野四兵团先遣部队，由十三军副军长陈康、参谋朱尤林率领到了茂南桂山村，与中共茂名县委取得了联系。11 月 2 日，解放军先遣部队和茂名县武装队伍在陈康、朱尤林和县委书记龙思云、县长梁昌东等率领下，从茂南白土迳谷岭开进高州城，受到各界人士的夹道欢迎。中共茂名县委、县人民政府移驻高州城，正式接管政权。

八、歼灭茂西残敌

1949 年 10 月底，国民党军喻英奇残部窜到茂西沙田圩时，彭显中、卢家盛率游击队进行阻击，击退一股押运武器的敌军，缴获步枪 58 支、电台 1 部。当天晚上，又俘虏敌人一个炊事班共 12 人。次日，在圆山村搜出敌人逃跑时埋藏的步枪 100 多支、子弹 7 箱，在大垌塘捞起重机枪 2 挺、子弹 3 箱。

国民党军刘栋材残部于 10 月下旬败逃到化茂边境的宝圩一带，十四团一营五连及茂西武工队奋起袭击敌人，缴获步枪 20 余支及其他军用物品一批，俘敌数十人，在茂西解放了张家堡。茂西游击队随之挥兵南下，解放了贺花乡和化县北部的宝圩、播扬两乡。11 月 5 日进行宝圩之战，击溃了前来反扑的广西北流县保警大队和县自卫大队 300 多人，击伤敌大队长曾标廷（绰号"白额虎"）及毙伤其官兵 10 多人，并乘胜攻入广西北流县的信礼、禾界两个乡公所，破坏敌人的电话通信，缴获电话机 6 台。接着，进军茂西最后一个堡垒平头岗，获得胜利，缴获轻机枪 1 挺、步枪 30 多支、冲锋枪 1 挺、手枪 18 支及手榴弹和各种子弹万余发、其他军用品一批。至此，茂名全县获得解放。为便于指挥，粤桂边纵队第五支队司令部从信宜移到高州城。

中国新民主主义革命的胜利，茂名县的解放，揭开了茂名县历史的新篇章。

　　茂名县的人民群众在 20 多年革命斗争的艰苦岁月中，积极支持和参加革命，为革命作出了不可磨灭的贡献。茂名县为革命献出了朱也赤、李雅度、梁弘道、李淑明、欧叶三奶等 200 多名优秀儿女的生命，他们的事迹惊天地、泣鬼神，他们创造的光辉业绩彪炳史册，永远值得人民景仰、学习和传承！

第五章

建设探索时期

（1949 年 12 月—1978 年 11 月）

第一节 建立茂名县人民民主政权

1949 年 10 月 31 日，高州城和平解放。11 月上旬，经过茂西平头岗之战，茂名全县解放，揭开了茂名县历史的新纪元。

11 月 8 日，县委、县政府任命杨飞为县公安科科长兼县公安局局长，苏仲达为县公安局副局长，负责对原国民党茂名县警察局的接收工作。

县接收人员接收了原国民党政府的县税捐处、县国税稽征所、县政府财政所（第 2 科）、建设科、电话管理所、防空站、县电力一厂、民政科、政府会计室等机构。同年底，接收了国民党政府田粮管理处及下属收纳仓库存谷，成立县人民政府粮食科。

11 月 4 日，县委副书记、县长梁昌东宣布县城各中学改组、接管工作方案，并任命各中学校长、副校长。11 月 5 日，县文教机关组成茂名文化接收委员会办理文教系统接管工作，接收后的秀川图书馆改名为茂名县人民图书馆，省立高州女子师范学校与茂名师范学校合并为省立高州师范学校，茂名县立中学和茂名女子中学合并为茂名县第一中学，私立海珊中学、私立德明中学、私立千倾中学合并为茂名县第二中学；县城晓星中学属天主教会所办，不予变动。此外，茂名文化接收委员会还取消了原学校里反动的教育制度和公民、军训、童军等课程，各学校组成校务委员会主持校政，组织教职工联谊会、学生会，对学校教职工思想进行改造。

11 月 6 日，县接收人员接管原茂名县卫生院和县城广南医院，成立茂名县人民政府卫生院。11 月下旬，接管原茂名县分界广南医院，成立茂名县人民政府卫生院第一分院。

1950 年 3 月，茂名县接管工作顺利完成。接管完成后，成立茂名县军事管制委员会，车振伦任主任，林其材、梁昌东任副主任。军事管制委员会管理本县军政事务，配合县委及本县各种武装力量追歼残敌，剿匪肃特，镇压一切反革命活动，取消娼妓，禁绝赌博和吸毒，消除不稳定因素，净化社会空气，恢复社会正常秩序，保障人民生命财产安全，为全县社会的稳定提供保障。

同时，健全基层民主政权。1950 年 5 月，茂名县基层政权由原来的 5 个区分设为 8 个区 1 镇（附城镇）42 乡，各区、镇建立了区委、镇委。另外，原属信宜县辖的古丁、深镇、马贵划归茂名县管辖，1952 年 12 月再由茂名县分出，建立成为信宜县的第 11 区（区委驻古丁圩）、第 12 区（区委驻马贵圩）。

1950 年 5 月，县政府设 5 科（民政科、财政科、农建科、教育科、工商科），1 室（秘书室），3 局（公安局、税务局、粮食局），1 院（人民法院）。

为稳定社会秩序，县开展清匪镇反运动。1949 年 11 月开始的茂名县剿匪斗争，先后歼灭了"忠义救国军两广纵队粤南指挥部"及其下辖 20 个支队、"国民党保密局粤南工作站高州分站"等反革命武装组织；剿灭了"中国国民党广东执行委员会""中国青年党茂名县党部"等反动组织；查处了"茂名县自卫大队总部政治工作队员训练班""中国国民党中央执行委员会调查统计局南路分区办事处"等特务组织；击毙或生擒周奇等匪徒数千人，有数百名土匪被群众缉捕归案；缴获枪支弹药及电台、电话、文件、图纸等匪用物资一批；另有大批胁从分子向人民政府自新。到 1953 年底，茂名县剿匪斗争取得完全、彻底、全面的胜利。

1950 年 6 月 25 日，朝鲜战争爆发。茂名县随全国掀起抗美援朝运动。至 1951 年 10 月底止，全县人民认捐人民币总值 60.62 亿元（1 万元合现币 1 元）。至同年 12 月 17 日止，全县仅认捐武器款额达 23.4 亿元。有 24 名积极分子参加中国人民志愿军。

土地改革

　　中华人民共和国成立前，国民党统治下的茂名县是高雷地区反动势力最为强大的地区。据不完全统计，全县有地主恶霸 3482人，官僚（国民党乡长以上军政骨干）1675 人，反动党员、团员11230 人，反动会道门 360 人。他们互相勾结，朋比为奸，靠手中掌握的特权和武器，牢牢地操控着全县大部分土地及经济命脉。占全县人口 7.43% 的地主阶级拥有全县土地总面积的 72.1%，占全县人口 87.94% 的农民（贫农、雇农、中农）仅占有耕地总数的 21.5%。这种封建土地制度严重阻碍了农村经济和社会发展。中华人民共和国成立后，广大农民迫切要求进行土地改革，获得土地。

　　根据中共中央、华南分局的部署，1950 年 12 月 21 日，茂名县成立支援土地改革运动筹备委员会，下设联络检查组、调查研究组。该筹备委员会在县委、县政府的直接领导下，积极发动组织各界人民支援土地改革，协助城乡联络委员会处理有关城乡问题。

　　1951 年 3 月，中共茂名县委制订《茂名县土改计划（草案）》。4 月，县委土地改革办公室在三区（即公馆）、四区（即鳌头）开始土地改革试点工作，摸索经验。

　　6 月中旬，茂名县土地改革领导机构——茂名县土地改革委员会成立，县委书记黄明德任土地改革委员会主任，下设办公室，杨超任办公室主任。县土地改革委员会先后抽调干部 938 人（其中地方干部 733 人、野战军干部 101 人、军分区调来 86 人、专署调来 11 人、中共中央中南局调来 7 人）组成土地改革工作队，到 1952 年增至 2508 人。

中共茂名县委根据《中华人民共和国土地改革法》（1950 年 6 月 30 日颁布）的土地改革总路线和总政策"依靠贫雇农，团结中农，中立富农，有步骤地有分别地消灭封建制度，发展生产"，结合茂名县实际，采取"积极领导，稳步前进"的方针，主要分三个阶段铺开全县土地改革运动。

第一，开展"八字运动"。时间从 1951 年 6 月 16 日至 1952 年 8 月底。"八字运动"即"清匪、反霸、减租、减息"。主要是肃清土匪、特务，斗争恶霸，建立以农民基本群众占优势的基层民主政权，为进行土地改革创造政治条件，按"二五"减租和减息清退地主钱粮给农民，退回农民租田时所交押金，从经济上反对地主阶级的田租剥削。

土地改革开始前，县委将全县划分为重点乡、附点乡及面上小区三部分，土地改革按先局部后全面铺开原则，由重点乡搞土地改革取得经验后，推广到附点乡，再带动面上小区，然后在全县推行。

第二，划分阶级。群众发动起来后，开始划分阶级。时间从 1952 年 9 月至 1953 年 5 月。

"划分阶级"即根据中央划分阶级政策划分成分，以户为单位，依据土地占有、是否劳动、有无剥削三大标准，把每户家庭划分为地主、富农、中农、贫农、雇农及其他成分（包括小商贩、手工业者和小土地出租者、游民等）。

第三，分田分地及复查发证。在斗争胜利的基础上，1953 年 5 月至 7 月 20 日吸收、征收和分配土地，即把没收或征收地主阶级多余的土地、耕畜、农具、粮食及农村中多余的房屋分配给无地或少地的农民。县委决定以乡为单位，按人口统一分配。分配前，各乡先做好查田评产工作。

全县没收、征收的 1066295 亩土地按人口平均分配，除留下一小部分作农场田、9238 亩作机动田调整外，全县人均分得耕地 1.2 亩。

经过分田分地，全县基本农民拥有的耕地面积占全县耕地总面积的 86.8%。在没收、征收地主土地，分田分地过程中，还没收了剥削阶级（除土地外）的财产：房屋 169107 间，耕牛、农具、余粮等一大批。县委将这些财产平等分配给当家作主的农民。

完成土地财产分配工作后，主要复查土地中各种遗留问题及颁发土地证、房屋证。

1953 年 4 月底开始铺开 4 个乡的先行点。5 月 5 日后，土地改革工作队采用重点乡、附点乡分批铺开的方式，深入各地复查土地改革前三个阶段是否出现错漏现象、没收分配土地及财产是否合理。全县第一批先铺开 99 个重点乡，第二批铺开 177 个附点乡。在复查中，全县解决了土地改革遗留问题。

土地改革复查结束后，随即对分配的土地进行查田定户，颁发土地证、房屋证。在量田发证时，提出"丈量不准错 5 厘，错一分就是错误"的口号，强调确定地权、保护私有财产的政策。据全县 279 个乡统计，填土地证 9370 张，作废率 1.87%。

在土地资料使用权回到农民的手中的同时，全县民主政权也在土地改革中得到进一步健全和发展。1953 年 5 月，县内已有 179 个乡设立了乡长、副乡长，有 138 个乡建立了团支部，发展农村团员 1712 人，培养中共党员对象近千人。各乡还建立了民兵中队部，117 个乡建立妇女代表会，全县 6230 条自然村选举出村长、副村长。

历时两年多的茂名土地改革取得决定性胜利，全县消灭了地主阶级，废除了封建剥削的土地所有制，彻底摧垮了全县封建统治的基础，建立和健全各种人民民主组织，巩固全县民主政权。土地改革后的农民在政治上、经济上取得彻底翻身。茂名县土地改革的胜利，打碎了腐朽落后的封建生产关系，解放了生产力，农民的生产积极性空前高涨，农业生产取得连年丰收。1953 年，县委、县政府拨款并组织农民兴修水利工程，解决了 35.2 万亩水田的用水。同年，全县许多地方遭受严重的虫旱灾害，当年水稻总产量仍达 30.06 万担（相当于 1949 年的 1.37 倍）。农民有了土地和生产资料，生产积极性大大提高，极大地解放了农村生产力，为发展农业创造了条件。

对农业、手工业和资本主义工商业的社会主义改造

一、对农业的社会主义改造

（一）互助组

茂名县建立农业互助组始于 1951 年，一区谢村以邓荣新为首组成全县第一个农业互助组。1953 年底，全县各类农业互助组迅速发展至 9562 个。互助组一般比单干农民增产 10%～20%。至统购后的 1954 年 6 月，常年互助组 2433 个，临时互助组 8981 个，组织起来的组数比实际统购前增加 3.5 倍，常年互助组增加 12 倍，农业互助一开始便显出其优越性。

（二）初级合作社

茂名县于 1953 年 12 月试办了谢村邓荣新农业合作社、九区新坡农业合作社和十区莲塘梁永茂农业合作社。根据 1954 年 8 月 27 日《茂名第一批农业合作社夏收预分情况总结》，新坡农业合作社增产 46%，谢村农业合作社增产 23%，莲塘农业合作社增产 48.7%，3 个农业合作社共 45 户，每户都增加收入。茂名县在试办第一批农业生产合作社成功后，1954 年 4—5 月，又试办第二批 14 个农业生产合作社，到 1955 年春，全县已建成农业生产合作社 240 个。在对农业的社会主义改造中，县委始终坚持执行中共中央、华南分局指示："既要多办，又要办好，积极领导，稳步前进。"1954 年下半年，茂名县在办好第一、第二批农业合作社后，开始进行大

规模建社和扩社。县委指出，"巩固为主，扩大为副，在巩固基础上发展"，第三批 1981 个农业合作社在短短一个多月时间建立起来。

初级农业合作社一般是以地域（自然村）或宗亲纽带等组织成立的。在利益分配上，县委首先在成立的谢村、新坡、莲塘 3 个农业合作社进行试点，推行土地、耕牛、农具折价入股，按额分红，误工补偿的办法进行分配；在生产体制上，实行统一经营，因地种植，有计划、较合理地分工分业劳动，从而大大提高了劳动效率。这 3 个农业合作社在 1954 年夏收，平均增产近 40%。农户家家增收，对初级农业合作社的发展和巩固起到很大的推行作用。

1955 年 7 月，毛泽东在省、市、自治区党委书记会议上批评主张发展合作社要适应群众的觉悟程度稳步前进的同志像"小脚女人"，会后，各地加快了农业合作化的步伐。县委根据上级指示，制定《茂名农业合作化全面规划》，要求 1955 年秋至 1956 年春，新建社 2739 个，老社扩大 4685 户。茂名县在学习党中央毛泽东指示后，在龙首等乡的带领下，很快形成全县农业合作化高潮。九区背底埇朗村 5 户贫农怕干部不批准他们建社，就用红墨水写了"齐心入社" 4 个大字，签上名交给党支部以表决心，有的整村联名要求批准入社。到 1956 年春耕结束前，茂名县建立农业合作社 2231 个，入社农户 172780 户，占全县农户 86%。茂名县和全国大多数地方一样，在农业合作化的大风暴中急速完成了对农业的社会主义改造。

（三）高级农业合作社

实现农业合作化后，县委、县政府逐步引导农业合作社转入高级农业合作社。在高级农业合作社，生产资料全部归公，取消土地分红，实行按劳分配。同时，实行统销统购政策，禁止粮食上市，关闭粮食农贸市场，城镇居民实行粮食定量配给制度。在生产资料归公后，为保证社员日常生产需要，县委允许社员保留一定的自留地，但最高不得超过当地每人平均土地的 10%。在生产体制上，高级农业合作社下设生产队，合作社对生产队实行"三包"（包工、包产、包财务），超产提成，减产扣分；生产队也对生产组按季节包工，田间管理包工到户，大活集体干，小活分开干。县委以龙首乡高级农业生产合作社作为试点后向全县推广。1958 年，县委又在新坡农业生产合作社第三生产队进行"四定到田、管理到人"（产量、工分、成本、措施到田或到人或户）的田间管理制度试点，随后即在全县推广。

在农业合作化后期，即转入高级农业合作化期间，县内有些地方曾出现急躁冒进的问题。有些地方一哄而起，发展迅猛，有些地方提出"快、多、紧、大、好"的口号，使发展速度比原来快几倍甚至几十倍。由于速度过快，合作社的质量难以保证。也有人违反自愿互利原则，采取"吓唬法""硬逼法"等强迫命令的做法，强拉农民入社，过早过急地处理生产资料折价归公，折价偏低，偿还时间过长，侵犯了农民利益。有的农户在初级农业合作社脚跟还未站稳，便一步跨入高级农业合作社。这种不讲实际和条件，超越发展阶段的突变，对以后集体经济的巩固和农业生产发展埋下了病根。

二、对手工业的社会主义改造

1953 年 11 月，茂名县传达落实党过渡时期总路线后，对手工业的社会主义改造很快在全县开展。开始时，依靠价格政策、市场产销关系，慢慢加以引导，组织联营和建立生产合作社。1953 年底至 1954 年初，全县有手工业主 12444 户，占全县总户数 6.27%，这些手工业大部分都与城乡人民的生产生活密切关联。1954 年 8 月，县成立手工业科，加强对该行业的领导。县委对全县手工业作了专项调查，采取对策，通过召开代表会议贯彻政策，并开展增产节约运动。这样，对全县手工业情况摸清底子，逐步将其纳入有计划生产轨道，使全县手工业在良性化改造中得以迅速发展。在手工业改造开始几个月时间里，成功组建生产社 3 个、生产组 20 个，占全县手工业总人数 20%。这些生产社和生产组在不同程度上显示了社会主义优越性，尤其 3 个生产社的生产技术、生产效率和生产质量都大大提高，降低了成本价格，增加了社员收入。比如，在铁器生产社 11 号炉生产的燕铘成为名牌货而闻名全县，为农民群众喜爱；同时，仿制五一步犁也取得成功。又如，木器生产社在建社后平均每天产值比建社前增值 243%。

为更好发展全县手工业合作，1954 年 12 月，县委发出《关于加强对手工业合作化的领导，坚决完成茂名县今年建立手工业合作组织任务的通知》；1955 年，制订《茂名县一九五五年手工业合作化运动计划》。在发展新的手工业合作社（组）的同时，老社全部进行整顿巩固，完成清产核资并建立新会计制度，管理水平随之提高。由于整顿中开展增产节约运动，检查资本主义经营思想，提高社员社会主义觉悟，增强产品质量意识，全县手工业开业、歇业登记管理工作也在发展整顿中逐步完善。县委、县政府根据"发展、利用、限制、维持、淘汰"的原则，分别批准一批手工业开业、歇业。

根据全县手工业社会主义改造进程，建立县手工业劳动者协会及 7 个基层分会，有会员 800 多人。1956 年 7 月，县委成立县私改领导小组办公室，对资本主义工商业、交通运输业及手工业的社会主义改造工作加强管理。1956 年 1 月，召开全县手工业代表会议，要求加快对手工业的社会主义改造。在茂名县手工业改造高潮中，县委作出"改造与生产两不误的指示"。3 月，组织各社掀起生产竞赛运动，并在全县各社（组）中开展学习阳江县上洋区手工业为农业服务的精神，积极组织铁木行业，广泛建立修配网，与农业生产建立密切的联系，开展全面的修配服务。7 月，进一步开展以总结推广先进经验为中心的先进生产者运动，从多方面采取措施，增加生产，增加社员收入。到 1956 年底，全县组织生产社 60 个，社员 2084 人，占组织面 95.6%。至此，本县对手工业的社会主义改造宣告完成。

三、对资本主义工商业的社会主义改造

1953 年 11 月，县委在宣传贯彻党在过渡时期的总路线后，全县私营工商业开始采取委托加工等办法，将资本主义工商业纳入国家资本主义轨道。随着国民经济的有计划发展，党对资本主义工商业的改造，要求以委托加工、统购包销的初级形式，提高到公私合营的高级形式。开始时，由于私营工商业者对利用、限制、改造的政策认识不足，普遍有思想混乱或抵触情绪，看不到前途，对国营企业、合作社的发展及市场管理不满。因而，他们收缩资金，企图歇业解雇工人。为打破私营工商业者顾虑，贯彻对私营工商业利用、限制、改造政策，县委召开两次工商界代表会议，对工商业者贯彻党在过渡时期的总路线。县百货公司对私营火柴厂签订统购包销合同，合作总社对 3 间私营制锅厂实行统购包销，对另一家实行加工订货，贸易公司已委托 7 家零售商进行代销，茂名药店与全县城私营药店订立了购销合同，把私营药店纳入国营的改造计划范围。这样，凡是有利于国计民生行业、企业在国营经济引导下，都得以发展；而不利于国计民生的企业，则被削弱或淘汰。据统计，1954 年底接受国家订货加工、统购包销的私营工厂产值已占全县私营工厂总产值 80.8%。

1954 年 12 月，县委召开全县财经战线党员大会和干部职工大会，贯彻上级会议精神，健全各级机构，并组织私改工作队共 367

人，在统一党内及全体干部职工认识的基础上，召开全县工人、手工业者、资本家等一系列的代表会议，贯彻和层层落实，使党对资本主义工商业的社会主义和平改造的方针和赎买政策为广大群众所拥护。县城以百货、纱布、新药 3 个行业为先行点，农村则选择公馆、鳌头、石骨、分界 4 个圩镇为先行点，取得经验后全面铺开。1956 年 1 月中旬起，在全国私营工商业社会主义改造高潮影响下，县委打破过去按行业分期分批改造的办法，采取由工厂、资本家、小商贩自己组织起来，先宣布批准公私合营，然后进行清产核资定股及安排人员。根据国家规定，每年不论盈亏均按私股额发给私方股东 5% 的分红，七年不变，对于企业中的在职私方人员，采取全包政策，量才使用并给予适当照顾。

1956 年 1 月下旬，各行业相继实行全行业的公私合营；2 月，全县转上对工商业私改复查，解决遗留问题，摸清债权债务；3 月，全县原有私营 2867 户 3763 人，共改造 2655 户 3711 人，占拥有人数 98.49%，完成了对资本主义工商业的社会主义改造。全县合营厂在未合营前大部分是烂摊子，如过去有 4 家机器印刷厂均负债，资方连工人生活费也难以解决，火柴厂则连本钱都亏空，但经过公私合营后，已根本上改变面貌，不仅生产设备较过去先进，而且各项制度也较过去健全，各厂都可正常运转，并且为国家积累不少资金。全县工商业生产得到迅速发展，1956 年生产总值比 1955 年增长 152.1%。

人民公社的建立

　　1958 年，党中央正式制定了社会主义建设总路线，同时发动了以"超英赶美"为目标的"大跃进"运动。在"大跃进"运动中，人们主观地认为农业合作社的规模越大、公有化程度越高，就越能促进生产的发展。于是，在"大跃进"迅猛发展的同时，人民公社化运动也掀起了高潮。人民公社成立之前，由高级农业生产合作社的小社并大社的工作已在全国农村开展。1958 年 4 月中共中央发出《关于把小型的农业生产合作社适当地并为大社的意见》。根据党中央的指示，茂名县委于 5 月将全县 34 个小乡并为 21 个大乡，将全县的小社并为大社，并在不少社办起了公共食堂、托儿所、幼儿园等集体生活组织。7 月，《红旗》杂志发表文章，公开宣传毛泽东关于把工、农、商、学、兵组成一个大公社，作为中国社会的基本单位的构想。据此，河南省遂平县嵖岈山卫星高级农业生产合作社率先转制为人民公社。8 月下旬，中共中央政治局北戴河会议作出《中共中央关于在农村建立人民公社问题的决议》。9 月中旬，广东省委也下发《关于在农村建立人民公社的决定》。茂名县委随即着手进行建立人民公社的准备工作，一方面派人到全国率先成立人民公社的河南省学习取经，一方面进行并乡转公社。9 月 15 日，超美（谢鸡）、红旗（分界）、超英（石鼓）、大同（南塘）、东风（东岸）、上游（石骨）、火箭（鳌头）、卫星（公馆）和附城机关共 9 个人民公社同时成立，全县实现了人民公社化，总人口达 74.11 万人，平均每个公社为 8.23 万人。

人民公社成立初期，在经济上实行"一平二调"①，大刮"共产风"。原农业生产合作社的一切财产上交人民公社，社员的自留地、家畜、果树等全部收归社有；人民公社可以无偿地调用生产队的土地、物资和劳动力，甚至可以无偿调用社员的房屋、家具。在生产上搞瞎指挥。大田插秧盲目大搞高度密植，规定统统要插"蚂蚁出洞""双龙出海""满天星斗"；大搞"亩产万斤"试验田，把大量的粪肥堆积在试验田里，甚至把几亩以至十几亩将要成熟的水稻拼成一块；农田基本建设则大搞深翻改土，说什么"深翻三尺，加深七层"。在组织形式上，将社员按军队编成团、营、连、排、班，推行所谓"组织军事化、行动战斗化、生活集体化"，用大兵团作战方法从事工农业生产。这些不切实际的做法，使生产力受到极大破坏，农业生产受到严重损失。1959 年，全县农业总产值只有5426.62 万元，比 1957 年的 5704.93 万元下降 5.1%，其中种植业下降 20%。

第一，高指标、浮夸风泛滥。在 1958 年 5 月召开的中共八大二次会议上，毛泽东批判了曾经起积极作用的反冒进，随即《人民日报》也发表社论，公开批判反冒进，提出"大跃进"口号。

1958 年夏收期间，各地兴起虚报高产、竞放高产"卫星"的浪潮，公开批判"增产有限论"，鼓吹"人有多大胆，地有多高产"。1958 年 8 月初，广东省委、省人委推出奖励高额丰产的办法，重奖晚造粮食高产的县、社、队。这样，晚造收割时报亩产 1000斤、2000 斤、3000 斤的县相继出现，韶关上报的高产"卫星"亩产达 6 万多斤，茂名县最高亩产的云胜团所报有 4500 多斤。

---

① "一平二调"："一平"是指在公社范围内实行贫富拉平，平均分配；"二调"是指县、社两级无偿调走生产队（包括社员个人）的某些财物。

在一片报"丰收"的热浪中，广东省委下令要一天吃三餐干饭，要"敞开肚皮吃""不吃就是右倾"。于是，县委作出《关于从 1958 年 11 月 3 日起农村全面实行粮食定量供给制的决定》，要求各公社食堂每天两饭一粥，有条件的可实行三餐饭，全部不要钱。

高指标、浮夸风的泛滥是后来出现三年经济严重困难的主要原因之一。1959 年初，县委下发通知，规定县城机关居民停止吃猪肉，春节城乡居民供应不得超过 2 两（十六进秤，1 两 = 31.25 克，下同）；压缩非农业人口粮食和加强对粮食的管理。农村人口的粮食紧缺更严重，有的地方每人每天不到二三两，由公共食堂煮熟按定量分到各户。市场物质匮乏到一切凭票证供应，如农业人口供应的布票只有 2 尺多（1 尺 ≈ 0.33 米，下同），仅够做一条短内裤。

第二，对人民公社的整顿。公社化搞乱了党的农村经济政策，使农村出现混乱局面。为扭转这种状态，1959 年县委根据党中央和上级党委的指示，对人民公社进行整顿。3 月，县委印发《关于若干政策问题的规定》，把基本口粮分到户，入社前房前屋后的零星果树可委托私人代管，今后谁种谁收，恢复自留地制度，允许社员养家禽、家畜，公共食堂贯彻"自愿参加"原则等。8 月，县委全面贯彻党中央整顿和建设人民公社的方针，即"统一领导，队为基础；分级管理，权力下放；三级管理，各计盈亏；分配计划，由社决定；适当积累，合理调剂；物资劳动，等价交换；按劳分配，承认差别"。随即县委制定了《关于人民公社管理体制的十项规定（草案）》和《关于人民公社经营问题的几项规定（草案）》，将基本核算单位由公社一级下放到大队一级，以大队为基础、生产队为生产承包单位，实行"分级管理、三级核算"。

1960—1961 年，开展整风整社运动，贯彻中共中央《关于农村人民公社当前政策问题的紧急指示信》（简称"十二条"）。1962

年，贯彻中共中央《农村人民公社工作条例》和《关于改变农村人民公社基本核算单位问题的指示》，开展以生产队为基本核算单位，确立了三级所有，队为基础的体制。人民公社的"一大二公"① 实际上破坏了社会主义按劳分配原则，"一平二调"大刮"共产风"严重破坏了农民的生产积极性，使农业生产受损失。通过不断调整，农村局面才有所改变。

---

① "一大二公"："一大"是指人民公社的规模大，"二公"是指人民公社的公有化程度高。

农业学大寨、工业学大庆运动

1964 年 2 月，中共中央发出《关于传达石油工业部关于大庆石油会战情况的报告的通知》和《人民日报》发表的通讯《大寨之路》、社论《用革命精神建设山区的好榜样》以后，农业学大寨、工业学大庆运动在全国掀起。

一、农业学大寨运动

1964 年 2 月至 1970 年 12 月，高州县的农业学大寨运动主要是结合本县的具体情况，开展"比、学、赶、帮"运动。

这一时期的具体做法是：（1）层层树标兵，县里树立了新垌钢铁生产队、曹江邹文海生产队、环城上留驾生产队 3 个标兵队，还评出了 28 个"五好"生产队；（2）以县、社、大队为单位，定期开展评"五好"生产队活动；（3）以点带面，以先进带后进，运用现场会形式总结推广先进经验；（4）建立定期联系制度，县委机关领导干部与先进单位挂钩联系，定期到负责的社队蹲点，同时还要选一后进队作为挂钩点，以巩固先进，提高先进，用先进经验带动后进；（5）注意加强后进队的领导，对所有生产队进行全面摸底排查，弄清底子，确定对象，采用县包公社、公社包大队，组织力量到后进队去加强领导。

全县干部群众在各级党组织的带领下，以大寨为榜样，进行自力更生，艰苦创业。农村社队以"水、土、肥"为中心，进行大力整治农田。山区的阴湿冷底田，进行开沟排毒，降低水位，使之改造为高产稳产田；平原地区水利已过关的，则搞排灌分家，修筑排灌水渠。为防止农田土质变化，提高土壤肥力，县委在全县大力推广采摘野生绿肥和大种绿肥，还学习潮汕地区的生产经验，大搞一年三造，提高复种指数和单位面积产量。

1970 年 12 月至 1976 年 12 月，高州县的农业学大寨运动主要是学大寨治山治水。

1970 年 12 月，县委在县城召开有 1 万多人参加的开展农业学大寨群众运动的誓师大会。会议制定《关于进一步开展农业学大寨运动的决定》，一分为二地总结高州县几年来学大寨的经验，寻找差距，提出解决学大寨运动中的路线方向、干部思想革命化和规划措施问题。

1971 年 1 月，县委、县革委制定《举旗抓纲学大寨，奋战两年变昔阳——高州县学大寨、赶昔阳规划（草案)》。3 月，县委、县革委作出《关于开展向泗水公社、大坡嘴大队、岭头田生产队等学大寨先进单位学习的决定》，号召全县各地继续深入开展学大寨运动。1971 年上半年，全县农业学大寨的勘查规划工作顺利完成。在勘查规划中，县委采取专业队伍与群众运动相结合的办法，组织一支有"四级"（县、公社、大队、生产队）、"四结合"（解放军、领导干部、技术员、群众）共 18340 人组成的规划队伍，分批深入全县 27 个公社、6998 个生产队，跑遍全县 13438 个山头和 669 条大小河流，逐个进行勘查规划，历时三个月。

1974 年 10 月，为把农业学大寨运动推向高潮，县委成立农田基本建设指挥部以加强领导，并作出《关于迅速组织农田基本建设专业队问题的决定》，要求：一是迅速组织一支以青年民兵为主体，吸收其他劳动力参加的专业队，约占全县农村总劳动力的 10%，实行公社建团、大队建连，专业队暂定一年半至两年，人员定期轮换；二是坚决实行"五统一"（统一领导、统一指挥、统一规划、统一行动、统一政策）；三是各行各业要大力支援农田基本建设。全县组建农田基本建设专业队 400 多个，进行大搞水利，开沟排毒，整治农田。

1975 年秋，国务院召开全国农业学大寨会议。中共茂名县委书记、革委会主任郑志辉出席会议，并参观大寨大队。这次会议的中心议题是全国学大寨、普及大寨县以及农业机械化和整顿社队问题。随后，县委抽调数千名国家干部、教师和职工分批深入农村帮助社队进行整顿，推动农业学大寨运动。

1976 年 12 月，县委、县革委采取各种形式，大宣传、大发动，贯彻全国、全省农业学大寨会议精神，揭批"四人帮"破坏农业学大寨罪行，解决发展农业生产方向道路问题，进一步掀起农业学大寨热潮。当年，高州县被评为"广东省农业学大寨先进县"。

二、工业学大庆运动

高州县的工业学大庆运动，要求城镇的工矿企业认真学习大庆人的"三老"（做老实人、说老实话、做老实事）、"四严"（对工作要有严格的要求、严密的组织、严肃的态度、严明的纪律），制定规章制度，加强管理，提高质量，使全县的工业生产出现良好的发展势头。

1964 年，全县推广大庆企业管理经验的同时，结合学习《鞍钢宪法》，开展"两参"（干部参加劳动，工人参加管理）、"一改"（改革不合理的规章制度）、"三结合"（领导干部、技术人员、老工人相结合）的群众运动，健全各项管理制度。各企业在生产班（组）普遍设立"两长"［班（组）长、工会小组长］、"五员"（政治宣传员、质量管理员、成本核算员、材料管理员、工具保管员），加强基层管理，开展班组核算。高州锅厂在班组核算中做到当班生产结果"四知道"（产量、质量、成本、利润），县经委加以肯定并向全县各厂推广。

水利、科技、教育和卫生事业的发展

从中华人民共和国成立到 1978 年，虽然经历了 20 世纪 50 年代末期的起伏和"文化大革命"期间的曲折，但总体来看，高州水利、科技、教育和卫生事业还是得到迅速发展。

一、水利事业

1957 年 11 月，中共茂名县委召开全县第二次扩大会议，贯彻党中央、广东省委反右倾保守会议精神。并就解决干部在生产上的右倾保守思想问题进行了大辩论。在 12 月召开的中共茂名县委一届二次会议上，要求在全县掀起生产大高潮，号召进行"大跃进"。于是，全县各地掀起了大规模以修水利为中心的农业生产高潮。

高州历来缺水，人们深受旱灾之苦。治水消灭旱患，已成为迫切需要解决的问题。1954 年 8 月，茂名县设立水利科以加强对全县水利工作的领导和业务指导。1957 年，县委组织高州引鉴工程大会战，成立以县委书记赖鸿维为指挥的工程指挥部，用民办公助的投资方式，动员 2 万多个劳动力上工地。县城的机关干部、学生、居民也积极到工地参加义务劳动。当时，引鉴工程的劳动任务分至全县各受益自然村，每村抽调几人至几十人参加劳动，参加劳动者只免费供应饭食，没有工资补贴，全部是义务劳动。据统计，引鉴工程开工仅一个多月，上工地参加义务劳动的有

1.16 万多人。经过一个多月的日夜苦战，胜利完成了 180 多米长的秧地坡拦河坝和底宽 12 米、长 2.7 万米的总干渠工程，其他支渠、斗渠、毛渠也同时建成。1958 年 3 月，引鉴水利工程正式通水，茂南地区 16 万亩农田解除了旱患的威胁。

另外，组织高州水库大会战。1958 年，石油部为解决茂名炼油厂的用水问题，投资 3000 万元兴建良德水库，由茂名县承担施工任务。县委书记冯柱朝兼任工地党委书记，具体指挥大会战。在建设过程中，县委采用民办公助、以劳代资的办法，增建了一个石骨库区，使库容由原来设计 4 亿多立方米增加到 11.5 亿立方米。良德库区于 1958 年 5 月动工，1959 年 9 月完成后，随即移师石骨库区，1960 年 7 月石骨库区竣工。整个库区工程仅用了两年两个月时间，共完成土、沙、石 900 多万立方米，混凝土 4 万多立方米。水库的配套工程也于 20 世纪 60—70 年代逐步完成。修建高州水库，高州人民作出了巨大的贡献，水库所需土地为无偿使用，需搬迁的移民也只用了极少的安置费，全县人民从人力、物力等各方面全力支持。当时参加劳动的人员只供饭食，没有工资补贴等费用，劳动积极者也仅获得锦旗等精神奖励。高州水库大会战是在特定历史时期下，全民义务大会战的特例，体现了当时人民群众发扬集体主义、免费义务献劳的崇高精神风范。修建库区进场民工最高时达 5 万多人，修建灌区渠道上场民工多达 12 万人。他们冒着寒暑，挥锄舞铲，肩挑车推，工作十分艰苦，克服了在当时条件下许多难以想象的困难。高州人民在修建水库过程中"苦干、实干、巧干"，被当作这一时代特定历史的精神永载史册。高州水库的建成，既解决了茂名市的工业用水和生活用水，又使鉴江中下游近 120 万亩农田成为旱涝保收的良田，同时还进行发电、航运等综合利用，这些都发挥了巨大的经济效益和社会效益，有力地推动了鉴江沿岸地区的经济社会发展。

在水利大会战中，全县于 1958 年上马建设的中小型水库还有
15 宗。由于在当时"大跃进"的氛围下，忽视客观实际，贪多求
快，造成这批水利工程不少存在着严重的质量问题。如荷塘长滩
水库曾于 1961 年 8 月溃坝，有些则因无法发挥效益而破坝还田，
使经济受到较大损失。

二、科技事业

中华人民共和国成立初期，发展科学技术，特别是农业科技，
直接影响到全县人民的温饱问题。县委、县政府对此十分重视，
在财政十分困难的情况下，对用于科研的人员、经费、场地等都
给予优先。

（1）农业科技网络的形成。从 1955 年开始，县委、县人委
在新垌等地设立 38 个农业技术推广站，到 20 世纪 60 年代中，全
县形成了一个整体的农业科技网络。县里设立"三场一所"（良
种繁育场、经济作物场、畜牧场和农科所）、"五站"（在生产地
域作物较集中的地方设立养猪辅导站、水果专业站、耕牛配种站、
虫情测报站、畜牧兽医站），各公社成立农科站。70 年代，县委、
县革委提出"科学种田"的口号，向农民普及推广农业科学技
术，并相应建立县、公社、大队、生产队四级农科技网络。

（2）农业科技的推广普及。县委、县政府十分重视农业科技
的普及工作，分别成立了科学技术普及协会、科学技术委员会、
农业科学研究会、林业科学研究会、畜牧兽医研究会和蔬果研究
会，这对全县科技推广和应用起到积极促进作用。中华人民共和
国成立初期，茂名县农业部门根据事业发展需要，开展少量的技
术培训工作，如作物栽培、农村水利、农村会计等技术培训。农
业合作化后，于每年冬春季节举办农业技术学习班，培训劳动模
范、生产能手。人民公社化后，举办公社、大队干部和生产队长、

田间管理员、劳动模范培训班，每年培训达 5 万人次。其中县委分期分批举办生产队长培训班，学习农作物栽培技术的做法得到广东省委的肯定，并拨款 10 万元给予支持。从 1963—1965 年共举办了 9 期培训班，培训生产队长 3024 人。1965 年，县委在全县范围开展农业科技"扫盲"活动，县、社两级举办培训班，共培训 1.73 万多人（含部分田间管理农民技术员）。20 世纪 70 年代，县委、县革委提倡"科学种田"，向农民普及推广杂交水稻、生物防治、耕作制度改革。分级、分期、分批培训，县培训公社、大队农科骨干、生产队长，公社培训大队、生产队农业技术员，每年培训达 7 万人次。1975 年，县开展推广"统筹法"和"优选法"。1978 年，县编印《科学种田》《杂交水稻》等科普小册子，免费赠送给社队和农村生产骨干。为普及科学种田技术，县还树立了科学种田的样板大队、样板生产队，如环城公社的红花大队、红花生产队等。到 1965 年底，全县建立起样板网点共 500 多个。通过开展广泛性的群众科研活动，培养出一大批土专家、育种能手。如 1957 年前成名的新垌著名的水稻育种土专家邓达基，环城西岸的水果育种、种植土专家刘十，60 年代成名的高产水稻土专家张耀才、蓝辑明等，他们的贡献在全省都有较大影响，也使高州成为广东"东有朝阳，西有高州"的高产县。科技的发展与普及，对全县的经济发展起到巨大的推动作用。

三、教育事业

（一）幼儿、中小学教育

中华人民共和国成立至 1952 年恢复过渡期间，全县教育事业在调整中发展。据统计，1949 年全县有幼儿园 2 所、小学 404 所、中学 18 所。到 1952 年，全县有幼儿园 2 所、小学 496 所、中学 17 所，在校学生 47237 人，比 1949 年增长 80.3%，其中幼儿园、小学、普通中学的在校学生人数分别比 1949 年增长 17%、82.7%、64.3%。

"一五"期间（1953—1957 年），全县教育事业发展较快。1953 年，全县贯彻"整顿巩固，重点发展，提高质量，稳步前进"的方针，重点发展高中，适当发展初中。1954 年，经过调整，全县小学为 477 所，其中公办 404 所、民办 73 所。1956 年，成立古丁中学，并于沙田、木头塘、鳌头、帅堂等小学附设初中班（当年各招两班）。次年，脱离小学自成中学，分别命名为十二中、十三中、十四中、十五中。在城里也掀起群众办学热潮，先后成立宝光、南华、群智、跃进等中学。1957 年，全县有幼儿园 7 所、小学 605 所、中学 15 所，在校学生 68057 人，比 1952 年增长 44.1%，全县中小学校和教职员工分别比 1952 年增长 21%、32%。

全面建设社会主义的探索十年期间（1957—1966 年），全县教育事业发展十分迅速。（1）幼儿教育。1958 年"大跃进"期间，提倡群众办学，城镇、工矿企业、乡村普遍开办幼儿园。是年，全县共办幼儿园 837 所，入园幼儿 28510 人。1960 年，国民经济困难，全县幼儿园压缩为 122 所，共设 228 班。1964 年，国民经济开始好转，幼儿园也逐渐增加。（2）小学教育。1958 年"大跃进"期间，执行"两条腿走路"方针，在办好公办小学的同时，大力发展民办小学。是年，全县小学增至 898 所，其中公办小学 435 所、民办小学 463 所，在校学生 85288 人。1962 年，贯彻"调整、巩固、充实、提高"八字方针，使公办小学为 418 所、民办小学为 582 所，合计 1000 所。1964 年，贯彻"两种教育制度，两种劳动制度"精神，办起了半日制、早午晚耕读小学 430 所，耕读学生 51979 人，全县小学总数增至 1018 所，学生增至 112148 人。（3）中学教育。1958 年"大跃进"期间，增办县立泗水、大坡、东岸 3 所中学。至 1960 年又增加县立谢鸡、云潭、根子、顿梭、平山、深镇、马贵 7 所中学。是年，全县共有公立、私立中学 32 所在校学生 8831 人。1963—1964 年，有些农村中学改为公社办的农业中学，经过调整，全县共有公立、私立中学 21 所（其中公立完全中学 4 所，公办初中 11 所），在校学生 7327 人（其中高中学生 1108 人）。1965 年，全县有幼儿园 11 所、小学 1085 所、中学 19 所，在校学生 161493 人，比 1957 年增长 137.3%，全县中小学校和教职员工分别比 1957 年增长 78.1%、118.5%。

“文化大革命”期间（1966—1976 年），全县教育事业受到严重干扰和破坏。学校正常的教学秩序受到冲击，大部分的学校停课停办，许多教师被打成“牛鬼蛇神”“臭老九”，教学质量普遍下降。1966 年，全县撤销各区中心小学，丢弃全国统编教材，致使各小学出现一片混乱状态，大多数学校停课。1967—1969 年，幼儿园基本停办。1968 年，各小学陆续复课，使用自编教材。1969 年，高州中学、高州二中均被解散，城里剩下高州一中，只招城内的学生。在“小学不出村，初中不出大队，高中不出公社”思想指导下，全县中学数量猛增，各大队均在小学附设初中班，有些大队、公社、农场也办起高中。至 1977 年，全县共有高中 36 所，初中 461 所，在校学生 67499 人（其中高中生 15091 人）。但由于学校大幅度增加，造成师资不足，设备缺乏，加上学制缩短（初中、高中均为两年），没有全国统编教材，劳动时间过多等，学生的知识质量严重下降。

粉碎“四人帮”反革命集团后，全县的教学秩序重回正常轨道。县委、县革委对全县的中小学进行整顿合并，恢复各公社的中心小学及县的重点小学，调整中小学的布局，中小学课程设置和教学内容也根据教育部颁布的新教学大纲进行设置。特别是

1977 年恢复高考后，县委、县革委把教育工作摆在首位，在人力、物力、财力上大力支持教育，教育的投资占全县财政总收入40% 以上。1978 年复办高州中学，并定为县重点中学。1978 年，全县考上大中专院校的学生人数 623 人。是年，全县有幼儿园114 所、小学 585 所、中学 39 所，在校学生 68057 人，比 1965 年增长 59.5%，全县中小学校教职员工比 1965 年增长 113%。

（二）中等专业教育

中华人民共和国成立后至 1978 年，全县有广东省立高州高级农业技术学校、广东省高州师范学校、高州县工农大学、高州县卫生学校、高州县卫生中医进修学校、高州县各公社农业中学、高州县新德茶果职业中学、高州县劳动大学、高州县人民医院培训班等中等专业学校。

（三）成人教育

（1）农民业余教育。1950 年，全县总人口为 61.9 万人，其中文盲总数为 38 万人，占全县总人口的 61.39%。全县城乡开办扫盲班和夜校，学习汉字、珠算，开展扫盲工作。全县入学人数达 32.62 万人，其中有初小 1591 班（组），学员 3200 人；高小 31班（组），学员 600 人；初中 3 班（组），学员 20 人，参加扫盲学习人数占全县文盲总数的 85.84%，由当地小学教师兼教。1958—1959 年，农民业余文化教育大发展，出现"万人教，全民学"热潮，并办起一批农民技术学校和茶果学校，组织农民学习农业科学技术。1959 年，全县有业余学习班 16753 班，学员35.57 万人，占当年总人口 74.2 万人的 47.94%。三年经济困难时期，各种农民学校停办，扫盲工作停滞。1964 年，开办农民业余学习班 1314 班，学员 21321 人，其中扫盲班 948 班，学员14388 人，有群众教师 1300 多人。"文化大革命"期间，扫盲工作陷于停顿。

（2）干部职工业余教育。1950 年，县总工会在县城开办职工文化学习班，有初中 6 班，学员 201 人；高小 3 班，学员 130 人。1954 年 2 月，在县城中山路成立职工业余学校 1 所，县内厂矿企业单位均各自聘请教师举办职工业余学校，全县有干部班 13 班，学员 2411 人；职工班 56 班，学员 1546 人。1956 年，全县干部班发展到 54 班，职工班发展到 257 班。"文化大革命"期间，职工业余学校停办。1978 年，县职工干部学校复办。为了培养人才，1978 年县委、县革委在石仔岭开办了"高州县五·七农业大学"。

四、卫生事业

中华人民共和国成立后，县委、县政府不断发展医疗卫生事业，先后建立了县、区、乡三级卫生机构，发挥了国家、集体、个体三种性质办医的积极作用，全县构成一个有医有药、有防有治的城乡三级医疗卫生网。

1949 年 11 月，茂名县人民政府设卫生科，负责全县卫生行政管理工作。1952 年 6 月成立茂名县爱国卫生运动委员会，1961 年 4 月设高州县卫生局。20 世纪 50—60 年代，原茂名县卫生院和县城广南医院，成立茂名县人民政府卫生院，后更名为茂名县人民医院。随之先后成立了高州县中医院、茂名县卫生防疫站、茂名县妇幼保健站（又称茂名县妇幼保健所，1958 年底改为高州县妇幼保健院）、茂名县麻风病防治站（1977 年 9 月改组成立高州县慢性病防治站）、茂名县精神病收容所（茂名市秋林专科医院）、高州县藤桥医院。同时，县内各乡、镇（农场）医院相继建立。其中 1951 年设立 1 间，1952 年设立 6 间，1954 年设立 12 间，1956 年设立 3 间，1958 年设立 4 间，1960 年设立 2 间，1961 年设立 2 间。全县各乡、镇（农场）均建立了医院、卫生院共 30 间。

全县的卫生事业呈现出蓬勃发展态势。1950年，县委、县政府开始把卫生机构推向基层，在三区、四区建立卫生所。1952年，县卫生机构由1949年2个发展至17个，增长7.5倍，病人床位总数增长137.5%，工作人员增长59.1%，其中技术人员增长47.3%。1957年，全县卫生机构、病床及医务人员分别为1952年的9.4倍、2倍、2.1倍。1978年，全县医疗卫生机构发展到68个，其中医院32个；卫生机构床位数达到2373张，其中医院床位1917张；职工2420人，其中卫生技术人员1927人。在卫生技术人员中，中西医师、护士1612人，其中医师361人，护师、护士306人。中华人民共和国成立至1978年期间，全县医疗卫生机构建设取得较大发展，建立了遍布城乡的医疗卫生网络（公社有卫生院，生产大队有卫生站），基本上做到"小病不出大队，一般病不出公社"，群众看病难的状况得到根本上的改善。

此外，县卫生专业机构和各公社卫生院抽调一批技术过硬的卫生人员经常深入农村，给病人提供免费医疗服务，开展爱国卫生防疫运动和疾病普查普治工作，建立卫生防疫机构，举办防疫训练班，推动全县医疗卫生事业全面发展。鼠疫、霍乱、天花、疟疾和丝虫病宣告消灭，几种儿童常见传染病已被控制或大幅度下降，食品、环境、劳动、学校等卫生管理得到改善。

"文化大革命"前，高州县卫生事业已具有一定规模，"文化大革命"期间虽受到极左思潮的冲击，但1970年县委恢复后，对卫生事业极为重视，在全县开展大办合作医疗的群众运动，共建立农村医疗点490多个，形成了农村医疗网络。1974年，县委、县革委先后发出《关于合作医疗的通报》和《关于巩固和发展合作医疗的意见》，要求进一步抓好合作医疗的整顿和发展。1975年，向全县推广"三土四自"（土方、土药、土医，自种、自采、自制、自用），开展采、种、制、用中草药的群众运动，全县434

个大队中有 396 个大队建立药场，种植草药面积达 6558 亩，采药 53 万多斤，收益 18 万多元。这大大减轻了农民的负担，有 271 个大队用药场的收益充实合作医疗基金，个人所要交的部分全部被免除，农村缺医少药的状况得到改善。1977 年 5 月，县卫生局局长赖甲渭被国家选派出席联合国世界卫生组织在日内瓦召开的第三十届大会，在会上代表高州县介绍了基层卫生工作的经验，受到与会者的高度关注。高州县的卫生工作得到省和国家的肯定，同年在广东省采、种、制、用中草药会议上受到表扬。1978 年 6 月，高州县被评为"全国医药卫生工作先进集体"。

第六章

改革开放时期

（1978 年 12 月—2017 年）

第一节 拨乱反正

一、揭批"四人帮"罪行

"文化大革命"这场灾难的结束，使中国获得了重新发展的契机。为了深入揭批"四人帮"的罪行，高州县委成立清查办公室，清查同"四人帮"阴谋活动有牵连的人和事，发动群众大揭发、大检举、大清查，在全县范围内开展放手发动群众打一场深揭狠批"四人帮"罪行的人民战争。着重批判"四人帮"大搞帮派体系、大搞唯心主义形而上学的种种谬论、在教育文艺卫生科技战线的种种谬论和搞"第二武装"的罪行。

1977年2月7日，《人民日报》《解放军报》和《红旗》杂志同时发表的社论提出"两个凡是"的指导方针，即"凡是毛主席作出的决策，我们都坚决维护；凡是毛主席的指示，我们都始终不渝地遵循"。

高州县委贯彻执行"两个凡是"的方针，全县广大干部群众的思想虽然存有疙瘩，但还是小心翼翼地开展工作，在浓厚的"以阶级斗争为纲"的政治气氛下，根据自己的特点"抓革命，促生产"。生产建设方面，为了农业大上快上，号召全县因地制宜，利用本地资源，大办磷肥厂。同年，在全县掀起以"改土、治水、增肥"为内容的农田基本建设和大搞劈山造田，扩大耕地面积。这两年，高州县的广大干部群众通过大批促大干，虽然有所前进，但并没有从指导思想上彻底清理"文化大革命"的"左"倾错误，在"以阶级斗争为纲"的框架内"抓纲治国"，结果导致了前进道路上出现徘徊局面。

二、解放思想，破除"左"的思想禁锢

党的十一届三中全会以后拨乱反正，这是非常正确和必要的。可是，由于弯子转得大，人们思想长期受"左"的毒害太深，一直到 20 世纪 80 年代前期，干部群众中仍普遍存在思想混乱，不少人对改革开放方针政策思想抵触，认为三中全会"右"了、"偏"了，是"反毛"的。针对这种状况，高州县委召开了一系列会议和举办各种学习班，组织干部进一步学习宣传贯彻三中全会精神，对破除"左"的思想禁锢起到很好的作用。例如"关于什么是社会主义问题"，通过辅导报告，讲清社会主义的本质和特征，指出长期以来由于片面理解马克思主义的某些观点，由于"左"的影响，由于盲目照搬外国模式等，在什么是社会主义的问题上存在不少不科学的认识。因此必须在三中全会精神指引下，坚持实践检验真理，认真总结历史经验，认真分析国情，认真研究新情况、解决新问题，坚持以经济建设为中心，通过改革（当时在农村就是包产到户），解放生产力，大力发展商品生产，抛弃"穷社会主义论"，大胆发家致富。只有这样，才是真干社会主义。这样通过学习辅导，使大家有个正确认识，对解放思想、团结奋进起到很好的作用。

三、平反冤假错案，落实各项政策

高州县委采取有力措施拨乱反正，逐步平反"文化大革命"和历次政治运动中所造成的各种冤假错案，落实各项政策。

根据上级的要求，对照有关法律和党的干部政策、知识分子

政策、统一战线政策、华侨政策等，对中华人民共和国成立以来历次政治运动中产生的案件逐一认真进行复查，有错即改，彻底平反昭雪，恢复名誉，有关材料全部销毁。1978年12月5日，县委作出了"五个平反"的决定：一是《关于为"赖鸿维翻案集团"平反的决定》，为1968年县革委会的一些领导人提出追查"赖鸿维翻案集团"和"新街72号与后街3号翻案黑窝事件"平反。二是《关于为"清理南路党"问题平反的决定》，为1969年1月县革委会党的核心小组秘密成立"清理南路党"的班子，把中华人民共和国成立前在广东入党而当时又在高州工作的赖鸿维、叶大茂、叶锦等110位同志列为"南路党"审查，并使560多人受到株连一案进行平反。三是《关于为在全县中学教师南塘集训班清队扩大化被迫害的干部、教师平反的决定》，为清队集训班乱批乱斗乃至逼供信的极左行为和清队扩大化错误给予彻底平反。四是《关于为高州中学现行特务案平反的决定》，为1968年南塘清队集训班前后及集训期间，县革委会的有关部门对该校干部、教师进行打击、迫害给予彻底平反。五是《关于为李书清、全忠同志平反的决定》，为在"文化大革命"中受批斗致使身心受摧残的李书清、全忠平反。随后对历次运动中的案件进行复查、甄别，对错杀的民主人士梁麟、陈次匡、钟庆元、刘仁波、朱筱藩、汪奇英、梁仁浣、梁宏筹等20多人，以及被关在狱中冤死的张邦政、江伯劲、梁守任、吴福伍等予以平反。1983—1986年，平反纠正冤假错案258宗，其中改错平反91人，改正错划"右派"518人；落实各项统战政策2272宗，其中补发被错误遣返农村及扣减人员等的工资、被无故查抄的钱物等共393143元，退回或赔偿损坏或被挤占的房产42645平方米，收回历次运动被错误遣返农村的105人，确认原国民党起义人员353人，确认一些原国民党军政人员为支持革命作出贡献的人士为开明绅士等。

上述这些政策的调整和落实，正确处理了人民内部的一系列矛盾，有效地调动了社会各个阶层人员的积极性，增强了党同人民群众的联系，对促进社会的安定团结，巩固和发展爱国统一战线，推动现代化建设事业的发展起到重要作用。

经济体制改革

一、农村经济体制改革

（一）解除行政体制对农村生产力的束缚

高州是一个以农业经济为支柱的大县，改革开放首先就是要解除在行政体制上对农村生产力的束缚。因此，打破这种政体势在必行。1982 年党的十二大后，改革开放全面展开，行政体制改革提上了日程。1983 年 10 月，中共高州县委根据党中央、国务院和广东省委、省政府关于政社分开，建立乡政权的通知精神，撤销了 27 个人民公社建制，成立 27 个区，高州镇仍为区级镇不变；全县 443 个大队管理委员会改建为 431 个乡，原 3350 个生产小队改为村民委员会。撤销人民公社建制改建区后，各区成立了党委和区公所，高州镇党委及镇政府保留不变；大队改为乡后，设乡党支部和乡政府。推行了 30 多年的人民公社这种"政经合一"的政体退出了历史舞台。

1986 年 5 月，中共广东省委、省政府发出《关于撤区建乡（镇）完善农村基层政权建设的通知》，高州县委按照省、市的部署，决定撤区建乡（镇）工作结合乡（镇）的换届选举工作同时进行。1987 年 3 月上旬，各乡（镇）完成了班子选举。5 月，原小乡改设村民委员会，撤区建乡（镇）工作全面完成。全县设置了谢鸡、新垌、云潭、根子、分界、泗水、石鼓、镇江、沙田、南塘、木头塘、东岸、大井、潭头、长坡、大坡、马贵、古丁、曹江、顿梭及高州21个镇和祥山、大潮、深镇、平山、石坟、石板6个镇级乡（这6个镇级乡后于1992年10月前分别撤乡设镇），原431个乡改建为438个村民委员会。

撤区建乡（镇）是农村基层改革重要核心，是由过去自然经济政体迈向中国特色社会主义市场经济政体的重要一步，对解放农村生产力起着重要作用。

（二）继续完善家庭联产承包责任制，缓解土地对农民的禁锢

1978年12月后，全县农村经济体制改革逐步展开。1981年8月，中共高州县委发出《关于落实和完善包干到户责任制的意见》，全面实行家庭联产承包责任制，把土地、山林分给农户耕种管理，承包期限3～5年，长的15年，改变了集中劳动、统一管理、统一分配的单一经济模式。1983年1月，中共中央发出《当前农村经济政策的若干问题》，要求进一步落实农村生产责任制统一称为家庭联产承包责任制，要继续巩固完善。

高州县家庭联产承包责任制于1981年已基本完成，全县包产到户的生产队有9623个，占生产队总数的89.7%；包产的农户82621户，占总农户的86.8%。为进一步巩固完善家庭联产承包责任制，1983年11月县委作出《关于搞好责任田调整工作的意见》，1984年3月作出《关于坚决贯彻中央一号文件精神延长责任田承包期限的意见》，把责任期由6年延长到15年（即从1984年到1998年），山林承包期调到30年。这次调整责任田贯彻"大稳定，小调整"的原则。做法概括地说是"承包期长15年，五年一次小抽补，减人抽粮不抽田，增人补田或补粮，抽补有余库存好，抽不够补田分摊"。为做好调整责任田，县委抓开好"三个会"：一是以区为单位的乡干部会，学习文件，落实本区的方

案；二是以乡为单位召开生产队骨干会，制订本乡的方案；三是生产队群众会，确定本队的方案，统一思想后签合同。以根子区的根子乡为试点，取得经验后在全县铺开。1998 年，再将土地承包期调至 30 年，在承包期内，农户对承包的土地享有经营使用权、收益权、继承权、转包转让权、互换和入股权。责任田的调整，增强了农民对土地增加投入的信心，促进了农村专业化分工和多种经营的发展，家庭联产承包责任制的进一步完善，缓解了土地对农民的束缚。在推行家庭联产承包责任制的同时，县委贯彻落实中央有关文件精神，改革购销体制，提高农副产品收购价格，取消生猪、三鸟、水产品、木材以至粮食等农产品的统购派购，放开经营。这些农村经济体制的改革取得显著成效，农民的收入大幅增加。全面实行家庭联产承包责任制的第一年（1981年），全县稻谷平均亩产 336 千克，比 1978 年增长了 27.8%，1996 年实现了稻谷平均亩产"吨谷市"的目标；实行家庭联产承包责任制的第一年和再次调整土地承包期的 1998 年，农业总产值分别为 25932 万元（当年价，下同）和 522116 万元，为 1978 年的 1.43 倍和 28.79 倍。农村经济体制改革，促进了农、林、牧、副、渔的全面发展，改变了"以粮为一"的布局，为农业产业结构的大调整和农业产业化打下了基础。

二、城镇经济体制改革

随着农村经济体制改革的顺利进行，城镇的工商业体制改革也被中共高州县委提上了议程。1982 年下半年，根据党中央和上级党委的部署，县委开展对城镇工商企业进行整顿，主要是挖潜提高经济效益。县成立了以县委、县政府主要领导为负责人的企业整顿工作领导小组，以加强对该项工作的领导。1984 年 10 月，中共中央作出《关于经济体制改革的决定》，县委迅速贯彻和部署，成立了县体制改革办公室，领导开展城镇经济体制改革。1987 年 10 月，县成立了综合体制改革领导小组及办公室，领导全县城乡的经济体制改革。1990 年 10 月，县委、县政府发出《关于进一步完善企业承包经营责任制若干问题的通知》，推动企业承包经营责任制的健康发展，以打破单一的所有制，使之形成国有、集体、个体、私营等多形式并存、共同发展的格局。

（一）全面铺开对工商企业的整顿

（1）整顿企业领导班子，把一批有革命精神、年轻力壮、懂技术业务和经营管理的人才，提拔到各级领导班子及关键岗位。县经委系统提拔了 23 名骨干到领导岗位，他们在这些岗位上发挥了重要作用。

（2）改进企业的经营管理。建立全面计划管理制度，使企业的生产、技术、产品质量、劳动工资、供销、成本等的目标管理同全面计划管理结合起来，以提高经济效益。

（3）整顿劳动纪律。制定企业的职工守则，按照守则对职工进行劳动纪律教育，并做到遵纪守法者奖、屡教不改者罚，以严明纪律。高州化肥厂整顿厂纪厂风，表彰了 12 名先进职工，除名了 5 名违法违纪人员。

（4）建立职工代表大会制。企业成立职工代表大会机构，全程监督企业的决策、生产等全过程；民主评议企业负责人，民主选举产生新的领导，行使主人翁的权利。

（5）向下放权。坚持在党委领导下，给厂长（经理）更大的权限。厂长（经理）对企业的日常生产、行政工作有指挥权，使之有职、有权、有责，形成以厂长（经理）为首的统一生产经营指挥系统，快速有效地处理日常生产和经营活动中的问题，提高工作效率。

（6）开展增收节支活动。为降低产品成本，完成企业的经济目标，在全体职工中开展增收节支活动，从物资消耗、能源消耗进行点滴节约，尽量减少企业的各项费用支出等着手。由于有全体员工参与，该项活动取得丰硕成果。高州化肥厂一年节约用电8.5万度，降低原材料成本20多万元；高州电池厂减少各环节费用，每月节约2.5万元。

（7）精简人员，充实一线。为提高企业工作效率，精简非生产性人员，充实到生产一线，以节约行政成本，仅县财贸系统就精简了150多人，充实到各企业一线的生产岗位。高州造纸厂行政机构由5个压缩为2个，压缩了正、副车间主任8人回到生产一线。

（二）推行经济责任制

根据责、权、利相结合，坚持国家、企业、个人三者利益相统一和坚持职工劳动报酬与劳动成果相联系的原则实行经济责任制。高州县推行经济责任制分四个阶段。

1. 立足改革试行的多种经济责任制

1985年，县委、县政府贯彻中共中央《关于经济体制改革的决定》、国务院《关于进一步扩大企业自主权的暂行规定》，做好企业内部管理，试行五种形式的经济责任制和放开"八权"。

五种形式：一是对利润较大、经济效益稳定的企业，由县相关主管部门共同下达计划指标，企业实现的利润则按第二步利改税方法计算应交所得税和企业留利；二是对生产能力较大，而推销产品任务较重的企业，采取联销计利、联利计奖的方式；三是对生产定额较准、产品品种不多，且有一定计件基础的企业，采取计件工资、联销兑现的方式；四是对微利或接近亏损的企业，采取定额上交所得税后，利润实行奖金与积累比例分成；五是对亏损企业，核定亏损额，实行减亏分成。在县经委系统中，第一种有6个企业，第二种有2个企业，第三种有1个企业，第四种有 10 个企业，第五种有 3 个企业。这五种形式的经济责任制都取得了较好成效，提前一个月完成生产任务，实现产值、利润、税金同步增长，分别比 1984 年增长 44%、39%、18%。

放开"八权"：一是在党委领导下，给厂长（经理）行政管理权；二是给厂长（经理）自行组阁人事权；三是允许企业有经营决策权；四是允许企业决定工资分配形式和资金发放，拥有收益分配权；五是允许企业有产品销售自主权；六是允许企业对部分固定资产的购置或调拨处理权；七是允许企业根据生产需求有招工权；八是允许企业按《职工奖惩条例》进行奖惩和晋级权。经过放权，企业有了更多的自主权。

2. 调整充实和试行的经济责任制

县委、县政府经过前面试行的经济责任制调整，剔除不合理因素，补充不完善地方，于 1986 年上半年，试行三种新形式的经济责任制。

一是对基础较好、利润较大、经济效益稳定、产供销较平衡的企业，由县相关部门共同下达计划指标，企业累计实现利润，按第二步利改税方案，计算应交所得税和企业留利。若企业累计实现利润超过下达利润计划的，可按超计划部分利润在所得税前提 20% 作职工奖金，其余部分并入计划利润一起计算应交所得税和企业留利。这种形式县经委系统有 9 家企业。

二是对微利或接近亏损、产供销不平衡，但仍有潜力的企业，采取定额上交所得税，税后利润实行国家、企业、职工按比例分成。如有归还专项贷款任务和未弥补亏损的，税后利润分配给国家的部分可作归还专项贷款和弥补亏损。这种形式县经委系统有 10 家企业。

三是对亏损企业实行核定亏损额，减亏分成，超亏扣发基本工资。这种形式县经委系统有 3 家企业。

3. 以包求活，试行"保三块"的承包责任制

为克服前面试行经济责任制的缺陷，1987年，县委、县政府试行"保三块"的承包责任制。"保三块"即调整利润计划不能低于原计划488万元，在保证这个指标的前提下，增长工资可列入销售成本；按原下达的全年归还专项贷款和弥补上年亏损的指标180万元不能减少；保证完成全年上交所得税70万元的任务。在完成上述三个指标的基础上，采用三项灵活措施：一是合理调整利润计划和税后留利分配比例；二是企业积极推行计件工资和各种承包；三是正确处理好干部与工人在利益分配上的差距，合理解决职务补贴。经过试行这种责任制，全年的利润、所得税和补亏还贷比县政府规定的三个目标指标均有所增加。

4. 整顿、治理后推行的厂长（经理）任期目标承包责任制

1988年10月，中共高州县委召开六届三次全体（扩大）会议，贯彻十三届三中全会提出的"治理经济环境、治理经济秩序、全面深化改革"方针和省、市有关会议精神，对全县的经济工作展开了治理、整顿。在治理、整顿中，县委进一步深化对企业的改革，推行厂长（经理）任期目标承包责任制，任期三年，实施全员风险抵押机制，全面推行工资总额与经济效益挂钩。对各项承包合同进行认真审计，经营效果好的企业按合同兑奖，差的照章处罚；经营不善不完成合同的，则妥善解除合同，通过招标选聘，重新确定经营者。还允许企业间进行承包、兼并、租赁、拍卖等，发展横向联合。对工资总额与经济效益挂钩的做法是：准确核定工资总额基数和挂钩的效益基数，核定工资总额随经济效益上下浮动的比例，按劳动效率的高低和贡献大小来确定劳动报酬，积极实施计件工资或定额工资。这使得企业经营机制更有活力、更有成效地运行。1990年，县经委系统有10家企业超额完成承包产值指标，有15家企业超额完成承包税利指标，有7家

企业职工收入比上年有所增长。

（三）放开小型企业

小型企业存在着资金不足、经营缺乏灵活性等问题，造成业务越来越不景气，企业营业额和利润大幅下降，职工待遇差。为解决这种状况，县委、县政府采取对小型企业放开政策，对8万元以下的独立核算的小型企业，用三种形式进行放开，以增强这些企业的活力。第一种是国家所有，集体经营，照章纳税，自负盈亏；第二种是转为集体所有，集体经营，照章纳税，自负盈亏；第三种是租赁给职工集体或个人经营。商业系统首期放开的小型企业有27家。经过放开后，面貌发生了显著变化，职工的积极性被调动了起来，人人关心企业成果，个个想方设法做活生意，扩大了服务项目，提高了服务质量，效益提高了，职工奖金也大幅增长。东风饭店的营业额每天比放开前提高了3倍，钟表商店的职工奖金1个月比放开前9个月还多。

（四）实施一业为主综合经营方针

在经营方式上，允许企业做好主营业务的同时，积极开展兼营业务，以提高企业经济效益和增强企业抗击市场风险能力。高州农机三厂主业务是农机修理，后发展了农机制造业务；高州灯泡厂以生产灯泡为主，又发展了生产日用玻璃和铂金电阻；高州工业品公司兼营农副产品，高州副食品公司兼营工业品，高州饮食服务公司兼营副食品和百货等。据不完全统计，各企业兼营的品种达1.2万多种，金额超千万元。鼓励"坐商"搞好业务的同时大搞"行商"，走出去，送货上门。高州纺织品公司、高州百货公司长期派小汽车携商品巡回各地批发、零售，销售金额1985年达70多万元。1989年，县城"坐商"组织送货下乡71次，销售金额160多万元；1990年，送货下乡达1116人次，销售金额达701万元。这些都给企业带来了丰硕的收益。

（五）推动横向经济联合

为优化全县工商业资源，促进全县的经济发展，1987年2月，高州县人民政府下发《关于推动横向经济联合的若干问题的规定》，支持和鼓励企业发展横向经济联合，以达到扬长避短、互利互惠、共同发展的目的，在土地使用、基建、电力、税收等方面给予优惠政策。全县企业纷纷"走出去"，积极开展横向联合工作，建立横向联合关系。1987年，县经委系统工企业先后与全国15个省、33个市的105家企业和37所大专院校、科研单位及28个外贸公司建立了经济协作关系，签订协议213项，总投资2.13亿元，引进外资0.83亿元。县财贸系统建立了横向经济联合单位，1987年有246个，1990年达636个。建立横向经济联合的企业，在互相促进上起到很大作用。高州橡胶厂与上海中南橡胶厂搞联营，在中南橡胶厂的帮助下，高州橡胶厂进行技术改造，扩大了自行车内外胎的生产。合作后生产的"飞蝶牌"自行车外胎，先后获化工部优质产品奖、广东省优质产品奖，被评为国家A级产品，畅销中南地区，企业的产值、利润、税收同步增长，成为茂名市的名优企业，1988年获得"广东省先进企业"称号。高州铸造厂与西德德朗公司联营成立高朗有限公司，当年即实现了产值、税利、创汇等翻番的目标，被评为"广东省先进外资企业"，获"金钥匙"奖。

（六）鼓励发展私营企业和个体工商业

为贯彻落实党中央、省关于发展私营企业和个体工商业的指示精神，1983年中共高州县委在全县三级干部会议上，就发展个体工商户问题作专题讨论，并作出大力支持其发展的决定，放宽对个体工商户的限制，实行"三放宽"（放宽个体经营者领照对象、放宽经营范围、放宽经营方式，不限一照一人，允许一照多人），以实现国营、集体、私营、个体齐上，多种经济成分、多种渠道、多种形式经营的经济格局，推动高州经济的发展。1983
年，全县的个体工商户发展到 7257 户，从业人员 9704 人，并成
立了高州县个体工商劳动者协会，在各镇（区）成立了 27 个分
会。1987 年，县委、县政府在《充分调动各方积极性振兴我县工
业的有关规定》中强调，要鼓励多种经济成分发展，积极支持多
渠道发展工业。1988 年，县委、县政府先后颁发《关于鼓励发展
私营工业的暂行规定》《关于外商投资办企业的规定》《关于鼓励
外地单位（个人）到高州办企业的若干优惠措施》等，大力扶持
私营企业和个体工商业的发展。是年，个体和私营企业发展到一
个高峰阶段，全县有注册个体工商户 30651 户，从业 39304 人；
私营企业 821 户，从业 10043 人；三资企业（中外合资经营企业、
中外合作经营企业、外商独资经营企业）33 户，从业 2739 人。
1989 年，由于国家对国民经济进行整顿治理，实行对经济宏观调
控，全面整顿 1986 年以来成立的企业及抑制不良的固定资产投
资，对党政机关及团体办的企业实行人财物脱钩，压缩固定资产
投资，以及受到国际市场的影响，私营企业及个体工商户受到波
及而有所萎缩。1991 年才进入较为稳定发展时期，全县个体工商
户恢复到 24072 户，从业人员 32186 人；私营企业 468 户，从业
人员 7023 人及雇工 8303 人。这些企业的产值由 1983 年的 4978
万元，增长到 1991 年的 30907 万元，增长 6.2 倍；个体工商户的
社会商品零售额占全县社会商品零售总额的三分之一。私营企业
和个体工商户的发展，对全县的经济发展起到积极的推动作用。

第三节 撤县设市

1993 年 6 月 28 日，民政部批复广东省人民政府，经国务院批准，同意高州撤销高州县，设立高州市（县级）。

12 月 17 日，高州市 1.1 万多名市民在市委广场隆重举行撤县设市暨 30 项工程剪彩奠基庆典大会。中共中央政治局原常委宋平，全国人大常委会副委员长王光英，中共广东省委常委、组织部部长傅锐，中国人民解放军广州军区空军副政委朱伯儒，国家、省直机关领导和茂名市主要领导以及各界来宾、港澳同胞共 200 多人应邀参加大会，受到高州市五套班子成员和与会 1.1 万多名高州市民的热烈欢迎。

庆典大会上，王光英致贺，接着，中共高州市委、高州市人大常务委员会、高州市人民政府、高州市政治协商会议委员会衔牌揭幕仪式隆重举行。

市委主要领导代表市委、市政府致欢迎词，并向来宾们介绍了全市各级领导解放思想，坚持以经济建设为中心，真抓实干，同时坚持"两手抓""两手都硬"，带领全市百万人民大搞开发性农业，大力振兴工业和第三产业，使全市工业、农业和第三产业快速发展，取得的历史性成就。

傅锐及中共茂名市委书记肖贤成等分别在大会上讲话，对高州撤县设市以及解放以来，特别是改革开放以来取得的巨大成就，跻身于全国 101 个明星县（市）的行列，表示热烈祝贺，并对高州撤县设市后的发展提出了新的要求和希望。

撤县设市有利于增强经济工作的自主权，设市后根据城市的职能和格局，确定本地区的社会、经济发展的规划，并可以直接与省有关部门联系，大大减少原来县建制的许多中间环节，从而提高各方面的工作效率；有利于增强高州的凝聚力，稳定和吸引更多人才；有利于提高高州的知名度，吸引更多的外商前来经商办实业，恢复其在粤西地区的政治、经济、文化中心的地位；有利于带动农村经济发展，高州城将以一个农村小城镇向中等城市的方向发展，从根本上改变原来的发展格局，增强对农村的辐射，推动全市经济的发展，带动农村的城市化、工业化，逐步缩小城乡差距，不断提高人民的生活水平。

江泽民视察高州

2000年2月19日，中共中央总书记、国家主席、中央军委主席江泽民来到高州视察，第二天，又出席高州市领导干部"三讲"（讲学习、讲政治、讲正气）教育大会作重要讲话。在高州期间，江泽民深入农村考察，入荔林，植荔树，访农家，与基层干部座谈，巡视市容市貌和城市建设，孜孜不倦地为党和国家的前途和命运操劳着，给高州人民留下了永不磨灭的印象，高州人民不会忘记，历史也将永远铭记。

一、深入镇、村调研

2月19日下午3时许，江泽民抵达茂名，一下火车，就转乘中巴直奔高州，视察高州东部20万亩荔枝带。一路上，荔林献绿，新楼迎客，景色如画。中共茂名市委书记王兆林在车上向江泽民汇报了茂名和高州的社会、经济发展和历史文化情况。

到达根子镇观荔亭，江泽民从车上走下来，一边观赏荔林，一边听取中共高州市委书记邹继海的汇报。南国春早，漫山遍野的荔枝树梢头缀满了花蕾，万头涌动，花光点点，江泽民看得兴致勃勃。邹继海汇报了高州改革开放以来，大搞山区综合开发，发挥地方资源优势，发展"三高"（高产、高质、高效）农业，种植荔枝、龙眼、香蕉，增加农民收入，改善农民生活的情况。20年来，高州已经种植水果160多万亩，1999年全市水果收入达

27亿元，根子镇农民人均荔枝收入5000多元，其中柏桥村农民荔枝收入达7000多元。农民家家户户有果树，收入增加，逐步富裕起来，盖起了很多新楼房。江泽民听说农民家家户户有果树，高兴地说："了不起，你们作出了贡献。"并关切地询问是如何把山地分到户的，邹继海详细地作了回答。江泽民答应了高州市领导人植树要求，与陪同考察的中央、广东省、广州军区领导人李长春、曾庆红、卢瑞华、刘书田、黄丽满、蔡东士等种下了一棵荔枝树。后来这棵荔枝树被称为"中华红"。

从观荔亭下来，江泽民来到元坝村探访农家。当江泽民来到村民吴礼明家门前，吴礼明一家早已在门口迎接江泽民。进门的时候，江泽民见吴礼明妻子抱着不满一岁的孙子吴泽成长得十分可爱，立即抱过来亲了一口。江泽民如此平易近人，一下子就把领袖和群众的距离拉近了。江泽民和吴礼明夫妇坐在一起拉家常、询问他们家的情况，吴礼明一一作出回答。屋里不时爆发出阵阵愉快的笑声。

从吴礼明家出来，江泽民回到高州，下榻观山，与陪同考察的地方领导同志欢度元宵。

二、召开市、镇、村三级干部党建工作座谈会

2月20日上午，江泽民一行来到高州市孙中山纪念堂，在会议室亲自主持召开有市、镇、村干部30余人参加的党建工作座谈会。在听取当地干部的汇报后，江泽民提出"当前群众最关心的是什么""群众最希望我们党组织做什么""基层党组织建设到底怎样搞"等问题，请大家畅所欲言。在听取大家的发言时，他一边认真记录，一边不时插话发问，他问道："据你们了解，现在基层党员对我们党的理想、共产主义信仰到底怎样看，有些什么想法？"并指名请高州的市长、书记和茂名市委书记回答。最后，

江泽民作了讲话。他说："我作为党的总书记，总在想有关党的问题。在新中国建立之前，掌握政权的是国民党，但最后被我们打垮了。我们靠什么？就是靠老百姓的支持。"他引用东欧剧变的例子讲了基层党建的重要性。江泽民指出，基层党的建设是我们党的工作基础，"基础不牢，地动山摇"。他勉励大家兢兢业业地做好工作，搞好团结，带领群众发展生产，走致富之路。他还谈到了关于社会主义是相当长的历史时期问题，关于完善基层选举问题，并对西方的选举进行了剖析。座谈会历时约两个小时。

会后，江泽民分别与到会同志，以及茂名市、高州市、地方军分区的各级干部合影留念，并为高州写了"搞好山区综合开发，促进农村经济发展"的题词，勉励高州市创造新的业绩。

三、作"三讲"教育动员

2月20日下午，在高州市礼堂召开有近400名干部参加的"三讲"教育动员大会。江泽民在大会上发表了重要讲话，作为全国县级"三讲"教育的总动员。他着重讲了关于开展这次"三讲"教育的意义、关于搞好县（市）"三讲"教育的要求、关于对做好县（市）领导工作的几点希望等三个问题。他指出：我们要正确应对国内外错综复杂的环境，坚定不移地完成改革和建设的各项任务，必须进一步从思想、组织和作风上把党建设好，改革开放以来，我们的党员、干部队伍的构成情况发生了很大的变化，提出了许多新的课题。我们要使党始终保持工人阶级先锋队性质，始终代表最广大人民群众的利益，始终成为社会先进生产力的代表，始终领导全国各族人民促进社会生产力的发展，始终坚强有力地发挥好领导核心作用，也必须结合新的历史条件进一步从思想上、组织上和作风上把党建设好。他强调：每一个领导干部都应想一想，参加革命是为什么？在领导岗位上应该做什么？

将来身后应该留点什么？他勉励大家做到"四个坚持"，即坚持不懈地加强学习，坚持党的解放思想、实事求是的思想路线，坚持深入实际、深入群众，坚持共产党人的革命气节。江泽民在讲话中首次提出含有"三个代表"重要思想的内容。

四、盛赞冼夫人的爱国主义精神

江泽民在出席高州市领导干部"三讲"教育会议后，继续了解高州城区的历史文化。他看了宝光塔、冼太庙等古建筑。他对冯宝与少数民族通婚，促进民族融合、民族团结很赞赏。他特别赞扬冼夫人说："冼夫人在当时历史条件下，维护国家统一、民族团结的精神很有意义。"称赞冼太夫人为"我辈及后人永远学习的楷模"。随后，江泽民还在广场和群众见面，向群众致意。

当晚，江泽民一行带着对高州的美好印象乘汽车赴茂名，连夜乘火车向深圳进发。

第五节 奋发图强快速崛起

一、工业的发展

（一）工业企业思路的调整

1. 确立"兴工强县"发展战略

1992 年起，根据经济治理整顿工作任务已经全面完成，工业面临发展壮大的新形势，县委及时调整全县工业发展的思路，确立"工业立县""兴工强县"的工业发展战略。1992 年 10 月，县委召开七届五次全体委员会议，开始把工作重点放在抓好工业特别是乡镇工业上，确立"兴工强县"的指导思想，把发展工业摆在发展国民经济的主导地位。抓好工业，带动第三产业发展。从县到镇以及各部门的第一把手，都要集中精力发展工业。要把抓工业作为考核各级领导班子政绩的主要内容。

同时，县委、县政府按照"兴工强县"的发展战略制定招商引资优惠措施，制定完善激励人才、引进人才的政策。加大招商引资力度，实施"回归工程""领雁工程"，抓好龙头骨干企业发展。

2. 狠抓乡镇企业发展

县委、县政府领导非常重视乡镇工业企业的发展，先后多次召开会议，组织乡镇领导和县直各部门的领导前往廉江、化州、电白和罗定、云浮等地参观学习，确立"工业兴县""工业立镇"

的指导思想，要求各部门、各单位要为乡镇工业发展大开绿灯，积极扶持一批基础好的乡镇企业大搞技术改造，促其尽快上规模、上档次。全县要打好"百家企业会战""花岗岩板材开发会战""兴办三资企业会战"三大战役，采取切实有效措施发展一批骨干工业项目，开发一批高科技产品和拳头产品，努力加快全县工业发展步伐。各乡镇领导也纷纷行动，到外面"跑商场、跑科场、跑官场"，找资金，找项目。同时，对现有的乡镇企业大搞技术改造，强化内部管理，向科技、向管理要效益。

（二）大力推进工业龙头企业和工业卫星镇工作

2000 年以来，市委、市政府把培育特色工业龙头企业和工业卫星镇工作作为加快工业化进程、培育新的经济增长点的战略措施来抓，加强领导。2000 年 2 月，成立了高州市特色工业龙头企业和工业卫星镇工作领导小组，下设办公室。经市政府批复，确定广东省十八宝医药保健有限公司、高州橡胶厂等 8 家企业为高州市首批特色工业龙头企业，石鼓镇、长坡镇、金山（区）、荷花镇、南塘镇 5 个镇为首届特色工业卫星镇。为促进特色工业龙头企业和工业卫星镇上规模、上效益、上水平，加快发展步伐，还分别制定了工业龙头企业和工业卫星镇三年发展规划、发展目标，包括发展速度（实现工业总产值及销售收入增长目标和实现税收增长两大项），相应出台了扶持政策和激励措施，先后制定了《关于扶持特色工业龙头企业发展的意见》《关于扶持特色工业卫星镇发展的实施办法》《关于特色工业龙头企业考核奖励办法》《关于特色工业卫星镇的实施考核及奖励办法》，做到有发展计划、有奋斗目标、有考核制度、有奖励措施。

（三）发展私营企业，推动工业企业发展

随着经济体制改革深入，县委充分肯定了个体私营经济是国民经济的重要组成部分，发展私营工业企业，是地方经济新的增

长点，是富民强市的重要途径。按照市场主体多元化的要求，大力支持和鼓励私营工业企业的发展。1992 年 5 月，县政府制定了《关于鼓励发展私营工业的暂行规定》等系列规范性文件，明确了发展私营工业的政策，帮助私营工业企业筹集资金并给予减免税收优惠，保护私营工业企业的合法权益，为兴办私营工业企业提供良好的外部环境。

1994 年，市委为进一步鼓励私营工业企业的发展，采取各种有力措施。一是加强党的私营经济政策宣传力度，使之家喻户晓、深入人心。通过政策交底，消除私营企业主的种种思想顾虑，大胆发展。二是大力表彰有突出贡献的个体私营企业主，树立榜样，以典型引路，推动全面发展。每年市、镇都召开一次评先进活动。1994 年 11 月，市政府召开全市首次私营经济工作会议，会议通报表彰了高州市银江企业集团等 143 家私营企业，其中高州市银江企业集团、高州市解元工艺厂两家企业获得私营企业金奖。这对私营企业主起到极大的激励作用，促进了私营工业企业的发展。

同时，市、镇两级政府成立了发展私营经济领导小组，由一位领导专抓，领导小组成员来自各经济管理职能部门。建立和健全市、镇两级的个体私营企业协会、工商联、商会、民间企业家工会等组织。工商行政管理部门作为负责个体私营企业日常工作的主管部门，认真落实党和国家对个体私营经济发展的方针政策，适度放宽个体私营经济的经营范围，采取具体措施解决私营企业发展中遇到的"三难"（贷款难、征地难、办事难）、"两乱"（乱收费、乱摊派）问题。市委、市政府对那些扭亏无望的国有集体企业，支持和鼓励私营企业主购买国有集体企业。如顺发皮件厂的私营企业主周志新购买了高州市针织厂，农业委员会放下了包袱，周志新扩大了经营，使原厂职工继续就业，产生了良好的经济效益和社会效益。1998 年初，外贸部门了解到美国经济增长放缓，销往美国的手套可能减少及降价的消息，以及联系欧元回升的趋势，指导部分老板立即赴欧洲考察，与德国等客商签下大批订单。

由于市委、市政府及市工业管理部门积极帮助私营企业做好外引内联工作，政府搭台，私营企业唱戏，组团参加展销会、洽谈会或交易会，推介自己的产品，拓宽开辟市场的渠道，均取得较好的效果。私营企业发展迅猛，至 2002 年底，全市有 400 多家皮制劳保手套生产私营企业，年产量达 2500 万打，占全国皮手套出口量的 40%，高州市被誉为"全国皮手套第一市"。角雕、玉雕、铸铁等创汇型企业方兴未艾，蓬勃发展。如解元工艺厂生产的玉石综合雕和宝石画闻名海外，产品畅销欧洲、北美和东南亚等 10 多个国家和地区，成为市出口创汇大户。

市委、市政府还实施"回归工程"，通过发动高州外出务工经商成功人士回到家乡投资办企业，也促进了私营企业的发展。至 2002 年底，全市私营工业企业已经成为工业生产的主力军，私营企业达到 3000 多家，从业人员近 20 万人，其中年销售额 5000 万元、上缴税金 150 万元以上的工业企业就有 10 家。

（四）兴办工业园区

改革开放后，随着外引内联战略的实施，高州境内兴办的工业项目越来越多。为更好地解决新办工业项目对用地、劳动力等方面的需求，形成集约化、规模化的工业基地，县委开始考虑兴办工业园区。

1992 年 4 月，县五套班子领导成员会议研究县经济开发区规划建设问题，会议决定在泗水镇的陈垌、板桥、米塘、西塘管理区，分界镇的金竹山管理区和石鼓镇的里麻、上坡、鹤山管理区范围内，建设金山经济开发区，控制面积 40 平方千米，首期开发 10 平方千米，第一步开发公路轴线两旁土地。同时，成立金山经济开发区管理委员会，部署开展园区"三通一平"（水通、电通、道路通和场地平整）前期工作。1992年6月6日，茂名市人民政府批复同意高州县兴办经济开发区。1993年6月22日，经广东省人民政府批准，同意高州金山经济开发区立项建设。由此拉开了高州工业经济园区开发建设的帷幕。

为鼓励县内外投资者到金山经济开发区投资办实业，加快金山经济开发区建设，县政府于1992年5月印发《关于鼓励外商及国内单位个人到金山经济开发区投资兴办实业的若干规定》和《关于鼓励镇（乡）县直单位个人到金山经济开发区投资办实业的若干规定》两份文件，明确了对投资者的各种优惠政策。

金山经济开发区的优惠政策出台后，国内外的投资者纷至沓来。据统计，至1993年3月，开发区已吸引了来自海南、深圳、珠海、阳江、茂名、台湾、香港等城市、地区以及电白、化州、信宜、茂南区、徐闻、海康、吴川等县区120多家客商、单位、个人到开发区购地兴办企业。在建或计划立项筹建的合资企业和高新技术项目有化纤染织、丝绸针织，果蔬急冻脱水，彩色印刷等，投资总额192724.6万元。

1996年8月，为提升金山经济开发区的地位，提高办事效率，市委决定把开发区与金山街道办事处合署办公，实施一套人马、两个牌子的运行架构。辖区人口4.1万多人。

2000年，市召开加快工业发展动员会后，市委、市政府为进一步加快金山经济开发区的建设，优化投资环境，于当年10月出台了《高州市金山经济开发试验区投资优惠办法》，对土地使用、税收等作出了更加优惠的政策，并成立金山经济开发区企业管理服务中心，专门为投资者和企业提供优质服务。同时，加大招商引资的力度，专门成立了招商引资小分队，通过"走出去"的形式，主动到珠三角及港澳地区招商，吸引了大批客商落户金山，

成功引进皮革、服装、化工、铸造、农产品加工等系列企业 17
家，引进资金 1.8 亿元。

从 2001 年起，金山经济开发区掀起了新一轮发展潮，建设上
规模的工业园区，加快推进外向型经济的发展。2002 年，街道工
业总产值 10 亿元，出口创汇 7.1 亿元，实现税收 2000 万元，分
别比 2001 年同期增长 25%、97%、67%，获得市委、市政府颁发
的"发展工业奖"。

除了抓好金山经济开发区的建设发展外，市委要求全市各个
镇（区），有条件的都要规划地皮，建立乡镇工业区，"筑巢引
凤"或"引凤筑巢"，吸引企业到工业园区落户，利用工业园区
加快招商引资兴办工业项目。

石鼓镇率先行动，利用本镇交通和基础设施比较完善等优势，
先后在九罡林场和镇东区建设了两个工业区，开发为石料板材加
工工业区和塑胶加工工业区。

石鼓镇在认真总结上述两个工业区建设经验的基础上，以加
快工业区建设，形成区域化经济优势为目标，确定工业区的布局。
1994 年，新建低坡皮革加工区、西基山造纸工业区、镇南手套皮
鞋加工区。1995 年，5 个工业区实现产值 2.8 亿元，占全镇工业
总产值的 70%，比 1994 增长 90%。

2002 年，市委决定在办好金山工业园区的同时，采取"谁投
资，谁受益"的办法，多方筹措资金搞好金墩工业园区的基础设
施建设，尽快把它建设成为第二个市级工业园区。

长坡镇、分界镇、大井镇充分利用中心镇的优惠政策，搞好
基础设施建设，力争各自兴建一个具有一定规模的工业园区。南
塘、镇江、祥山、荷花等有条件的镇，也依托国道、省道，抓紧
规划建设工业园区，吸引工业企业集中连片发展。据统计，2011
年，全市有一定规模的工业园区 3 个，总面积达到 3.8 万亩，其

中已开发 7100 亩，全市有工业企业 2572 个，工业总产值 138.63 亿元，其中工业园区完成工业总产值 44.5 亿元。

二、农业的发展

高州地处粤西地区，由于区位因素和初始条件的限制，发展工商业很难与珠江三角洲竞争，所以高州根据自己的资源优势和市场需求的变化，在战略上选择大力发展农业，在全国范围内较早开始"三高"农业生产，创造了独具特色的农业致富的经济发展模式。

在发展"三高"农业的过程中，高州以水果为龙头，采取了区域布局与结构调整相结合的方式，以市场为导向，以流通为中心，以科技为动力，走农业内涵发展和综合开发的道路。一方面，打破原有的零星分散经营的格局，推进区域化的布局经营，实现了基地化生产，有效地克服了小生产的局限性；另一方面，不断推广优良品种，提高科技含量，面向市场调整种植结构，适应了经济社会发展的需要，从而改变了传统的农业构架和功能，扭转了传统农业技术落后、商品性低、结构和功能单一的局面，赋予了农业以新的特性和功能，大大提高了农业的经济效益和农民创收的功能，扭转了"高产穷县"的落后状况。高州已经形成了东部连片 70 万亩的荔枝生产基地，西部 47 万亩的龙眼生产基地，中部 32 万亩的香蕉生产基地以及在其他区域分别形成了生猪、淡水鱼、山地鸡、橡胶、北运菜、粮食生产基地。据统计，1998 年全市水果面积已达 156.6 万亩，荔枝、龙眼、香蕉等各种水果总产量达 54 万吨，产值 18.7 亿元，仅水果一项全市农民人均收入就达 1600 元。其农业产值连续 6 年名列广东省第一位，进入了全国百强县的行列，成为名副其实的全国水果第一县（市）。时任中共中央政治局委员、广东省委书记李长春赞誉高州为"广东省山区开发的一面旗帜"；2000 年 2 月，中共中央总书记、国家主席、中央军委主席江泽民到高州调研、指导"三讲"，为高州题词"搞好山区综合开发，促进农村经济发展"，勉励高州在新世纪里继续作出新贡献。

经过近 30 年的发展，高州农业发生了巨大变化。据统计，2011 年，全市农业总产值达 130 亿元，是 1978 年的 71 倍；全市水果面积达 134.24 万亩，总产 104.95 万吨，产值 43.6 亿元，分别是 1978 年的 22 倍、420 倍、2907 倍；全市蔬菜面积 29.89 万亩，总产 59.62 万吨，分别是 1978 年的 8 倍、19 倍；山地亩产产值由 1978 年的 14.5 元增加到 2011 年的 2810 元，增长了 194 倍；农产品商品率由 1978 年的 32% 上升到 2011 年的 98%，是改革开放前的 3 倍；农民人均纯收入 2011 年达 8218.2 元，是 1978 年的 51 倍。农业生产和结构调整实现了由"以粮为纲"转为"以粮为基，以钱为主"、以绿化荒山为主转为兼顾绿化的经济效益林为主、由传统粗放管理向科学种田的三大转变。

三、商贸旅游的发展

（一）促进第三产业发展的部署

第三产业是指第　、第二产业以外的其他各行业。加快发展第三产业，可以促进市场充分发育，提高服务的社会化、专业化水平，有利于进一步扩大开放，促进商品流通，优化国民经济结构，有利于缓解日益严峻的就业压力，适应人民群众日益增长的物质和文化生活的需要。

1985 年，县委根据"开放、改革、搞活"的方针，努力推动第三产业的发展，把它纳入城镇经济体制改革的重要内容，提出建立开放式、多渠道、少环节的流通体系，千方百计搞活流通；在发挥国营商业和供销社的主渠道作用的同时，鼓励支持个体私营企业参与农产品流通；加快农贸市场和专业市场的建设。

1992 年 10 月，县委召开全委扩大会议，传达贯彻全省第七次山区工作会议精神，通报全县一年以来的主要工作情况，研究在"八五"期末（1995 年）实现小康问题。会议认为，高州改革开放以来，大力发展"三高"农业，在第一产业已经取得了可喜的成绩，但是在第二、第三产业发展等方面离实现小康目标仍有较大差距，尤其是在第三产业方面，与珠三角等发达地区相距甚远。根据省委、省政府《关于加快发展第三产业的实施意见》有关精神，必须加快发展第三产业，要三大产业一齐抓。"八五"期间重点抓好商业贸易，促进商品流通，培育金融保险市场，发展公用事业和人民生活服务等行业，把投资少、收效快、效益好、就业容量大与经济发展和人民生活密切的行业，放在发展第三产业的重要位置；把第一、第二产业产前、产中、产后服务的行业，为国民经济发展全面性、先导性的基础行业作为第三产业的重点来抓。运用市场机制推动第三产业发展，加快商业、金融体制改革，大力推进交通、通信等基础设施建设，积极发展旅游业。同时，鼓励机关精简人员、企业富余人员以及城镇待业人员、农村剩余劳动力参与发展第三产业。争取到"八五"期末，全市第三产业总产值由 1992 年的 6.74 亿元增加到 11.87 亿元。经过全市人民的共同努力，第三产业取得较大进展，到 1995 年底，全市第三产业产值达 17.48 亿元，全社会消费品零售总额 16.7 亿元，城乡集市贸易成交额 8.2 亿元。以饮食、旅游业、文化娱乐为重点的第三产业投资明显增加：一批规模较大、管理较好、效益较佳的宾馆、酒店和娱乐场所相继投产，有力地改善了高州市的投资环境，丰富了城乡居民的文化生活。

1998 年 3 月，市委为确保完成"九五"发展计划任务，对第三产业发展提出三大任务：一是不断提高对外开放水平，促进对

外经济贸易发展；二是大力开拓市场，搞活流通，保持物价基本
稳定；三是培育新的经济增长点，加强财税管理，增加财政收入。
由于市委按照第三产业各行业的方针政策和既定的目标任务开展
工作，推动了全市第三产业发展。至 2011 年底，全市第三产业产
值从 1978 年的 0.67 亿元增加到 148.95 亿元，增长 222 倍；第三
产业产值在全市地区生产总值的比重，从 30.7% 增加到 46.1%。

（二）加快商业贸易改革，搞活商品流通

改革开放后，县（市）商业贸易部门按照县（市）委的统一
部署，积极开拓市场，深化商品贸易体制改革，加强外引内联，
激活市场，搞活流通。县（市）委重点抓好国有商业和供销合作
社企业改革，尤其加大商业流通领域改革力度。开拓农村市场和
县外市场，把开拓市场、扩大购销作为流通企业扭亏为盈、提高
效益的有效手段来抓。认真贯彻省委、省政府关于进一步搞活流
通的通知以及"经营放开、价格放开、用工放开、分配放开"的
精神，转换企业经营机制，深化劳动用工和劳动工资制度的改革，
继续完善承包责任制。

1. 继续推行"国有民营"的商业门店承包经营模式

商业改革试点单位县饮食服务公司对下属 12 个门店进行招标
承包经营，激发职工的积极性，改变经营策略，增加经营花式品
种。实施"国有民营"见效快，在完成承包任务后，职工个人收
入增加，增强了企业的活力，取得了良好的效果。1993 年起，市
委先后总结推广了市饮食服务公司、长坡贸易公司、新垌贸易公
司等"国有民营"标包门店的经验，按照"商品折价，标包门
店，自筹资金，自负盈亏，照章纳税，确保上缴"的做法，积极
稳妥地在小型商业和微利中型企业推行"国有民营"的承包租赁
经营办法，市财贸系统 798 间小型门店有 708 间实行了招标承包。
经过一年的实践，门店活力大增，经济效益明显增加。

2. 搞活流通

1993 年后，由于取消农副产品统购派购政策，商品市场逐步形成多元化主体、多种经济成分以及多渠道购销并存的格局，国有和集体商业的商品购进额、销售额均有所下降。市委要求要进一步解放思想、更新观念，敢于冲破束缚，用足用活政策，落实具体措施，放宽经营范围和经营方式，鼓励扶持发展多种形式经济。建立多层次、多渠道、多形式、少环节的服务体系，采取多种形式扩大流通。1997 年，国有集体商业停止农副产品购进，个体、私营等社会力量成为商品流通的主体。全市 3 万多农民商人从事农产品的购销工作，把高州每年数百万吨的农产品销售到全国 100 多个大中城市，保证农民增产增收，为高州"三高"农业发展立下了汗马功劳。同时，市工商行政管理部门合理规划，调整布局，建设一批影响力强、辐射力强的各类专业批发市场和农贸综合市场，增设购销网点，强化市场管理，促进了商品流通。

3. 发展对外贸易

调整利用外资结构、出口产品结构和外贸企业组织结构，多渠道招商引资，拓展外贸出口市场，建立出口基地，推行出口代理制，走贸工农结合、内外贸结合，努力提高利用外资质量，促进外贸出口上新水平。1995 年，全市出口贸易总额达到 1611 万美元，完成出口年计划 128%，比 1994 年增加 71.2%。

（三）推动旅游业的发展

1. 做好旅游景点规划和建设

1998 年，市委、市政府决定加快根子贡园景点的规划建设工作。市旅游局主要领导深入根子镇进行调查研究，并与镇委、镇政府组织了柏桥、元坝的村民代表 20 余人专程到广西容县参观学习，参观了"贵妃园"，借鉴该园经验做好根子贡园旅游景点建设。

1999 年，市委、市政府结合创建国家级历史文化名城目标，拟定了《高州市加强文物保护创建国家级历史文化名城总体规划》的修改草案，下大决心加强文物保护和抓好市内各个主要旅游景点的基础设施维修建设，并拟定了相关计划方案：一是将宝光塔、长坡旧城遗址、南皋学舍建成国家级文物保护单位；二是建设好观山、高凉山、浮山 3 座名山；三是维修好一批文物古迹，全市有一大批文物古迹具有很高的历史价值和参观旅游价值，主要有观山寺庵群、小观山庵群、益寿庵、回水庵、宝光塔、文光塔、艮龙塔、冼太庙、革命烈士陵园、沙田起义纪念碑、潘仙祠、兴文桥、思前井、升平寿井、南关街的"尚义名区"石牌坊，以及西岸街道广潭村的"太史第"、曹江镇培坑村的"高力士衣冠冢"等；四是配合建设"城市形象工程"，建设好潘州公园、瀛洲公园、缅茄公园、宝光公园、中山公园、城东文化广场、市委门前广场、笔架山挂榜岭森林公园、城市雕塑、鉴江蓄水美城工程等文化旅游景点，同时抓好全市饭店、宾馆的建设。

2. 加强对全市旅游市场的管理，整顿旅游市场秩序

1996 年 10 月，市政府转发了市旅游局《关于加强我市旅游市场管理的意见》，明确在高州市经营的旅行社，必须取得旅行社业务经营许可证，并按规定缴交旅行社质量保证金后，才能从事旅游业务。旅行社工作人员必须持证上岗，违者，旅游行政管理部门将对旅行组织及工作人员按上级旅游部门有关规定进行处理。1998 年，宣传落实《高州市旅游行业管理暂行规定》，遏制市外旅行社未经市旅游主管部门同意、擅自跨县（市）招客组团的行为，旅游市场的混乱现象有了明显改善。高州市规范地方旅游市场的做法，在深圳市召开的全省旅行社改革会议上，得到了省主管部门领导的认可和各县、市旅游主管部门的支持，在广东旅游界引起共鸣和反响。

3. 组织创新开展形式多样的旅游活动

高州市是广东省历史文化名城，又是"全国水果第一市"，"三高"农业闻名遐迩。1997 年后，市旅游局、市旅游总公司组织中小学生开展市内"乡情、社情一日游"，对少年学生实地进行乡情、社情教育，让学生走出校园，了解高州悠久的历史文化、田园风光以及"三高"农业取得的丰硕成果，开阔视野，愉悦身心。这种旅游方式不但在市内产生了良好的效应，而且在全省各地被大力推广。

1998 起，市旅游局积极贯彻实施省委批示省旅游局开展的"广东人游广东"和"华夏城乡游"活动。

2001 年 3 月开始，市旅游局积极配合市宣传、教育部门和市关心下一代工作委员会做好青少年的爱国爱乡思想教育工作，寓教于游，发动学生青少年参加"沿着江总书记的足迹走"的"茂名人游茂名"活动，继续开展"乡情、社情一日游"活动。2001 年以来，组织参与各种形式旅游活动的中小学生人数有近 3 万人，由于组织得法，各方面普遍反映效果良好。

通过组织开展一系列旅游活动，2001 年，市旅游总公司的旅游营业额达 510 万元，比 2000 年增长 18%；全市旅游经济收入从 1992 年的零收入起，到 2011 年接待游客 241.9 万人次，旅游收入 4.98 亿元。

四、城乡基础设施建设

（一）交通环境全面改善

1. 基础设施建设的规划部署

交通、能源、通信、城镇建设等基础设施建设，关系到高州能否在 10 年内赶上珠江三角洲发达地区现在的水平，能否在 20 年基本实现现代化的重大战略问题。1991 年 3 月制定的高州县

"八五"发展计划，县委把加强交通、能源、通信和城镇建设等基础设施建设列入发展战略重点，并制定出以交通、能源、通信、城镇建设等为重点建设项目的目标，明确措施和任务，推动全县基础设施的改善，为加快经济社会发展创造良好的环境和条件。

1992 年 8 月，县委发出《关于加快我县公路建设的决定》，明确了"八五"期间公路建设的目标任务，要求各镇（乡）、各部门要充分认识加快公路建设的重要性和迫切性，把公路建设作为"八五"期间的一件大事来抓，千方百计完成公路建设的任务。县委、县政府制定符合高州县实际的加快基础设施建设的政策措施，如"以电养电""以路养路""以水养水""谁投资，谁受益"的政策等等。通过多渠道筹集资金，办好一批对增强经济实力和发展后劲起关键作用的重大基础设施项目，以新的面貌迎接新一轮的投资热潮。

1993 年 5 月，县政府转发省政府《关于加快交通、能源、通信基础设施建设的通知》，要求各镇、各有关部门要认真贯彻执行省政府的政策和措施，广辟筹资渠道，继续实行省政府已经制定和出台的"以电养电""以路养路""以桥养桥""以通信养通信"等优惠扶持政策，加快交通、能源、通信基础设施建设。必须抓住当前有利时机，按照"统一规划，条块结合，分层负责，联合建设"的方针，充分动员群众，调动各部门、各方面的积极性，建立和完善加快交通、能源、通信建设的新机制，按经济规律办事，改善投资环境，增强经济发展后劲，争取 10 年基本实现现代化。

1996 年 1 月，市委召开八届三次全体（扩大）会议，总结"八五"时期的工作，提出"九五"时期国民经济与社会发展的奋斗目标和战略措施。同时，制订高州市"九五"计划，根据省委提出 20 年基本实现现代化和"山区要崛起"的形势要求，确定全市基础设施建设的重点项目和建设目标。

1996 年 12 月，市委、市政府召开"九五"期间公路建设达标工作会议。会议决定，"九五"期间市公路建设投入资金 3.2 亿元，建设一级公路 96 千米，二级公路 272 千米。

2000 年，市委提出要抓好"城市形象工程""民心工程"建设，要求重点抓好城区 10 项工程建设，提高城市的绿化、美化、净化水平，共同努力争取把高州建成文明城市。抓紧对历史文物的保护和修缮，认真落实市人大常委会《关于加强文物保护创建国家级历史文化名城的决议》，加快创建国家级历史文化名城工作。

2. 交通道路建设

高州"八五"期间交通建设共需资金 19801.8 万元。除了广东省、茂名市按规定补助资金 8903 万元外，还缺口资金 10898.8 万元。

为筹集这笔公路建设资金，按照县委《关于加快我县公路建设的决定》有关规定，广开门路进行筹集。从 1992—1995 年，每年对民工、18 岁以上的城镇居民、国家干部、职工、输出县外的劳务人员、城镇私营企业及个体劳动者、城乡各种车辆、公路两旁用地户、加油站等收取公路建设建勤代金，还鼓励社会各界捐资筹集公路建设资金。县委发动全县干部、职工、群众、企事业单位、个体户等集资，当年筹集资金 5100 多万元，为公路建设工程打下基础。县委加强宣传教育，"要致富，先修路""路通财通"，号召全县人民积极行动起来，打一场公路建设的大会战。为确保公路建设任务的完成，县成立公路建设指挥部，由市委主要领导担任总指挥。公路沿线镇（乡），任务较重的管理区也要成立相应的指挥协调机构，以切实加强领导，做好宣传、集资、用地拆迁以及施工管理等工作，确保按时按质完成公路建设任务。

在乡村公路建设工作中，各镇政府都非常重视，积极抓好公路建设资金的筹措，抓好工程施工。根子镇委、镇政府千方百计筹集资金，抓好乡村公路水泥硬底化建设，走在全市各镇前面。经过两年的建设，根子镇通往各管理区的公路基本实现了硬底化。新垌镇在市交通局协助下投资 856 多万元，建设长 10.7 千米的安山—联合水泥公路，于 1995 年竣工通车，成为茂名市最长的乡镇水泥公路。

1995 年 11 月，高水一级公路高州路段 13.5 千米，完成四车道水泥路面贯通，同年 12 月 28 日剪彩通车。

国道 207 线引进外资 3 亿元，落实了石仔岭至信宜镇隆 43.5 千米路段的改造工程。其中关键工程红荔大桥经过紧张的施工建设，于 1995 年底已经实现了半幅通车。

1995 年，高州市公路建设达标总计完成二级路路基工程 63.4 千米，铺设水泥或柏油路面 30.6 千米，其中省养二级路改造完成 27.6 千米，完成等级路改造 91.6 千米。全市筹集资金 3158.7 万元，新建乡道 98.6 千米，新建桥梁 8 座共 479.7 米。"八五"期间，高州交通建设取得了辉煌成就，被评为省"八五"交通建设先进市。

1996 年，市委、市政府出台《关于"九五"公路达标问题的决定》，召开"九五"公路达标会议。会议要求 1997 年荔枝、龙眼成熟前必须完成东部荔枝路、西部龙眼路的二级路建设，并号召迅速行动起来，掀起全市公路达标高潮。

1996 年，被市政府列入本届政府后三年工作 10 件大事项目之一的城东客运站建成投入使用。

1997 年，省道素水线一级路改造 12 千米路工程基本完成，并铺设四车道水泥路面 3 千米。被称为茂名市"三高"农业旅游线路、横跨高州市 10 镇（区）的东部"荔枝路"首期 16 千米

（其中水泥路面 8 千米，沥青路面 8 千米）完成高等级路面改造。下半年连接两路的泗水至陈垌路段率先完成二级路高等级路面改造；"龙眼路"石鼓路段、镇江路段、沙田路段进行大规模施工。公路建设达标工作进展顺利。该年全市共筹集资金 1050 万元，新建乡道 43.9 千米，新建桥梁 7 座 347 米。

1998 年，高州市重点公路建设取得重大进展。国道 207 线高州至潭头路段实现全线贯通；省道素水线高州至长坡路段一级路改造首期 12 千米全面完成。继续加快县通镇二级公路建设。3 月，市委、市政府召开乡镇公路建设会议后，沙田、石龙、大坡等镇共筹集资金数千万元，掀起县通镇二级公路改造新高潮。9 月，茂名市公路建设三级干部会议参观了高州市公路建设现场。年末，市二级路改造顺利通过省交通厅的检查验收，赢得省交通厅检查组的高度赞赏。

"九五"期间，全市多方筹集资金，加快交通基础设施建设。全市共筹集公路建设资金 5.6 亿元，新建一级公路 52.5 千米，（国道 207 线高州至潭头路段 41 千米，省道素水线高州至长坡路段 11.5 千米），新建乡道 204 千米，改建二级公路 184.8 千米，改建乡道 420.3 千米，新建桥梁 1535.2 延米/43 座，其中百米以上的大桥 3 座。市公路总里程已达到 2030.8 千米，比"八五"期末增长 23.2%。公路密度达到 63.5 千米/每百平方千米。同时，新建、改建城东、城西、镇江、市货运配载中心等客货运站场 10 个，占地总面积 6.8 万平方米，建筑总面积 3.1 万平方米。组建了高州市公共汽车公司，各种客货服务网点遍布城乡。2011 年，全市形成了以国道、省道为主干，以市、镇、村、果场公路为支线的纵横交错、四通八达的交通网络，为高州经济社会发展打下良好的交通基础。

（二）加强农田水利基本建设

1. 改造中低产田

1992 年起，县（市）农业部门开展改造低产田工作。通过清淤挖沟、开引水渠、改善灌溉、降低地下水位治涝、秸秆还田、绿肥压青、施用农家肥、改良土壤结构等措施，有效地改善了中低产田，提高了农田产量。"九五"期间，继续实施"农改低"项目，改造中低产田 25 万亩次，挖排、灌沟 2.75 万次 1.5 万千米，推广稻秆还田 150 万亩次，推广专用绿肥 1.2 万亩。通过整治改造，大大改善了全市农田生态环境，提高了地力，增加了农业生产发展的后劲。

2002 年，高州市"农改低"项目共投入资金 6758 万元，投入劳动工日 435 万个，清淤挖沟 4850 条 3100 千米，开引水渠 49 条 8970 米，涵洞 84 个，陂头 114 个，渠道防渗 100 千米。增加灌溉面积 1560 亩，改善灌溉面积 7.5 万亩、治涝面积 6430 亩，降低地下水位 1870 亩，改造中低产田面积 3.97 万亩。同时，推广秸秆还田 39 万亩，专用绿肥压青 2400 亩，兼用绿肥还田 3.76 万亩，施用农家肥 93 万吨，每亩耕地平均用量达 39 千克。通过农田基本建设改造低产田工作，抓好农田建设，挖掘增产潜力，增强了有效灌溉能力，改善了土壤结构，提高了地力，使农田基本建设改造低产田涉及的水稻年亩产增加 62 千克，共增加稻谷 773.15 万千克。

2. 农田水利设施建设

第一，高州水库高州灌区续建配套工程建设。由于历史原因，灌区工程设计标准和建设配套差，高州灌区内水渠经过 50 多年的运行，工程老化、损坏严重，安全隐患不断增多，渠道供水能力下降，灌溉面积日渐缩小，工程效益逐年衰减。

高州水库高州灌区实施续建配套工程建设以来，共完成了以下工程：①渠道三面砼防渗 130.3 千米；②结瓜水库加固 5 宗；③高挖方渠段维修、增建暗渠 1.5 千米；④改建、增建渡槽 2 座，总长 150 米；⑤改建、新建泄洪闸 6 座；⑥加固改造过底涵、放水涵 217 座；⑦改造渡沙槽 15 座；⑧增建配套公路桥 33 座，机耕桥 55 座，行人桥 186 座；完成土方 91.131 万立方米，石方 19.07 万立方米，砼 9.45 万立方米，资金到位的工程已全部完成。

同时，修复了鉴西干渠 1.2 千米，疏通了渠尾 8 年不通水的淤积渠道，恢复供水面积达 1000 多亩，解决了高州市南部地区缺水的问题，充分提高了全市的土地使用率，并解决了灌区内缺水的矛盾，有力地推动了高州市"三高"农业的发展和经济的腾飞，社会效益和经济发展十分显著。

第二，高标准节水水利工程建设。为确保用水，将修建加固小型水库作为重点，并注意节约用水，提高水的利用率，大力修建高标准节水型工程。1992 年以来，全市共加固小型水库 80 多宗，山塘 200 多宗，修筑防渗渠 2150 千米。特别是节水型防渗渠，由于其具有造价低、流速快、渗漏小、淤积少、美观大方和坚固耐用等特点，得到国内外专家的好评。其中，为解决果园灌溉，修筑了雷公塘、鉴西、旺利等环山型防渗渠 170 多千米。

1997 年高州市被列入全国 300 个节水增产重点县后，更加积极搞节水灌溉工程，先后刻好了石鼓三文田干渠、分界大垌田间整治、兴发果场喷灌等样板点 7 个，共计投入资金 2860 万元，修筑节水型防渗渠 35 千米及配套设施一大批，有效改善灌溉面积 2.35 万亩，年节约用水 8600 万立方米，增加粮食 600 万千克，其他经济作物 300 万千克。这些工程的完成大大提高了灌区水利工程效益，改善了工程形象，特别是大幅度提高了水的利用率，根据运行的实际测试，水的利用率平均提高 33%。

第三，治理鉴江河，修筑防洪堤坝工程。1992—1996年，县（市）委、县（市）政府多方筹集资金上亿元继续进行治鉴工程。这是高州解放以来，继高州水库建设之后的第二大水利工程。通过动员大量的人力、物力，加高加固河堤190千米，使鉴江河堤的抗洪能力达到50年一遇水平。1996年，治鉴工程比原计划提前一年完成，并通过了省的验收。

由于水利建设成绩显著，从1993—1997年，高州市连续5年被评为省水利建设先进市。

（三）城乡设施的改善与环境治理工作的开展

1. 城乡基础设施逐步改善

1993年，市委、市政府抓住高州撤县设市的机遇，加快城区道路建设，东、南、西三大出口路段实现硬底化、绿化和美化；完成高凉路配套工程；市区新铺设硬底化道路总长3532米，面积5.09万平方米；东方绿化广场、瀛洲公园改造工程和城雕"高凉鼓韵"等工程的建成，市容明显改观。"八五"期间，全市用于城镇基础设施建设的资金达3.5亿元，完成了一大批公共设施骨干项目，新增城市硬底化面积16万平方米，建成面积1.2万平方米的人民广场，拓宽6条主要街道和城区四大出入口道路，高新路、沿江路、瀛洲公园等相继建成投入使用。笔架山广播电视发射台建成开播。新增自来水日供水能力3万吨，普及率达100%。

在城市总体规划方面，按照"城市建设，规划先行"的理念，抓好规划修编工作。"八五"时期，城乡建设坚持高起点规划、高标准建设、高效能管理的"三高"原则，新编制了《高州市1993年—2010年城市总体规划》，使市区控制面积由原来的15平方千米扩至156平方千米，已获得省政府批准实施。全市27个建制镇的总体规划已经重新修编完善，经市政府批准实施。通过规划修编并实施，推动城乡建设依法、有序进行。到"八五"期末，已建成城区面积达 18 平方千米，比"七五"时期扩大 2 倍多。各镇圩镇面积均比"七五"时期扩大 1~2 倍，主要街道基本实现硬底化，并装上路灯，供水、排污、供气等设施明显改善。石鼓镇在 1994 年全省开展的"岭南杯"达标竞赛检查验收中已达标捧杯，高州市区获得省"南粤杯"进步奖，城乡规划建设管理成绩显著。

"八五"期间，全市完成房地产开发投资 3.8 亿元，竣工商品房面积 20 万平方米，比"七五"时期有较大幅度增长。1995 年，全市城镇人均居住面积达 17.8 平方米，高出全省平均数 7.3 平方米。

"九五"期间，村镇规划建设勇创佳绩。全部完成了 27 个镇的总体规划修编，完成了 114 个管理区（中心村）、34 个小区和 583 条自然村的规划编制任务。其中有 1 个中心村的规划获得广东省三等奖，有 3 个获得茂名市二等奖；27 个镇全部实现了广东省"岭南杯"近期目标达标；完成了 10 个圩镇 510 条中心村和 10 个自然村的建设试点工作。由于高州市村镇建设工作抓出了显著成效，茂名市委、市政府于 1999 年 1 月 5 日在高州市荷花镇召开茂名市村镇建设工作现场会议，推广高州市村镇建设管理经验。高州市的村镇建设工作得到建设部和广东省、茂名市各级领导的高度赞扬，1999 年，高州市人民政府和荷花镇人民政府被评为全国村镇建设先进单位。

2001 年 7 月，经茂名市人民政府批复，为加快城市化进程，加快小城镇建设，同意高州市的石鼓镇、长坡镇、大井镇、分界镇为茂名市中心镇。

2011 年，全市乡村基本设施不断完善。438 个行政村已实现村村通公路、通电、通电话、通有线电视、大部分通自来水的目标，广大农村居民生产生活环境有了较好的改善。

2．环境治理工作

"九五"期间，县委逐步加强环境治理工作，开展环境治理基本设施建设和环境保护工作，努力优化全县环境。

在环境监测方面，按照《全国环境监测管理条例》开展大气、水质、酸雨、噪声等监测工作，完成"目标责任制考核地面水水质监测断面"和"空气污染指数监测点位"的优化布局工作，环境监测正规化、制度化。

在污染防治方面，严格执行环境影响评价制度、"三同时"（环保设施与主体工程同时设计、同时施工、同时投产）制度以及排污许可和收费制度，加强环境检查执法，开展整治污染源企业、矿山石场以及非法冶炼业等工作，查处违法排污行为。1992年 7 月，县造纸厂因违规操作，致使设备发生故障，发生高浓度煤烟粉尘排放，严重污染了荔枝圩管理区的陈村，群众意见很大，围攻县造纸厂。县环保局迅速组织人员进行查处，根据环保法规，决定该厂立即停止生产，并对该厂进行处罚，责令赔偿 3600 元给该村村民作为补偿。全县"一控双达标"（控制污染物排放和工业污染物排放达标、城市环境质量按功能区达标）得到较好的执行，并通过了上级检查验收。

"九五"期间，市政府根据实际情况制定了包括环境保护规划、环境监督管理等方面内容的规范性文件。在环境保护规划方面，制定了《高州市"九五"环境保护计划》《高州市烟尘控制区规划和建设》；在水资源保护方面的规定有《高州水库水源保护区污染防治管理暂行规定》；在监督管理方面的规定有《高州市 2000 年工业污染源达标排放工作方案》；等等。这些文件实用性和可操作性强，便于执行，使环保工作有法可依、有章可循。

实施"碧水蓝天"保护计划，加强饮用水源和水质的保护。市环保部门自《高州水库水源保护区污染防治管理暂行规定》颁布后，对饮用水源的保护一直坚持严格的措施：一是严禁在库区流域内上污染严重的企业，先后否决了9个产值超千万元的工业项目；二是对库区内取土、采石实行严格控制，由市政府牵头，环保、工商、公安、水利等职能部门联合，关闭了库区6家石场和1家红砖厂；三是加大对鉴江高州河段沿岸污染企业实行限期治理力度，依法关闭了石鼓西基山造纸厂的蒸球制浆车间，同时对市人民医院及市鉴江沿岸镇级多家卫生院的医疗废水发出了限期治理的通知书，环保部门定期派人到各限期治理单位督促检查。市人民医院投资120多万元上新的治污设施，按"三同时"的要求正式投入运行，根据治理后的监测结果，高州市人民医院医疗废水治理后，达到了国家污水综合排放的一级标准，有效地减少了对鉴江水源水质的污染。

2002年，围绕《高州市"十五"环境保护规划》，抓住环保工作的重点和突出问题，不断强化污染源执法监督管理，加大城市环境综合整治力度，进一步巩固"一控双达标"成果，不断推进环保工作的深入开展，有效地改善了全市环境质量。市委、市政府全面贯彻"预防为主"的方针，坚持"五不批"，即对不符合国家产业政策、不符合城市发展总体规划、不符合环境功能区划、污染物不能稳定达标、达不到总量控制要求的项目，一律不予审批。积极开展城市环境综合整治，加强城市环境基础设施建设。完成沿江3千米排污总管的工程，加快了城区生活污水处理厂建设筹备进度，日处理2万吨的城区生活污水处理厂已初步完成立项工作；强化城市环境噪声污染管理，实施了市区内机动车禁鸣喇叭工作。

（四）加快能源设施的建设

县委坚持以国家大电网为主、小水电为辅的方针开展电力设施建设。1993年1月，县委在三级干部会议上提出要下更大决心抓好电力能源建设。会后，全县各地加强了对电力发展工作的领导，制定了促进电力事业发展的优惠措施，千方百计解决资金问题，各有关部门通力协作，充分发挥供电部门的职能作用，使全县电力建设事业推上新的台阶。

至1995年末，全市建成10千伏变电站6座，36千伏变电站2座，35千伏简易变压2座，总变电容量达202.38万千伏安。全市10千伏以上线路总长2049.8千米，供电总量达到2.3亿千瓦时，比1990年增长91.7%，用电覆盖率达到98%。电力调度达到了遥控遥测自动化，大大提高了供电安全管理、现代化管理水平，满足工农业生产和城乡生活用电的需要。

加快小水电建设步伐。1991—1993年，新建小水电站14宗25台机组，装机容量达6015千瓦，其中建成投产9座1580千瓦。1993年，全县发电量2.16亿千瓦时，其中小水电发电量达到1.41亿千瓦时。

1995年，完成16宗小型水电站的勘测设计，完成5宗小型水电站的机电设备安装，装机容量9台2180千瓦。

1996年，全年共计完成32宗小型水电站的勘测、可行性报告及部分电站工程设计，全市新建小水电站3宗，装机容量1345千瓦。

1997年，全市共完成7宗小型水电站的勘测设计，完成石山、龙湾等水电站的挖潜技改，装机容量1915千瓦。安装3宗电站机电设备，装机容量625千瓦。大坡镇白马电站开工建设。全市年发电量达2.48亿千瓦时，产值近7500万元，使全市小水电发电量、产值、年利用小时3项均破历史纪录。

1998—2011年，全市小水电建设持续发展。由于狠抓安全生产和挖潜改造，增加效益，全市小水电做到了安全生产无事故，并新建电站39宗，新增装机容量21817千瓦，共发电11.2亿千瓦时，有力地支持了全市的经济建设。

沼气是农村能源建设、资源综合利用的重要组成部分。1995年，高州市被列为全国100个农村能源综合建设重点县（市）之一。1995年12月，国家农村能源综合建设验收组对高州市与国家八部委签订的"八五"期间16个农村能源综合建设项目进行检查验收，认为《高州市"八五"农村能源综合建设总体报告》所反映的情况符合实际，15个项目达到或超过要求。1996年起，高州市实施了全国农村能源综合建设项目，主要是开展农村沼气能源建设和节柴灶建设项目，市农业局与有关部门协作，共同完成了全部任务。1996年6月，高州市被国家计委、经贸委、科委、财政部、农业部、林业部、水利部、电力部8个部委联合评为"八五"全国农林能源综合建设先进县（市）。到1997年底止，全市累计建设沼气池2.25万个，节柴灶24.99万个，推广沼气综合利用1.79万户。单是沼气综合利用和节柴灶两项技术推广利用，每年就节能增效近亿元。沼气池的应用、节柴灶的推广、电力供应的增加等改善了农村家庭的卫生状况、生活环境和学习条件，提高了农村群众的生活和健康水平。

五、各项社会事业的改革和发展

（一）教育事业的改革和发展

百年大计，教育为本。县委、县政府认真贯彻党的教育方针、政策，把教育工作放在全县工作的重要位置，把培养德才兼备的"四化"（工业现代化、农业现代化、国防现代化、科学技术现代化）人才作为全县教育工作的长远目标，动员全县力量抓好教育工作。

1. 教育体制改革

1983年，全县普及小学五年义务教育达标后，小学学制改为六年制。1985 年，初高中的学制全部由两年改回三年。1987 年，全县进一步调整学校布局，实行分级办学、分级管理，把教育的管理权、财权、人事权下放到乡镇，以调动基层各方抓教育的积极性。并开始实施九年义务教育，在高州三中试办九年一贯制的新型教育和创办了一所特种教育学校——高州聋哑小学。1988 年，县委、县政府认真贯彻省委、省政府《关于普通教育体制改革的决定》，根据县内的实际，出台了《关于教育体制改革问题的若干规定》，在全县全面推行九年义务教育，建立县、镇、村三级教育网，鼓励集体、私人办学，进行层层办教育。同年，进行了首次教师职称评定工作，评出中学高级教师 27 人，中学一级教师 462 人，中学二级教师 589 人，中学三级教师 220 人；小学高级教师 795 人，小学一级教师 1130 人，小学二级教师 897 人，小学三级教师 216 人。并全面实行校长负责制、校长教师聘任制和校长任期目标责任制。教育体制改革使全县教育资源调配更加合理，有力地推动全县教育事业的发展。1985 年，高州县被省评为初等教育先进单位。1991 年，全县有初中 63 所，在校生 37260 人；高中 15 所，在校生 6743 人；小学 528 所，在校生 14.06 万人。高考录取人数连年增长，均在省、市前列，1991 年全县被录取人数达 780 人，其中重点 116 人、省线 389 人、地区线 159 人、中专 116 人。

2. 加强师生素质教育

市教育部门按照第三次全国教育工作会议精神和《国务院关于基础教育改革与发展的决定》，继续深化教育改革，建立竞争和激励机制，培养新一代热爱教育事业的教育人才。首先抓好教师队伍建设，提高教师的思想和业务素质。在巩固和完善校长聘任任期责任制和教师聘任制的同时，加强对教师的继续教育。1998 年开始，每年组织小学、初中新教师上岗培训，举办小学校长培训班，举办中学各科教材教法培训班及高考、中考各学科研讨会，举行小学组第二届中青年教师基本功大赛，组织教师参加优质课比赛。2001年起，全面实施教师学历达标工程。凡是未取得大专学历的小学教师（男50岁以下，女45岁以下），都要参加茂名教育学院举办的大专函授班学历教育。全面实施各级在职校长和教师的全员培训工程，从时间、物力等方面组织和支持名教师参加国家和省级"名师工程"的培训。

1998年秋季开始，市一小、附一小两所学校各从一年级开始，开设了以适应素质教育要求、以培养学生创新精神和实践能力为目标的"21世纪新式教育实验班"。加大市德育学校的建设力度，强化实践育人环节。据不完全统计，从1998年9月创办起，每年都有上万名中小学生到该校进行军训或农训，收到了很好的育人效果。

3. 尊师重教

1985年9月10日，是国家确定的第一个教师节，县城和各区分别召开庆祝大会隆重庆祝。中共高州县委书记黄春藻出席了县城的庆祝大会并作重要讲话，向教师进行祝贺，希望教师爱生敬业，把高州的教育事业推上新台阶。会上表彰了一批先进教师，县委、县政府领导人为他们颁发了奖状。为稳定教师的生活，1982年教师每人普调一级工资，部分调两级；并从该年起，规定每年10%的教师受奖励，2%的教师晋升一级工资。1985年，理顺了教师的工资改革，大部分教师提高一级工资，小部分提高两级，并另发教龄津贴。1987年和1988年分别对教师的工资进行了调整。连续多次的工资调整，使教师的生活待遇不断提高。县委、县政府积极为教师办实事、难事，1985年收回在中华人民共和国成立后历次运动被处理错的教师513人，并为部分收回的知名教师、困难教师的家属办理了农转非。1989年和1990年为186

名教师的家属401人进行了农转非。这进一步解除教师们的后顾之忧，使他们全身心投入到教育、教学中来。教学上，教出了一批批像全国"三好学生"苏战及被省、市授予"小英雄"的郭木桂等品质兼优的学生；教研上，写出了一篇篇高质量的教研论文，在省、地以上的报纸杂志发表，仅1990年在省级以上发表或获奖的论文有14篇，市以上发表或获奖的论文有56篇。全县涌现了一批爱生敬业的优秀教师，仅1988年被评为全国优秀教师的有13人，评为省级优秀教师的有14人，评为市级优秀教师的有12人，评为县级优秀教师的有110人；刘贤明、陆念功、梁安平、陈佩芳、郭中坚5人被推荐为省特级教师候选人。

4. 成人教育与幼儿教育

1982年，全县完成扫盲任务后，成人教育转到职业教育和业余教育上来。为加强对成人教育工作的领导，县成立了成人教育委员会，下设办公室与教育局成人教育股合署办公，处理日常事务。成人教育进行多渠道、多层次办学，各系统单位、乡镇大办技术学校及社会力量办技校培训班等，采用学历学习、在职脱产学习、短期培训等多种形式。"七五"期间，全县具国家承认学历的大中专7所，招生3500多人，岗位培训7.6万多人；乡镇12所职业中学招生1980多人，岗位培训人员一人批；乡镇各类技校培训20多万人次，管区（村委会）一级技校培训30多万人次。成人教育有力地推动了高州的经济体制改革和经济转型，高州县（市）被省委、省政府授予"广东省成人教育先进县"称号，被省评为实施"燎原计划"的先进市。农村教育综合改革工作取得了优越成绩。沙田镇成人教育中心被国家教育委员会评为优秀单位。1995年3月，广东省农村综合教育改革现场会在茂名召开，高州市作为教育改革重点参观现场。

县委、县政府十分重视幼儿教育，特别是实行计划生育独生子女增多，对幼儿教育提出了更高的要求，以促进儿童的健康成长。1982 年全县有幼儿园 8 所，在园儿童 3070 人；1991 年全县有幼儿园 15 所，在园儿童 27403 人。1991 年分别是 1982 年的 1.8 倍和 8.9 倍。规模较大、设备较齐全的幼儿园有高州东门幼儿园、高州工交幼儿园和高州财贸幼儿园。

5. 加大教育投入

县委、县政府每年对教育经费的投入逐步增加，1983 年财政支出教育经费为 791.7 万元，1991 年为 2836 万元，1991 年是 1983 年的 3.6 倍。1983—1991 年，财政支出教育经费共 1.46 亿元。1990 年，全县实施改造危险校舍工程，全县共筹集到资金 8928 万元投入校舍改危，1991 年全县学校的各项改危指标均达省级标准。除财政经费投入外，县委、县政府还发动社会团体和社会各界人士，特别是华侨、华人、港澳台同胞筹集了一大批办学资金，支持教育事业。

（二）科技事业的发展

市科技部门根据市委、市政府"科技兴市"的指导思想，认真贯彻执行"经济建设必须依靠科学技术，科学技术必须面向经济建设"的战略方针，抓好全市的科技工作，进一步深化科技体制改革，推进科技同经济相结合，推动科技成果技术转化为生产力，有力推动了工农业生产的发展和经济效益的提高，促进了全市经济的较快增长，全市科技工作出现了新的局面。

积极组织申报和实施"星火计划"项目。市申报 1992—1993 年"星火计划"6 项，有 4 项已分别获准列入国家或省级"星火计划"项目，其中"香蕉试管苗商品化与全程经济服务开发"为国家级项目，"天然香蕉汁加工技术开发""DH——水性悦光漆技术开发""超高性能空气净化杀菌机技术开发"被列为省级项目，几个项目都基本按计划实施。

1993年12月，召开了1992年度高州市科技进步奖颁奖大会，对获奖项目及获奖者颁发了荣誉证书和给予奖金奖励。共有13个项目分别获茂名市和高州市科技进步奖，其中获茂名市科技进步奖项目3项、高州市科技进步奖项目10项。

1994年，进一步推进科技体制改革，建立了科技工作新机制，市政府配备了科技副市长，各镇也陆续配备了副职科技领导及科技开发机构，并进一步健全了市、镇、区、村四级科技网络。1994年底，全市有各类专业技术人员15035人，其中获得高级专业技术资格的167人，中级专业技术资格的2518人，比1993有较大的增加，科技工作出现了新的局面。

为调动科技人员的积极性和创造精神，市委、市政府颁布了《高州市科技进步奖励办法》和《落实知识分子政策补充规定》等一系列激励政策和措施。"九五"期间，共评定高州市科技进步奖65项，获茂名市以上科技进步奖17项。2001年，全市评出科技进步奖16项，其中有8项获茂名市科技进步奖，获奖科技人员101名。

1999年4月，市委、市政府作出《关于依靠科技进步提高经济发展素质的决定》，在全市各镇（街道）全部配备了科技副职和科技助理。从1999年起，科技三项费用纳入了全市财政预算。全年财政对科技的总投入914万元，占可支配财力的2.4%。据不完全统计，每年市各有关部门对科技经费各项投入超过2000万元，对全市科研及科技开发起到强有力的支持作用。

2000年，市委、市政府根据全市科技发展现状，围绕社会经济发展目标，制定了《高州市科学技术发展第十个五年计划》，确定了高州市今后科技发展的总体目标和主要任务。

科技进步促进经济社会发展成效显著。"九五"期末，高州市科技进步贡献率为42%，比1995年提高5%，科技进步与经济社会发展的结合趋向紧密，促进了高州经济的发展。高州市党政领导班子获 1999 年度推动科技进步实绩考核工作优秀奖，受到省委、省政府的通报表彰。

（三）文化体育事业的发展

1. 文化事业的发展

1992 年起，县（市）委加强对文化、体育事业的领导，全县建立的三级文化网络不断完善。县级有文化馆，乡镇级有文化站，村级有文化室。荷花、东岸、马贵、分界、石龙等 10 个镇建成镇文化中心大楼。1996 年底，市图书馆新馆建成投入使用。市文化部门抓好镇文化站达标升级工作，至 1997 年底，经省文化厅检查评审，石鼓镇、长坡镇、荷花镇、马贵镇文化站为特级文化站，石龙镇文化站为一级文化站。至此，全市农村镇（街道）已建成特级文化站 4 个，一级文化站 2 个，二级文化站 4 个，三级文化站 3 个。

抓好历史文化名城创建工作。高州市省级历史文化名城申报办公室和市文化部门密切配合，抓好文物展览、文物景点维修等各项工作。

根据高州市民间木偶艺术历史悠久、群众基础深厚、民间演出活动盛行的情况，从 1996 年起，市文化部门发掘扶持民间传统艺术，认真抓好"民间艺术之乡"建设工作，并向省文化厅申报建设"高州木偶艺术之乡"。1997 年 10 月，省组织专家进行评审，高州市被评为"民间艺术之乡"。

1996 年，市委、市政府根据广东省文化发展远程规划《南粤锦绣工程》和《茂名市实施〈南粤锦绣工程〉方案》，制定了《高州市实施〈南粤锦绣工程〉规划》，按照艺术创作演出、群众文化、公共图书、电影放映、文物博物、文化市场六大网络，提出了从"九五"计划到 2010 年的各项任务、远景目标及实施办法。

在文艺创作方面，努力办好高质量的《高州文艺》《高州综艺》等文艺期刊。文艺创作由市文学艺术界联合会、市文化馆和各乡镇文化站组织，主要有诗文、戏剧、曲艺、书法、绘画、摄影、雕刻等作品。继续开展收集整理民间文学、高州山歌等工作。

在广播、电视、电影方面，1992 年 10 月，经上级广播电视主管部门批准同意建立高州电视台，发射机功率 1 千瓦。县广播电视部门按照县委提出的要恢复农村广播和加强广播覆盖面的指示精神，积极发展农村广播电视事业。1992 年，全县各镇（区）共投资广播电视线路设施 127.8 万元，使 398 个管理区、4994 条自然村恢复了广播，通播率分别达到了 90% 和 80%。全县城乡已形成了有线与无线并存，高音喇叭与低音喇叭、调频喇叭相结合的广播网络。由财政投资 250 万元，在市区府前路建设广播电视大楼，于 1993 年底前已建成投入使用。1993 年，市委、市政府决定在笔架山建设广播电视发射塔，于 1994 年建成投入使用。市广播电视局在城区开办有线电视，扩大电视入户数。

"九五"期间，市委、市政府加大对广播电视事业的投入，投资 300 多万元，在平山镇大王岭兴建了一座广播电视转播台，使广播电视人口覆盖率从 90% 和 80% 提高到 95% 和 90%，有效地解决了高州市北部山区 30 多万群众收听广播和看电视难的问题。同时，投资 700 多万元完成城区有线电视网络的升级改造工程，筹措资金完成"村村通广播电视"任务，解决了电视覆盖盲点的问题。

高州市电影公司从 1994 年起，通过合作形式建设电影综合大楼，改造新电影院，并在一楼开设娱乐综合经营项目，取得了比较好的经济效益。但随着广播、电视事业不断发展，电影事业因电视事业以及群众性文化事业的发展，经营收入逐步减少。

2. 体育事业的发展

市政府于 1996 年 6 月成立了高州市实施全民健身计划委员会，由市长任主任。认真宣传贯彻《中华人民共和国体育法》和实施《全民健身计划纲要》，市政府每年都拨出专款用于建设和维护体育设施、开展体育运动会等项目。1994 年，成功举办了第五届全市体育运动会和中小学生运动会、工人运动会、农民运动会和龙舟竞渡等。同时，积极推进体育运动社会化，体育竞赛形成制度，每隔 4 年举办一届全市体育运动会、农民运动会，每年一届的全市中小学生田径运动会，同时不定期举办职工运动会、三八妇女运动会等。全市成立了老年人体育协会、农民体育协会以及武术、田径、篮球、乒乓球等项目的体育协会，经常组织开展体育活动。中小学全面实施《国家体育锻炼标准》，坚持两课、两操、两活动，做到学生每天参加体育活动一小时以上。1996年，全市中小学生体育达标率达 89%。

由于高州市在体育工作方面的不懈努力，改革开放以来，高州市在茂名地区第一个被授予"全国体育先进县（市）"荣誉称号，第一个被评为"全国田径之乡"，第一批被评为"省全民健身先进单位"，第一批被评为"省体育锻炼标准达标单位"，第一次有本土（高州）输送的运动员——林晓丹在 1999 年全国比赛中打破国家女子 53 千克级举重纪录。

（四）卫生和计划生育事业的发展

1. 卫生事业的改革和发展

据不完全统计，"八五"期间，全市乡镇卫生院"一无三配套"（业务用房无危房，业务用房、专业设备、技术人员配套）建设共投入 1.3 亿元。全市 36 个卫生单位，先后有 30 个进行了配套建设，占总数的 83%。1993 年起，开展初级卫生保健工作，全面实施 2000 年人人享有卫生保健的发展计划，加强儿童保健、计划免疫、孕产妇保偿制及卫生监督、结核病控制项目、药政管理，以及爱国卫生、农村改水改厕工作，同时开展创建卫生城市活动，维护和推动城镇绿化、美化、净化。1994 年，市人民医院被评为"广东省模范集体"，市人民医院、市中医院、长坡医院、大坡卫生院、市卫生学校被评为"市文明单位"，市人民医院院长陈光炜荣获"广东省优秀院长""广东省山区建设优秀人才"称号。

1995—1997 年，全市医疗卫生事业成绩显著。马贵等 11 间卫生院晋升为一级医院。市人民医院被授予"爱婴医院"称号，并被国家卫生部、人事部评为全国卫生系统先进集体。市人民医院以及各医院卫生单位不断强化医疗管理，医疗设施更加完备、医疗水平不断提升、医疗质量不断提高，取得了显著的社会效益和经济效益。

贯彻落实《食品卫生法》，加强对食品卫生的监督监测工作，加大法规宣传和依法管理，市卫生局联合工商局等部门进行食品卫生执法大检查，对无证经营、无证上岗、经营不合格食品等违法行为依法进行处罚。加强医药市场整顿，对全市医疗卫生单位、药品经营企业、个体药店实行强化监督管理，查处伪劣药品，确保群众用药安全有效。

1998—2011 年，市卫生部门深入贯彻《中共中央　国务院关于加快卫生改革与发展的决定》精神，继续深化卫生监督、药品收支管理和人事、分配等医疗卫生体制改革，逐步建立起一套符合高州卫生系统实际、便于操作的激励机制。全面铺开药品集中招标采购工作，建立和完善非营利性和营利性医疗机构的分类管理制度，引入竞争机制，创造公平有序的竞争环境。加大对卫生事业的投入，搞好医疗卫生单位的基础设施建设。1998—2011

年，全市共投入 5.9 亿元加强基础配套建设。1998 年，市人民医院荣获全国五一劳动奖状。1999 年，市人民医院被评为全国"百佳医院"全国职业道德建设先进单位，市中医院及一批卫生院先后被评为广东省、茂名市和高州市文明单位、职业道德建设先进单位等。

2. 计划生育事业的发展

1979 年以来，县（市）委、县（市）政府通过层层落实党政第一把手亲自抓计生工作的责任制和贯彻执行《广东省计划生育条例》，推行计生工作干部包户责任制，实行计生"一票否决制度"，使各级领导和干部群众增强了计划生育的责任感。1994 年，市委、市政府为进一步加强对计生工作的领导，决定成立高州市计划生育领导小组，由市委副书记、市长邹继海任组长，市委常委、纪委书记凌卫东任副组长。在组织好春、夏、秋 3 次突击行动的基础上，充分发挥基层计生专业队伍的作用，切实加强流动人口计划生育的管理，保证全市计生各项指标顺利实现。

1998 年，高州市在广东省率先开展计生工作干部包户责任制，实行"五包"（干部包户，领导包片，党员包联系户，职能部门包配合，纪检、监察计生部门包监督干部包户），全市 27.4 万多户农户的计划生育用签订责任合约的形式包干到镇、村两级干部的身上，并与行政、经济利益挂钩。这样既增强了干部的工作责任感，调动了干部的工作积极性，又促进了广大育龄群众实行计划生育的自觉性。

同时，深入开展人口与计划生育宣传，采取丰富多彩、生动活泼、群众喜闻乐见的形式开展计划生育宣传，积极弘扬社会主义生育文化，从根本上转变人们陈旧的生育观念，使婚育新风吹进了千家万户，广大群众进一步了解和理解了计划生育政策法规，掌握了优生优育知识。

1998—2000 年，高州市连续三年被广东省评为"计划生育达标单位"，受到省委、省政府的表彰奖励；2000 年，高州市计生协会被评为"全国计生协会先进集体"；2001 年，高州市被评为"全国婚育新风进万家活动十佳红旗单位"；2002 年，高州市被国家计生委定为"全国婚育新风进万家基层示范县（市）"。

六、精神文明建设

县委根据党中央对物质文明建设和精神文明建设要"两个文明一起抓，两手都要硬"的指导思想，在抓好经济发展的同时，加大了精神文明建设的力度，使两个文明互相促进，有力地推动了高州的各项事业发展。

（一）健全领导机构，推动精神文明建设

为加强对全县精神文明建设的领导，1984 年 6 月县委成立了"五讲四美三热爱"①活动委员会，指导全县活动的开展。1987 年 10 月成立了高州县家庭教育促进会，指导开展家庭教育工作。1988 年成立了高州县"破婚姻陋俗、树新风"领导小组，领导开展破陋俗、树新风活动。1989 年成立了高州县精神文明建设委员会，由县委分管党群工作的副书记任主任，成员由县委宣传部、县委组织部、县总工会、县团委、县妇联及县直相关单位主要负责人组成；全县 27 个镇（乡）成立精神文明建设领导小组，由分管政工的副书记任组长，组员有宣传、组织、计生、团委、工会、妇联、武装部、文化站等负责人；每个管区（村）和居委会也成立精神文明建设领导小组，由 3～5 个组成。1996 年 7 月，市

---

① "五讲四美三热爱"："五讲"即讲文明、讲礼貌、讲卫生、讲秩序、讲道德；"四美"即心灵美、语言美、行为美、环境美；"三热爱"即热爱祖国、热爱社会主义、热爱中国共产党。

委制定《高州市社会主义精神文明建设纲要》，指导全市精神文明建设活动的开展。

（二）各项精神文明创建活动有序展开

县委根据不同时期的要求和各行各业的特点，开展精神文明创建活动，做到有计划、有布置、有检查、有验收，按照省委提出的"好学进取、团结友爱、诚实礼貌、健康娱乐、卫生美化、勤俭办事、遵纪守法"指导方针和逐年修订完善的精神文明建设标准，进行严格把关，指导开展各项精神文明活动。

1．"精神文明礼貌月"活动

1983 年 3 月，县委发出《关于开展第二个"全民文明礼貌月"活动的通知》，在全县开展文明礼貌活动，掀起学习雷锋、身残志坚的张海迪、"新雷锋"朱伯儒的高潮。青少年们走上街头、深入乡村开展便民活动，为群众做好事达 1.3 万多件；机关干部改进作风，为群众办实事好事；厂矿工人满勤满点，多生产，多作贡献；商店员工微笑服务，送货上门；学校师生开展创"三好"（思想品德好、学习好、身体好）树新风、"五讲四美"，以及争创"红领巾班组""红花少年"等活动。各行各业的人们争当文明礼貌积极分子。

2．"振兴中华"读书活动

1983 年 7 月，县委作出《关于组织开展全县职工"振兴中华"读书活动的意见》，在全县开展读书活动，以提高人们的政治觉悟、道德品质和文化科学水平。全县各级各单位采用组织读书小组、辅导小组、知识竞赛、演讲团、报告团等多种形式进行学习。学习的主要内容有《中国近代史》《中国革命史》《中共党史》和文化科学知识等相关书籍。通过读书活动，使人们的思想认识和科学文化水平有了较大的提高，特别是高州的农村处于经济转型的重要时期，不少青年农民在读书活动中掌握了农业生产知识，成为农村经济发展的带头人。经考核，1983 年由县科委颁发的"农民技术员"证书的青年农民达 1640 人。该年，高州中学被共青团中央等 8 个部门评为"全国红领巾读书读报奖章"活动先进单位。

3. 创建文明单位活动

1984 年，县委在全县开展创文明镇、文明村、文明单位、文明户活动，要求做到"六抓、六治、六变"，即抓生产发展，治穷致富；抓思想教育，治旧变新；抓文化科学，治愚变智；抓社会秩序，治乱变安；抓服务质量，治差变优；抓环境建设，治脏变美。通过创建文明单位活动，人们的精神面貌发生了很大变化，涌现了一批精神文明先进单位和文明户。1984 年，县委、县政府召开首次文明村命名大会，谢鸡、大川等 44 条村被授予文明村称号。1986 年，被县委、县政府命名为文明村的有 71 条、文明单位 45 个，大坡卫生院被评为全国卫生系统文明单位和省文明单位，高州百货公司被评为省文明单位。1987 年，县委、县政府在全县开展评选文明市民、五好家庭①、文明单位活动，评选出文明市民 8 人、五好家庭 201 户，全县有文明村 571 条、文明单位 297 个、文明街 5 条、五好家庭 3.2 万多户。

1998 年 8 月，高州市委办、市政府办转发茂名市委、市政府《关于在全市开展创建文明城市、文明镇（街道）、文明村（路）、文明单位和争当文明户、行业先进个人竞赛活动方案》，动员和组织广大干部群众积极参与创建文明竞赛的各项活动，进一步提高全市人民群众的现代文明素质和城乡文明程度，把改革开放和社会主义现代化建设推向 21 世纪。要求创建文明城市要在 1999

---

① 五好家庭标准：政治思想好，生产工作好，家庭和睦、尊敬老人好，教育子女、计划生育好，勤俭持家、邻里团结、文明礼貌好。

年达标，创建文明镇（街道）三年内全部达标，并涌现出大批文明单位、文明村（路）、文明户和行业先进个人。要求各单位在制订实施方案后，要采取有效措施，精心组织，狠抓落实，开展富有特色的创建活动，使竞赛活动扎实有效开展。经检查评比，达标的单位和个人由市委、市政府给予表彰、奖励。

4. 破旧俗、树新风系列活动（1989—1990 年）

（1）扫黄、除"七害"① 宣传活动。1988 年，为配合政法机关打好扫黄、除"七害"战役，全县机关及企事业单位、街道、农村乡镇运用各种宣传工具，进行大力宣传"黄、赌、毒"等危害，发动群众起来抑制，同犯罪分子作坚决斗争。县委要求广大群众"管好自己的人，看好自己的门，办好自己的事"。宣传活动期间，全县印发宣传资料 13 万份，刊出墙报 265 期，挂贴标语横幅 1500 多条，出动宣传车 200 多车次。

（2）"科普宣传月"活动。1989 年春节前后，全县举办了"科普宣传月"活动，宣传先进文化，普及科学知识。在宣传月活动中，举办了科普知识学习班 47 期，张贴标语 15320 条，刊出科普专栏 120 期，利用有线广播播放科普知识 278 次。同时，还播放科普录像、出动科普宣传车等进行宣传。

（3）"破婚姻陋俗、树文明新风"活动。1989 年 5 月，全县开展了"破婚姻陋俗、树文明新风"活动。活动期间，印发宣传资料 4228 份，刊出墙报 104 期；为加强对婚姻工作的指导，全县乡镇、各村均成立了婚姻理事会，共有 438 个；办婚前学习班 95 期，参加学习的青年达 30 多万人；处理违反婚姻法案件 254 宗，

---

① "七害"：卖淫嫖娼、制作贩卖传播淫秽物品、拐卖妇女儿童、私种吸食贩运毒品、聚众赌博、利用封建迷信骗财害人、黑社会组织及带黑社会性质团伙。

抓拐卖妇女罪犯 104 人；有 5476 对男女青年婚事新办，中共高州县委书记周仲伟等县领导出席了县城集体婚礼仪式，并当证婚人。

5. 实施先进文化进万家（村）工程

2005 年 5 月，为用先进文化占领城乡思想文化阵地，提高广大干部群众的思想素质和文化素质。市委、市政府决定在全市实施先进文化进万家（村）工程。

（1）深入宣传贯彻《公民道德建设实施纲要》，使"爱国守法、明礼诚信、团结友爱、勤俭自强、敬业奉献"的基本道德规范家喻户晓，人人皆知。

（2）继续深入开展精神文明创建活动。以创建文明城市为龙头，大力开展创建文明镇、文明村、文明户和文明行业、文明单位、文明窗口、文明社区等活动，不断提高全市群众性精神文明创建活动的水平。

（3）继续开展文化、医疗、科技"三下乡"活动。市文化部门大力实施"千村书库"工程，认真组织好送书下乡、送戏下乡。市医疗卫生部门组织送医送药下乡，开展"巡回医疗"和"健康直通车"等活动。市科技、农业等部门开展"科技进万家""妇女科技直通车""科技服务百千万行动"等活动。

6. 工会、妇联、共青团的文明创建活动

（1）县工会开展的文明创建活动。县工会把精神文明建设与职工岗位相结合，先后开展了"双增双节"（增产节约、增收节支）、"五创"（创先进单位、创新技术新工艺新产品、创优质产品优质服务优质工程、创外汇、创最佳效益）、"五比"（比速度、比效益、比贡献、比节约、比安全）、"五看"［看班子团结、看职工队伍建设、看企业民主管理、看"双保"（缴纳养老保险和医疗保险费）合同兑现、看厂容厂貌］等活动。1988 年，高州县获"广东省社会主义劳动竞赛优胜县"称号；1983—1991 年，全县各工会会员获全国、部级劳动模范、先进生产（工作）者的达31人，获省劳动模范、先进生产（工作）者的有7人。

（2）县妇联开展的文明创建活动。县妇联先后开展了"四有"（有理想、有道德、有文化、有纪律）、"四自"（自尊、自爱、自重、自强）、创五好家庭、"农业十项女能手大赛"等活动。1983年，县妇联被评为全国三八红旗集体，大井区的阮桂珍被评为全国三八红旗手并当选为省七届人大代表。当年，全县评出五好家庭1.08万户，钟少清、刘玉珍、梁鸿通、罗玉清之家被评为全国五好家庭。1985年，全县有"五好家庭"1.48万户。1989年开始的"农业十项女能手大赛"，至1991年全县参加大赛的妇女达20多万人，有500多人获得县"女能手"称号，68人获得茂名市"女能手"称号，24人被评为广东省"女能手"。高州镇官杨管理区（村）卢清兰被评为省、市水稻"女能手"，曹江镇林村管理区（村）裴兰英被评为省、市蚕桑"女能手"。

（3）共青团县委开展的文明创建活动。团县委以开展"五讲四美"活动为中心，先后在城镇开展"为您服务一条街"，在农村开展"助耕包户"、创办"小庄园"竞赛，在青年工人中开展"五杯"（智慧杯、贡献杯、精美杯、管理杯、文明杯）竞赛活动，在学校开展"创'三好'、争当优秀共青团员""学雷锋、树理想、做主人"活动，以及开展"十区百乡青少年造林竞赛""青少年植树能手赛"等活动。全县成立做好事小组3484个，助耕包耕队（组）7000多个，为群众做好事，为"五保①户"、军烈属、困难户服务。参加"小庄园"活动的团员、青年达110多万人次，建成开始有效益的"小庄园"5362个，面积达12万亩，

---

① "五保"：对农村无劳动能力的孤寡老人、残疾人、未成年人实行保吃、保穿、保医、保住、保葬（孤儿为保教）。

总收入 2100 多万元。"五杯"竞赛获 6932 项成果，其中 10 项填补了国家空白，创经济效益 1.09 亿元；有 105 个车间、班组或门店被评为先进或文明单位，有 997 名青年工人立功受奖。

1985 年，团县委被中央绿委会、林业部、团中央授予"全国绿化祖国突击队"称号。1988 年，高州中学团委被团中央、农业部、全国科协授予"实践教育活动先进单位"称号，县一小少先大队被团中央授予"全国先进少先大队"称号。1989 年，根子镇小学生詹燕被命名为"中国小英雄"，还有一批团员、青年获得"全国新长征突击手"和"农村青年学科学用科学标兵"等称号。

7. 节日文化活动

为活跃节日气氛，宣传文明文化思想，每年的元旦、春节、五一、五四、六一、七一、国庆等重要节日，全县城乡都组织多种多样的文体活动。同时，还组织了剧团等文艺团体和电影队送戏、送电影下乡。

第六节 全面建设小康社会

一、全面贯彻落实党的十八大精神

2012 年 11 月 8 日，中国共产党第十八次全国代表大会胜利召开，标志着我国进入全面建成小康社会决定性阶段。党的十八大将科学发展观列为党的指导思想，明确了中国特色社会主义事业"五位一体"的总体布局，明确了今后全面建成小康社会和全面深化改革开放的奋斗目标，开启了我国全面建成小康社会，加快推进社会主义现代化，实现中华民族伟大复兴中国梦的新征程。为全面贯彻落实党的十八大精神，2013 年 2 月中共高州市委召开十二届三次全体会议，提出了以邓小平理论、"三个代表"重要思想和科学发展观为指导，进一步解放思想，全面推进经济建设、政治建设、文化建设、社会建设、生态文明建设和党的建设，努力推动经济社会科学发展、快速发展，向着创建国家级历史文化名城、广东山区经济强市、生态旅游城市的目标奋力迈进的总体思路和要求。在新思路引领下，中共高州市委团结带领各级党组织、党员干部和群众，认真贯彻落实广东省和茂名市的决策部署，遵循"创新、协调、开放、绿色、共享"五大发展理念，持续聚力交通基础设施建设、产业园区扩能增效、中心城区扩容提质"三大抓手"，擦亮农业、医疗、教育"老三张"名片，打造生态、文化、文明城市"新三张"名片。建设产城融合宜居宜业高州，在粤东西北新一轮发展中脱颖而出。

二、经济实力持续提升

着力搭建产业发展平台，金山工业园获批省产业转移园，成为全市工业发展主战场，创建铸造、长信不锈钢、兴盈不锈钢、澳美达铝业、万众贸易等一批较大型企业入驻园区，工业经济快速发展。推进建设现代农业强市，培育发展省、市农业龙头企业11 家，无公害认证企业95 家，绿色食品认证20 家，国家地理标志保护农产品3 个、中国地理标志证明商标3 件，先后获得全国粮食生产先进县、全国农田水利基本建设先进县、全国平安农机示范县等殊荣。建成华南地区最大的蛋鸡场、粤西地区最大的生猪养殖场、全国最大的鳄鱼驯养繁殖基地和全国罗非鱼养殖生产基地，农业集约化水平提高。加快发展以生态旅游、电商物流为重点的现代服务业，全球首个桂圆电子交易交收中心、京东华南片区首个县级服务中心落户高州市。2017 年，全市实现国内生产总值545.92 亿元，比增9.6%。公共财政预算收入17.38 亿元，比增2.1%。高州市县域经济综合发展力在全省排名第十，经济振兴指数位列粤东西北县市榜第二。

三、城乡面貌焕然一新

强力推进交通基础设施建设，包茂高速、汕湛高速竣工通车，市中心客运站投入运营，城乡交通网络进一步完善。大力推进城市扩容提质，建设了东方大道、冼太大道、站前路、红荔路、光明北路、宝光大桥等一批城市骨干道路（桥梁），拉开了城市框架。建设了笔架山公园、文笔岭公园、迎阳广场等一批市政设施，以及碧桂园凤凰城等一批高品质楼盘，提升了城市形象。大力推进创文创卫和城市精细化管理，市容市貌大为改观，高州市被广东省列为新型城镇化"2511"试点县。启动了建设长坡县域副中心工作。坚决守住绿水青山，切实抓好生态文明建设，扎实开展绿化大行动；抓好"三清三拆三整治"①、城乡清洁工程、"河长制"等工作，村容村貌持续改善。高州市成功创建"全国绿化模范县"，大坡镇、古丁镇、深镇镇被评为"广东省生态示范镇"，根子镇被评为"广东省森林小镇"，柳村、彭村、下汉村、大岭村被评为"广东省美丽乡村"。完成两轮扶贫开发"双到"任务，积极推进社会治理创新，群众安全感明显增强，社会大局保持稳定。

四、文教卫生再获佳绩

成功创建广东省教育强市、中国楹联文化城市、中国民间文化艺术之乡、广东省十大传统美食之乡。高州二中完成整体搬迁。中山路、南华路被评为第三批广东省历史文化街区。市图书馆被评为国家一级图书馆。市医疗服务能力位列全省"十佳"县市第一。市人民医院晋升"三甲"（即三级甲类）医院，市中医院通过国家三级中医医院等级评审。

---

① "三清"：重点清理村巷道及生产工具、建筑材料乱堆乱放；清理房前屋后和村巷道杂草杂物、积存垃圾；清理沟渠池塘溪河淤泥、漂浮物、障碍物。"三拆"：拆除危旧房、废弃猪牛栏及露天厕所茅房；拆除乱搭乱建、违章违筑；拆除非法违规商业广告、招牌；"三整治"：整治垃圾，落实门前"三包"（包卫生、包绿化、包秩序）责任制，建立保洁队伍，健全村庄卫生24小时保洁机制；整治污水，建污水处理设施，重点推进农户改厕，实行雨污分流，污水排放暗渠化；整治畜禽污染，建设栅栏圈围，实行人畜分离、家禽集中圈养。

五、党的建设切实加强

深入学习贯彻习近平总书记系列重要讲话精神，坚持全面从严治党，把政治建设放在首位，推动"两学一做"学习教育常态化制度化开展，牢固树立"四个意识"。深入开展党的群众路线教育实践活动、"三严三实"专题教育，党员干部更加勤政务实。加强意识形态领域的管理，正确引导了社会舆论。全面加强基层党组织建设，坚决落实党风廉政建设"两个责任"，营造了风清气正的政治生态。

六、以党的十九大精神引领高州新发展

2017 年 10 月 18 日，中国共产党第十九次全国代表大会胜利召开。党的十九大是在全面建成小康社会决胜阶段、中国特色社会主义进入新时代的关键时期召开的一次十分重要的大会，大会的主题是：不忘初心，牢记使命，高举中国特色社会主义伟大旗帜，决胜全面建成小康社会，夺取新时代中国特色社会主义伟大胜利，为实现中华民族伟大复兴的中国梦不懈奋斗。党的十九大极大地鼓舞了全党全国人民为实现中华民族伟大复兴的中国梦而奋斗的信心和力量，具有极其重大的历史意义。

在党的十九大精神引领下，高州市深入贯彻落实广东省委、省政府和茂名市委、市政府的决策部署，围绕打好全面建成小康社会攻坚战，努力在新时代开启新征程、续写新篇章，把广东建设成为向世界展示习近平新时代中国特色社会主义思想的重要"窗口"和"示范区"作出高州贡献的目标，按照"转方式、提质量，重统筹、促平衡，补短板、防风险，强基础、可持续"工作思路，全力打好全面建成小康社会攻坚战，务实担当推动高州高质量发展，以新担当新作为开创了高州改革发展新局面。一是

以高度的政治自觉和使命担当，持续深化对习近平总书记重要讲话精神的学习领会，确保习近平总书记的重要指示精神在高州落地落实。二是按照新时代党的建设总要求，把政治建设摆在首位，把各级党组织建设得更加坚强有力，做好意识形态领域工作，打造忠诚干净担当高素质干部队伍，持之以恒正风肃纪。三是明确工作重点，以新担当新作为开创高州工作新局面。

（1）加快乡村振兴。把推动乡村振兴摆在优先位置，把各界力量统筹调动起来、把资源要素统筹利用起来、把各项工作统筹结合起来，协同推进，争当全省乡村振兴示范县。突出抓好改善农村人居环境、提升村容村貌，发展现代农业、振兴乡村产业。

（2）加快产业发展。在基本完成"一园多区"产业发展布局基础上，重点抓好招商引资、项目落地、服务企业和完善公共设施。突出依托资源优势开展招商引资，开展"互联网＋招商引资"行动，结合"放管服"改革，改善营商环境。

（3）加快城市建设。以城市"双创"（大众创新、大众创业）为抓手，提高城市建设和管理水平。突出抓好永青大道、通川大道、桂圆东路、潘州东路等路段建设，在加快城市扩容的同时，疏解城区交通压力。对旧城历史风貌保护区，用"绣花"功夫，坚持"微改造"的原则，进行保护和整治。加快长坡县域副中心建设。

（4）抓好生态环境保护。结合农村人居环境整治，发挥"河长制""湖长制"的关键作用，推进中小河流治理项目建设和河湖"清四乱"（乱占、乱采、乱堆、乱建）、"五清"（清污、清漂、清淤、清障、清违）工作，打造生态廊道，配套"碧道"建设。积极配合茂名创建国家森林城市，加强环境保护宣传教育。

（5）加强精神文明建设。推进广东省新时代文明实践中心建设试点工作。弘扬"好心茂名"精神，推动"好心"文化融入社会主义核心价值观建设。发挥好木偶戏传习所等文化院团的作用，加强非物质文化遗产的保护和传承。

（6）提高民生保障质量。坚持践行"以人民为中心"的发展理念，既尽力而为，又量力而行，把教育、医疗、文化、就业、收入、养老、住房、食品安全等各项民生实事办实办好。以务实作风推进脱贫攻坚。深入推进平安高州建设。

新时代赋予新使命。目前，高州市革命老区人民正在按照中央、广东省委和茂名市委的决策部署，以习近平新时代中国特色社会主义思想为统领，全面贯彻落实党的十九大精神与习近平总书记对广东工作重要指示批示精神，狠抓落实惠民生，凝心聚力促发展，以永不懈怠的精神状态和一往无前的奋斗姿态，奋力迈出决胜全面小康、加快高州振兴发展的坚实步伐。

7

第七章

落实政策　促进老区发展

第一节　建立健全老区建设工作领导机制

由于种种原因，在探索建设中国特色社会主义道路的前期，各级对革命老区的建设和发展有一个认识的过程。改革开放后，随着中国经济社会事业有了长足进步，革命老区的面貌有了可喜的变化，但地处偏远、交通不便、信息滞后仍制约着经济的发展，群众生活水平与当地的平均水平相比仍有不小的差距，这与老区人民在革命斗争年代所作出的巨大贡献是极不相称的。1990 年 7 月，一批热心于老区建设事业的党政军离退休老干部和社会各界爱心单位、爱心人士自愿成立了全国性非营利性社会组织——中国老区建设促进会（"老区建设促进会"简称"老促会"）。之后，从中央到地方逐步加强了对革命老区建设发展的领导和扶持，革命老区开启了新的历史篇章。

一、高州县革命老区建设研究促进会的成立

继广东省革命老区建设研究促进会在全国率先成立后，1989 年 10 月，经高州县人民政府批准，一批离退休老干部、老同志倡议成立了高州县革命老区建设研究促进会（后改称为"高州县老区建设促进会"）。老促会属研究指导老区建设工作的社会团体，其宗旨是协助党委、政府做好革命老区建设工作，促进老区的建设和发展。老促会设立理事会，1989—2018 年共历八届。老促会设置了理事长、秘书长、理事等职，理事长、秘书长由德高望重的离退休老同志担任，理事则由县（市）直单位主要负责人及热心于老区建设事业的离退休老同志兼职。1997 年 11 月，高州市委、市政府批准在 9 个革命老区镇成立老促会镇分会，由各镇人大主席兼任分会理事。

二、高州县革命老区建设办公室的成立

1991 年 1 月，根据上级党委、政府的指示，县成立了高州县革命老区建设办公室（简称"老区办"），直接领导全县的革命老区建设工作。老区办属领导老区建设工作的行政性领导机构，股级单位，在县民政局领导下开展日常工作。5 月，根据县委、县政府指示，有革命老区的镇（乡）落实一名领导分管老区工作，镇（乡）的民政助理负责老区工作的具体事务。1999 年，根据革命老区建设需要，成立了高州市革命老区根据地建设委员会，由分管民政工作的副市长兼任主任，下设办公室，配备 2 名专职干部，在民政局领导下开展日常工作，各镇也指定了分管老区工作的领导及办事人员。为规范革命老区建设工作，1991 年，县委、县政府印发《关于加强革命老区建设的意见》，进一步加强了老区建设工作的领导和指导，对全县老区建设工作明确了目标和要求，确保了全县革命老区建设工作有序、有效开展。

三、高州市老区建设基金管理委员会的成立

1997 年 5 月，为加强对老区建设资金的筹集和使用管理，市成立了高州市老区建设基金管理委员会，由市老促会负责主持日常工作，同时制发《关于募集高州市老区建设基金函》《关于捐赠巨额基金的单位或个人可在本会设立专项基金的决定》《高州

市老区建设基金管理使用办法》《高州市扶贫基金会章程》等政
策性文件，对基金会的宗旨、业务范围、基金募集管理、基金运
作和资金的使用等作出了明确规定。

帮扶革命老区建设的方针、举措与成效

一、革命老区建设工作的方针和目标

根据党中央和广东省委、省政府的指示，革命老区建设工作要坚持"切实帮助老区群众解决生产生活的实际困难，尽快改变老区的面貌，促进区域协调发展，构建和谐社会"的方针。为加快革命老区的建设和发展，1991 年，县委、县政府在《关于加强革命老区建设的意见》中明确提出，全面贯彻落实老区的各项优惠政策，各级党委、政府要把革命老区建设工作摆上重要议程，各部门定点挂钩老区建设，社会各界大力支持革命老区建设工作，要确保全县的老区群众 1992 年解决温饱问题，1993 年人均收入达到当地镇（乡）人均收入水平，"八五"期末（1995 年）达到全县人均收入水平。

二、革命老区建设资金的筹集及管理

老区建设资金主要来源于财政拨款、各单位及社会认捐、上级的支持。1991 年，县委、县政府每年从财政安排 30 万元扶持老区建设，1997 年起每年增加到 60 万元，有革命老区的镇（乡）也按要求从本级财政收入中投入一定的比例扶持老区建设。自农村产业结构调整到 1998 年，全县（市）用于扶持革命老区发展"三高"农业资金 800 多万元。1998 年，市政府安排扶持老区绝对贫困户发展生产资金320万元；同年4月，市委、市政府召开全市募集建设老区基金动员大会，各单位和各界纷纷响应，共认捐216.9万元。2004年，市老促会争取到广东省、茂名市支持高州老区建设资金和高州市内各部门支持的资金共1619万元。

为确保老区建设基金增值，2004年市基金投资270多万元，建造了一幢7层共3345平方米的"老区公益楼"，仅前5年每年就收入租金20万元。2010年，市政府将南关路257号原高州镇福利厂变更给市老促会，市基金每年增收40多万元。至2016年，市老区建设基金余额达550多万元，基金增值收益仅2016年就达56万元。

三、支持革命老区建设的举措与成果

（一）扶持老区调整农业结构

在全市有关单位的支持扶助下，有革命老区的镇（乡）根据各自不同的生产环境和资源优势，因地制宜调整农业产业结构，配合全市连片开发、基地种养的布局，大力发展特色农业，打造"一镇一品""一村一品"，大大提高了农产品附加值，增加了老区群众的收入。老区曹江镇是传统农业大镇，曹江香蕉驰名中外，曹江深薯也声名远播，量大价高，2016年全镇共种植深薯1.6万亩，年产5万多吨，其中人口仅2000多人的先觉村种植深薯1000多亩，年产深薯3000多吨，户均增收3万多元。老区云潭镇垌头村种植"爆皮王"番薯远近闻名，已向国家申请注册了专利，2011年种植番薯3500多亩，年产215万多千克，产值1600多万元；该镇平垌村种植火龙果380多亩，亩产1500多千克，亩产值2万多元。此外，老区新垌镇种植"出水窿"茶叶900多亩、高良益智6500多亩，深镇镇仙人洞村种植高山石斛1000多亩，沙田镇种植首乌3000多亩、鸡嘴荔3000多亩、火龙果500多亩、

大棚有机无公害蔬菜2000多亩，荷花镇种植沉香1.3万多亩、大红蜜柚3500多亩，这些"一镇一品""一村一品"特色农业，大大增强了革命老区持续发展的后劲。

（二）科技帮扶老区群众兴业就业

在积极推动老区调整农业产业结构的同时，各级党委、政府及相关单位也结合实施科技帮扶政策，大力推进科技兴农，大幅提高了农产品的质量、产量和产值，增加了老区群众的收入。

1. 设立种养示范片、示范（点）户，抓好科技示范推广

1986年，县农业部门与沙田镇政府、分界镇政府合作，办起沙田结彩储良广眼场和分界鸡公岭林果场。1988年，在沙田镇佛子岗办起龙眼示范片3200亩，在该镇的山曜、罗坑和新村管理区分别办起龙眼基地1000多亩；在云潭镇的丰文垌、石曹、榕木塘，石鼓镇的低坡、湖塘村，潭头镇的乾坡等管理区分别办起荔枝、龙眼示范片200亩；在石鼓、镇江、云潭等镇办起一批水产禽畜养殖示范户。1990年，全县有水产禽畜养殖示范户1958户。2000年，全市共设8个老区科技兴果示范点，共有示范农户4581人，种植各种水果38115亩。为扩大示范效应，2004—2016年，全市办起科技兴果示范场10多个，示范项目包括品种引进、技术推广等，通过以点带面，有效地调动了老区群众的生产积极性。

2. 开展科技培训，提高老区群众知识水平

一方面，加强农业生产知识培训。在广东省、茂名市老促会支持下，高州市老促会充分发挥牵头、协调作用，结合实际抓好农技培训，提高老区群众的种养水平。1997年，举办老区水果管理培训班，组织有关科技人员向老区群众讲授水果管理技术和现场指导，印发技术资料1万多份，培训老区群众1300多人。2005—2008年，通过举办培训班、召开现场会、邀请专家开展技术咨询等方式，并投入资金对全市老区实施老果树树冠回缩、间

伐等项目。2010 年，在沙田、镇江、荷塘、深镇、平山、大坡等老区举办荔枝、黄榄换种，龙眼产期调节，批批种植等项目培训班 28 期，培训果农 4500 多人。2016 年，有针对性地举办了优质蜜柚培育、鸡嘴荔嫁接、鸡心黄皮扩种、荔枝及龙眼的间伐回缩等各类技术培训班，参加人数达 2000 多人。由于先进科学技术的引进应用，老区的农产品质量和产量均有大幅提高，老区群众的收入也明显增加。2013 年 6 月，茂名和高州两级老促会、水果局分别在沙田镇和新垌镇组织鸡嘴荔、大果中心黄皮"果王争霸"，果农陈亚国的一颗大荔枝以 47.1 克重夺得"单果王"称号，果农陈乔英的一穗荔枝以 511.8 克的成绩夺得"单穗果王"称号，果农邓进芳以黄皮单果重 26.9 克、单穗重 655.3 克包揽"单果王""单穗果王"称号。2016 年，老区群众仅水果种植一项就增收 6800 多万元。另一方面，加强职业技能培训。为帮助老区青年就业，市有关部门及市老促会出资对老区青年进行就业技能培训，培训分脱产学习和短期培训班两种。一是选送老区困难青年到各类技工学校进行脱产学习，2004—2016 年共有 673 人；二是组织老区青年参加职业技能培训班进行短期培训，2004—2013 年市老促会连续 10 年举办老区青年职业技能培训班，培训老区青年 1290 人，其中贫困家庭青年 1035 人，残疾人、孤儿和单亲贫困家庭青年 255 人。

（三）兴教助学发展老区教育事业

1. 夯实老区教育基础设施

为切实解决老区适龄儿童入学难问题，市老区办、老促会积极配合协助教育部门，扶持老区调整学校布局，完成普及小学教育、改造学校危房、普及九年义务教育等工程，其中包括：20 世纪 60 年代普及初小，80 年代普及小学教育，90 年代初改危，90 年代中期普及九年义务教育，90 年代末期改造学校，建设规范化学校。至 1999 年，高州老区小学普及率由原来的 80% 提高到 99.8%，初中入学普及率由原来的 50% 提高到 98%，小学辍学率由原来的 5% 下降到 0.12%，初中辍学率由原来的 8% 下降到 1.5%，小学教师达标率由原来的 45% 提高到 96%，初中教师达标率由原来 40% 提高到 92%。

1994 年启动老区学校布局调整。1994 年至 1997 年 3 月，累计修建老区学校 190 多所，面积 3 万多平方米，175 个管理区办有小学，每个老区镇在原有中学基础上多办了一所中学。到 1999 年，累计投入扶持老区教育建设资金 1707 万元，修建校舍 3.37 万平方米，基本解决危房校舍及缺少校舍问题，入学难问题逐步得到解决。

2002 年启动老区小学改危。2002 年，争取省改危资金 840 万元，市、镇政府拨款和各界人士捐资 800 多万元，共投资 1640 多万元完成了 28 所破旧老区小学改造。2004 年，争取广东省资金 720 万元，茂名市资金 120 万元，市财政拨款 125.6 万元，镇、村自筹资金 295.3 万元，完成了 30 所老区小学改造。2005 年，全市继续加大投入，完成老区小学改危扫尾工程。累计争取茂名市政府扶持资金 120 万元、高州市政府拨款 60 万元、有关镇政府和群众捐资 46 万元，共 226 万元，建设校舍 3800 平方米。至 2005 年 8 月，上级下达的 84 所老区小学改危任务已全面完成，总投资 4400 万元，总建筑面积 1002 万平方米，有 1.9 万多名老区少年儿童入读新校。经广东省、茂名市验收，高州老区改危工作获得满分，被评为一等奖。

2012—2017 年，全市深入推进教育创强工作。累计投入专项资金 16923 万元（不含学校自筹及社会捐助）。2017 年，全市 28 个镇（街道）全部通过了省教育强镇复评验收。2017 年 4 月 18 日，茂名市第二次创强现场会在高州召开，推广高州经验。与此同时，高州整合全市职业教育资源，大力推进成人教育，2018 年 6 月成功创建"第三批国家级农村职业教育和成人教育示范县"。

2. 奖教助学激发师生动力

高州老区村庄大多数地处偏僻山区，经济发展滞后，群众生活水平不高，学生就读就业相对困难，市老区办、老促会及社会热心人士因此特别加大了对老区的奖教助学资金帮扶。

20 世纪 90 年代，高州根据省的安排，对老区村庄的学生实行降分录取政策，使部分较为偏远的老区学生得以完成学业并能解决就业。

2004 年，发放奖学助学资金 10.35 万元，其中奖学 6.6 万元、助学 3.75 万元，资助老区学生 58 人。

2006 年 9 月，向为革命牺牲的 4 位中华人民共和国成立前烈士后裔、"五老"（老地下党员、老游击队员、老交通员、老接头户、老苏区乡干部）人员后裔和 12 位低保户、困难单亲家庭子女发放助学金 9200 元。

2008 年，江可伯慈善基金会与茂名市联合颁发青年"升大"奖学金和烈士后裔助学金，合计 41 万多元，其中获"升大"奖学金的老区青年 39 人、农村青年 103 人、职中青年 39 人，共 181 人，占茂名市总数的 41.4%，居各县（市、区）首位；获烈士后裔助学金的 48 人。

2010 年，江可伯慈善基金会资助颁发农村青年"升大"奖学金共 21.05 万元，有 172 人获奖。

2010 年，高州遭受千年一遇的"9·21"特大洪灾后，市老促会向马贵镇、古丁镇、深镇镇、平山镇 60 名就读初中的特困家庭学生每人发放助学金 500 元；参与市总工会"金秋助学"活动，向 40 名困难职工子弟每人发放助学金 100 元。

2011 年，江可伯慈善基金会资助烈士后裔 50 人，颁发助学金6.2万元；向参加职业技能培训的老区和特殊家庭青年颁发奖学助学金4.16万元。向马贵、古丁、深镇、平山、大坡5个镇7所中学100名就读初中的特困生每人发放助学金700元，共7万元；参与市总工会"金秋助学"活动，向40名困难职工子弟发放助学金每人1000元，共4万元。

2013年，颁发获茂名市农村青年"升大"奖学金21.7万元，获奖150人；颁发烈士后裔助学金6.6万元，受助51人。8月16日，向49名在读困难职工子女颁发助学金每人1000元，共4.9万元。向东岸、马贵、大坡3个镇6所中学的85名单亲特困家庭或孤儿在读初中生发放助学金，每人700元，共5.95万元（江可伯慈善基金）。向2013年参加职业技能培训的部分特困家庭学生发放临时生活补助，共1万元。向江可伯家乡大井镇青山村委会贫困家庭就读高中、大学的21名学生发放助学金，高中生每名1000元、大学生每名3000～4000元，共4.8万元（江可伯慈善基金）。

2014年，向就读市第一技工学校的12名烈士、"五老"人员后裔发放助学金每人每年1500元。

2015年5月，向荷塘、沙田、镇江3个镇90名孤儿及单亲家庭特困户儿童发放助学金5.4万元，每镇30人，每人600元。向烈士后裔发放助学金8.65万元，受助60人。8月，颁发2015年茂名市农村青年"升大"奖学金16.8万元，获奖130人。9月，向江可伯家乡大井镇青山村委会21名贫困家庭在读高中、大学生发放助学金4.8万元（江可伯慈善基金）。11月，向参加第11期老区青年职业技能培训班（含残疾人、单亲贫困家庭和孤儿职业技能培训班）学生发放奖学金共4.1万元。向2015年就读市第一技工学校的5名烈士、"五老"人员后裔发放助学金1.5万元，每人发两年，每年1500元。

外出经商的成功人士、热心公益事业的刘杰夫先生，踊跃资助农村贫困大学生完成学业，2010—2018 年，共资助贫困大学生 696 人，每人每年 5000 元，累计资助 1400 多万元。

（四）纾解老区群众生活困难

2004 年，发放"五老"生活特困扶助资金 32 人共 2.65 万元，发放住房困难扶助资金 2 户共 1 万元。

2008—2010 年，为老区困难青年安排就业 268 人。

2010 年，高州遭受千年一遇的"9·21"特大洪灾，市老促会积极响应市委、市政府号召，在个人捐款赈灾的同时，筹措资金 18.6 万多元，慰问了马贵、大坡、古丁、平山、深镇、东岸、长坡 7 个重灾镇的 97 户全倒户，每户发放慰问金 1000 元；慰问其他镇（街道）的 178 户受灾户或贫困户，每户慰问 500 元。免费为谢鸡、新垌、云潭、泗水、分界、根子等镇 60 名贫困者实施白内障手术。

2013 年，向中华人民共和国成立前为革命牺牲的烈士直系亲属特困户、"五老"人员及其遗孀、后裔特困户、被杀害的革命有功人员遗孀及其后裔特困户发放扶贫款 297 户共 15.56 万元。向全市农村部分特困户发放扶贫款 146 户共 7.61 万元（许智明扶贫基金）。向大额捐赠人家乡特困户发放扶贫款 219 户共 13.45 万元，其中江可伯家乡大井镇 65 户共 4 万元，大井镇青山村委会 20 户共 2 万元，许智明家乡曹江镇 79 户共 4.5 万元，曹江镇凤村村委会 46 户共 2.5 万元，陈树杰家乡分界镇储良村委会 9 户共 0.45 万元。

2014 年，向中华人民共和国成立前为革命牺牲的烈士直属亲属特困户、"五老"人员及其遗孀、后裔特困户、被杀害的革命有功人员遗孀及其后裔特困户发放扶贫款 206 户共 12.76 万元。向全市农村部分特困户发放扶贫款 125 户共 7.61 万元（许智明扶贫基金）。向大额捐赠人家乡特困户发放扶贫款 199 户共 14.45 万元，其中江可伯家乡大井镇 60 户共 5 万元，大井镇青山村委会 20 户共 2 万元，许智明家乡曹江镇 71 户共 4.5 万元，曹江镇凤村村委会 39 户共 2.5 万元，陈树杰家乡分界镇储良村委会 9 户共 0.45 万元。

2015 年，全市共帮扶农村各类特困户 494 户，每户发扶贫款 800～1200 元。其中，中华人民共和国成立前为革命牺牲的烈士直系亲属特困户、"五老"人员及其遗孀、后裔特困户、被杀害的革命有功人员遗孀及其后裔特困户 202 户，农村各种原因致贫特困户 118 户，大额捐赠者家乡特困户 174 户（包括江可伯家乡大井镇 51 户、大井镇青山村委会 25 户、许智明家乡曹江镇 60 户、曹江镇凤村村委会 29 户、陈树杰家乡分界镇储良村委会 9 户）。

2016 年，补助 3500 元给荷塘镇棠南村委会烈士儿子黎厚宜（已 76 岁，属低保户）维修旧屋。发放烈士后裔、"五老"人员及其后裔特困户扶助款 222 户共 18 万元。发放全市农村特困户扶贫款 93 户共 7.61 万元（江可伯慈善基金）。发放茂名市扶贫基金大额捐赠人家乡扶贫款 186 户共 16.5 万元，其中江可伯家乡大井镇 55 户共 5.5 万元，大井镇青山村委会 30 户共 3 万元，许智明家乡曹江镇 61 户共 5 万元，曹江镇凤村村委会 30 户共 2.5 万元，陈树杰家乡分界镇储良村委会 10 户共 0.5 万元。

2016 年，全市启动精准识别精准脱贫工作，划定 444 个村庄为精准扶贫重点村，其中 184 个老区村全部列入，39 个省定贫困村中有 21 个是老区村。

2003—2018 年，全市实施改造泥砖房工程，累计投入 17.7 亿元，改造泥砖房 69730 户（其中老区 20910 户），全市 90.5% 的泥砖房户告别泥砖房。

（五）搬迁改善老区居住环境

高州老区多处于偏远山区，由于自然条件恶劣，至20世纪80年代仍有不少老区村庄没有通电，群众用不上电灯、看不了电视。为有效改善老区生产生活环境，20世纪90年代（1995—1997年），市委、市政府决定对部分偏远老区实行整体或部分搬迁。至2017年，全市老区镇村累计完成20条自然村2120户的搬迁安置工作。老区荷塘镇伦道村委会苏坑村约30户，选择新址后统一规划建设，整村搬到新址，老区群众住上了新楼房，生产生活条件都得到极大改善，成为当时茂名市新农村建设的样板。

（六）完善老区基础设施

由于历史、自然条件的限制及其他原因，不少老区镇村基础设施建设滞后，导致老区群众在用电、饮水、交通、通信、看病等方面存在困难。自20世纪80年代开始，高州各级党委、政府和老区组织高度重视，多渠道筹集资金，加快老区基础设施建设。

1. 交通公路建设

1980年，县交通部门在编制交通发展规划时，联系全县9个老区镇82个老区管理区768条老区村庄的交通实际，提出要以公路建设作为推动全县老区经济发展的"引擎"、大力扩张经济腾飞的"双翼"，以"大中、大富、大气魄"描绘适当超前的公路交通建设蓝图，把加快原来落后的老区公路建设列入政府工作的重要议事日程，走出一条以兴建公路交通带动沿路开发建设，形成公路交通经济带的发展路子。

1981年，县政府从财政拨出专款，帮助老区建设公路5宗30千米（包括大坡新田至福州公路、云潭山坪公路、泗水下六合公路、顿梭苏坑公路等），新建桥梁17座。

1986—1993年，广东省、茂名市老区建设部门拨款支持高州修建老区乡村道路2宗18千米。1994年至1997年3月，交通部门支持老区新建和修建公路 800 多千米（其中水泥路 20 千米），新建桥梁 567 座。

1996—1999 年，市有关部门对老区实行重点扶持政策，对口解决老区"五难"（读书难、行路难、照明难、饮水难、看病难）问题，累计投资 465.32 万元，修建老区公路 705 千米（其中水泥路 43 千米），建桥 17 座 746 延米。

2000 年，高州开展村村通公路、村村通机动车的扶贫两大会战，全市累计完成路基工程 118.8 千米，占计划任务 117.86%，其中新建水泥公路 3 条 8.5 千米，新建、改建桥梁 18 座 597 延米，涵洞 357 座 2401.3 米。至年底，全市 20 个不通路或不通机动车的村委会已全部通机动车，其中有 3 个村委会一步到位铺设了水泥硬底化公路，20 条乡村公路规划设计科学、起点高、建设质量好，全部达到四级公路的标准。

2004 年，争取广东省拨款 80 万元，建设老区村硬底化道路工程 2 宗。争取茂名市拨款 4 万元，新建桥梁 1 座。

至 2007 年，全市累计完成老区村道硬化建设工程 436 千米，总投资 1.1 亿元，其中广东省拨款 6540 万元，茂名市拨款 812 万元，群众捐资 3648 万元，29 个老区村通水泥公路。

2. 水利及电力设施建设

1981 年，县财政拨款支持老区建设排灌站 5 宗，其中沙田新村 1 宗，泗水凤塘、六匝 3 宗，曹江下南山 1 宗；建设水力发电站 4 家，分别是大坡福州—洒电站、福州村电站、龙文肚横埇电站和云潭石古垌电站。

为保障老区和两岸群众的生命财产安全，从 20 世纪 80 年代开始整治鉴江两岸堤围。1985 年开始实施规模巨大、卓有成效的鉴江整治工程，至 1995 年，累计投资 1800 万元建设了混凝土和石砌护堤的城区防洪工程；投资 1800 万元完成了潭头、镇江、沙田等老区镇总长 39.76 千米的江堤整治，达到可抗御 20 年一遇洪水能力。1996 年开始实施水库除险加固工程，至 1998 年，累计投资 1290 万元，完成了 53 宗小型水库的除险加固（其中老区水库 32 宗）。1998 年开始实施防渗漏渠道建设工程，至 1999 年，累计投入 1.15 亿元，完成了沙田、镇江、云潭等 9 个老区镇 687 千米主要灌溉渠的硬底化防渗改造。1998 年开始改造木石结构水陂，至 1998 年初，累计投资 1500 万元，完成了深镇等 7 个老区镇共 775 座水陂的改造，增加灌溉面积 1800 多亩，改善灌溉面积 19 万亩。

1986—1993 年，广东省和茂名市老区办累计拨款 63.1 万元支持高州老区建设，其中资助云潭镇珍珠管理区 11.5 万元，建成 320 千瓦水电站 1 座。

2003—2017 年，累计投资 4840 万元，实施老区水库除险加固 12 座，建设水陂、涵洞 180 座，建设防渗渠 165 千米，有效解决了老区群众用水难的问题。

3. 饮水工程建设

1984 年，省人民代表大会决定拨出专款，从 1985 年开始，用 5 年时间，分期分批解决老区人畜饮用水困难。由县政府组织水电局、老区工作办公室、县水改办公室等有关单位具体贯彻实施。省、市、县各级拨款，发动农民集资，解决人畜饮水困难工作迅速开展，农村出现单户办、联户办、村办、联村办自来水的高潮。1984 年，全县村办水厂的有新垌、长坡、石鼓等镇；联户办的有大井、长坡、石鼓、南塘、谢鸡等镇的农户；独户办的以东岸、大井较多。其中，新垌长流乡全乡集资办起了自来水厂，3000 多人饮上自来水；环城广潭乡在广潭岭附近筑起容量 500 多立方米的蓄水池，将泉水过滤送到距水池 3000 米的广潭村，解决了 500 多人的饮水困难；石鼓镇陈大岭村在石鼓支渠边挖蓄水塘一口，建水塔一座，全村 170 多户用上了自来水。沙田、镇江两个革命老区镇共 10 多万人，群众饮水十分困难，在上级政府的支持下，在两镇之间的金银河建成一个较规范的日供水 10 吨的金银河自来水厂，使两镇群众的饮水难问题得到解决。至 1993 年，全县农村已不再存在人工提水饮的情况。

1987—1993 年，有老区的圩镇供水不断扩大发展，荷花、南塘、大井、潭头、分界、石鼓等镇先后建成日供水 1000 吨，设有反应池、沉淀池、清水池、基本化验室的自来水厂。1994—1997年，水电部门支持老区镇村建设自来水工程 32 宗，铺设自来水管道 11 万米，打井 5 口。

1999 年，市财政拨款 490 万元扶持老区饮水工程建设，建自来水工程 11 宗，铺设自来水管道 10.5 万米。

2004—2006 年，广东省及茂名市拨款 5980 万元，高州自筹及群众捐资 159 万元，完成饮水工程 7 宗，4.9 万名老区群众受益。

4. 供电设施建设

1981 年，县财政拨款支持老区解决用电问题，沙田 3 宗、云潭 1 宗、泗水板桥 1 宗、曹江里村 1 宗。

1986—1993 年，广东省、茂名市老区建设部门拨款支持云潭镇珍珠、平水等 4 条村解决用电问题。

1995—1997 年，供电部门无偿垫资 420 万元并发动群众集资3600 万元，整改高压线路 110 千米、低压线路 210 千米，为 105个管理区 840 条自然村解决用电问题，改善了老区群众生产生活条件。

1999 年，市有关部门对老区实行重点扶持，投入扶持边远老区用电建设资金 50 万元，架设高压线路 13 千米，安装变压器 4台，解决了新垌镇苦竹根村、大坡镇坑塘村及平河村、荷塘镇伦道村 4 条老区村 400 多名群众的用电问题。至此，全市老区镇村的用电难问题全部得到解决。

5. 通信设施建设

1978—1998 年，邮电部门积极响应县（市）委、县（市）政府关于支持老区建设的号召，采取有效措施加快老区通信建设，改善老区的投资环境。先后投资近亿元，在 9 个老区镇分别建设一个以程控电话为主体，集移动电话、无线寻呼、数据通信、微波通信于一体的通信网络，架设通信线路 400 多千米，树水泥杆 8000 多条，97 条老区村开通程控电话。

1996—1999 年，市财政拨款 4000 多万元扶持老区通信设施建设，建设通信线路 20 千米（30 对），建环站 12 站，全市有老区的 175 个村委会实现村村通程控电话。

6. 医疗卫生设施建设

医疗卫生是高州的三大名片之一。由于高州老区村庄较为偏远，老区群众看病难仍然是一大问题。改革开放后，高州市在不断擦亮医疗卫生这张名片的同时，也更加重视老区卫生事业的发展，一直将老区卫生院建设纳入全市卫生事业发展规划，将解决老区群众看病难问题作为全市医疗卫生工作的重点之一。继 1981 年县财政拨款支持修建了 7 所老区卫生院后，至 1998 年，高州累计投入 4000 多万元支持老区修建、扩建卫生院 25 所，面积 1.2 万平方米，新建病房 8000 多平方米，添置医疗器械一批，培训医生护士 300 多人次。

1999 年，全市镇级卫生院基本达到"一无三配套"标准，98% 的老区村委会设立了卫生站，老区群众看病难问题基本得到解决。

2010 年，全省实施老区薄弱卫生院改造建设工作，高州累计投资 5981 万元，完成了 17 所老区卫生院的"改薄"，总建筑面积达 62767 平方米。

7. 文化及旅游设施建设

改革开放初期，老区镇村文化设施少，群众看书读报难，甚至听不到广播、看不到电视。为改变老区群众"日出而作，日落而息"的生活方式，丰富老区群众的精神生活，高州各级党委、政府和老区办、老促会积极想方设法动员各相关部门、社会各界人士多渠道筹集资金，加强老区文化建设。2017 年，全市 9 个老区镇全部建起了文化楼（站），同时还配套建设了农民技术学校、室内或露天影剧场（院）、体育室、图书室、电视室、文化室和灯光球场，部分镇村还完善了文化娱乐设施，增设了其他文化活动场所，建起了水泥灯光球场 50 个。

为加强革命传统教育，弘扬革命精神，增强全社会不忘老区、重视老区、发展老区的意识，2006 年，高州在茂名市各县（区）中率先建立了 42 座革命史迹标志。争取茂名市老促会拨款支持，建设了沙田暴动革命纪念馆。2011 年，争取广东省和茂名市老促会的支持，筹资修建了原茂名县抗日战争时期农村第一个中共地下党支部——珍珠党支部纪念馆。

革命老区具有独特的红色文化资源和美丽的自然风光优势，改革开放以来，高州革命老区结合实际，积极挖掘自有资源和优势，在传承红色文化基因、加快红色村庄建设的同时，大力打造美丽乡村、发展乡村旅游，为革命老区发展产业经济、推动乡村振兴注入了一股强大的动力。老区深镇镇积极开发自身独特的自然生态资源，致力打造仙人洞自然风景旅游区，经过 10 多年的开发建设，2016 年被评为 3A 国家级景区，被茂名市评为"十大美丽乡村"。老区镇江镇充分利用自身的地理优势和产业优势，着力打造集农业生产、休闲观光、乡村体验、健康养生餐饮于一体的南果花乡生态园和建国农业生态园，2016 年被纳入国家农业部发布的休闲农业与乡村旅游精品线路。与此同时，老区大坡镇平云山自然风景旅游区、马贵高山草甸运动小镇、南塘镇水上乐园、东岸镇双龙山生态旅游区等一批乡村旅游项目正在加快推进，并初具规模，为老区的经济振兴带来了新的希望。

　　高州革命老区通过各级党组织、政府和相关单位，以及各界热心人士的帮扶，基础设施不断完善，经济社会快速发展，老区人民的生活水平不断提高。1990 年，老区村民年人均纯收入 750 元，1996 年提高到 1930 元，1998 年提高到 2680 元（占全市农民人均收入 3450 元的 77.68%）。2017 年，高州市继续加大对革命老区的帮扶，累计筹资 2.23 亿元扶持老区村发展特色产业基地 30 多个，改造危房 4479 户，6500 多名老区群众受惠。高州老区人民已基本实现有特色产业、有住房保障、有基本医疗保障、有义务教育保障、有路通村、有饮用水、有电用、有公共服务设施、有电视看、有通信网络，老区人民正在各级党委、政府和社会各界的支持下，安居乐业奔小康。

第八章

红色资源

第一节 老区镇、老区村庄

广东省人民政府于 1989 年作出《关于泗水镇良村等三十八条自然村为"抗战"时期革命老区村庄的批复》《关于沙田镇棠仙等三十条自然村为"二战"时期革命老区村庄的批复》和 1993年《关于高州县解放战争游击根据地老区村庄问题的批复》。

根据茂名市人民政府〔1989〕10 号、11 号和〔1993〕5 号文件批复，以及广东省民政厅编《广东省革命老区村庄名册》，高州市共有革命老区镇 9 个；革命老区村庄 768 条，其中第二次国内革命战争时期革命老区村庄 40 条、抗日战争时期革命老区村庄46 条、解放战争时期革命老区村庄 682 条；有 72 处革命遗址送上级党史部门审定登记。

一、老区镇

云潭镇、沙田镇、镇江镇、顿梭镇（今荷塘镇）、潭头镇、深镇镇、东岸镇、大潮镇（合并为东岸镇）、平山镇。

二、老区村庄

（一）第二次国内革命战争时期革命老区村庄（40 条）

沙田镇：新村、大德、黄泥垌（从大德村分出）、棠仙、塘湖、山背、那敢、新那敢（从那敢村分出）、田寮、满村、山曜、上下坝、木榍、里村、关塘、大屋垌、狮子坡、垌心（从狮子坡村分出）、上大坡、下大坡、大坺口、周村、大坳、良新、横岭背、太和、长秧地、坑尾、米田、古邦、古电坡、曹岭、朋坑、山心、石柜、瓜地坡、奎山、杨村、北峰、高坡。

（二）抗日战争时期革命老区村庄（46 条）

云潭镇：石古垌、石广田、洞仔塱、珍珠洞、金斗平（原今斗平村）、企水、平水尾、木横田、平水、山平、丰文垌、严垌、大屋、凤尾、榕木塘、丽珠坡（原老珠坡村）。

泗水镇：黄榄园、坡尾、渡简塘、良村。

石鼓镇：湖塘。

南塘镇：白坑。

东岸镇：石古垌、大垌、横山、辉村、大箩。

潭头镇：白铺、学庄、大埡。

大坡镇：横埇、龙文肚（原我文肚村）、福州（原金州村）。

曹江镇：凤村、古柳坡、竹坑、木兰坡、磨刀水、槟榔缺、先觉、里村、高岭。

荷塘镇：苏坑、大丰山、高坡。

金山街道：板桥。

（三）解放战争时期革命老区村庄（682 条）

谢鸡镇：大池塘、泽路、石奎、坪石、谢鸡坡。

新垌镇：马兰、潭和角（从马兰村分出）、良坑、大路径、东茂坡、沙垌、门口坡、坡尾、出瑞龙、埫垌、长爵垌、西华坡、长田、陈坑、卓村、云炉圩、岭背塘、苦竹根、麻田、软坳、干河口、小窜、田中间。

云潭镇：湾角（河朗管区）、严水垌、双垌、中间垌、山仔尾、独莲塘、高坡、旧屋垌、岭脚、荔枝田、黄坑、王坑仔、沙耙洞、抉竹根、塘面垌、大垌、长塘、白水、六塘、塘角、黄岗垌、榕木坪、上垌、黄泥头、湾鱼塘、聂竹、青尾垌、牛蕴、闸仔边、河心瑯、马竹角、垌头、三米垌、下垌头、大罗山、龙眼塘、枧坑、塘面山、竹山坡、坡背、坡头、山塘面、洋尾坡、埖头垌、大垌、大村、官田、荔枝山、当铺、大坡田、龙屋、坡尾、立石、中坑、甘卜园、陂头坡、对文、筲箕岭、乌丘角、岭尾、读岗、林屋龙、坡上垌、红花坡、塘坝、垌心、深水洞、博马、勒竹园、山坪、湾角（平垌管区）、铺垌、黄竹桥、大塘、杉木地、沙田、那梨、夹胫、杨桃窝、官垌、滑石河。

分界镇：田头屋、樟木根、龚屋、里屋角。

泗水镇：鹤地坡、宁境、石桥、大龙、滩底、塘尾、松塘、松秀坡、里坑、西坑仔、藤坑、黎坑。

石鼓镇：大兴园、鱼良塘、背底岭、方地、菠萝塘、新坡坦。

镇江镇：交椅岭、启秀坡、求志墩、孖带塘、芳岭、低塘（新圳管区）、塘洒、荣高、旧圳、上大岭、下大岭、简头、燕山、低塘（大岭管区）、书房岭、香山、华塘、上合丫、下合丫、西山、庄谢、荷村、圩队、南山、樟山、埖井、大冲、丰村、甘村、金山、雅根、对文村、上介首、下介首、介首坡、满村、日久冲、新塘、竹根园、茶壶岭、大坡垌、大地、低村（大垌管区）、樟木根、大垌、玉山、元山、元山坡、丰满、上岸、罗背岭、留坡、坡头、陂心、水表山、蒲瓜岭、陂进口、历陂、福石、低村（福石管区）、薄水、达桥、岭墩、上塘、木垌、塘荣、江口、石兰、宁福山、新村、横岭、油屋、秧地岭、竹根围、竹山铺、牛皮窝、含屋、下山、上朋山、下朋山、新陂岭、低坡、陂头、山腰窝、上街圩、下街圩、门口坑、牛头岭、埖埂、黄垌、新安、低垌山。

祥山镇（现并石鼓镇）：大地、长竹山、密山。

沙田镇：上水口、下水口、卢村、鸡滕岭、高山、车田屋、西岸、学塘山、山背园、桃栏、垌尾、结彩、滩头、都安、三家店、新塘、木棉、罗坑、沙背、墩背、四方田、新屋、低垃、昊岭、合兰门、到例、上车、下车、黄泥塘、坡头、西水、门口坡、官岭、村心、朱屋、大坡、南蔡、陈屋、塭头、棉根、合丫、低垌、良坑、瑞钦埇、排步、秧地坡、岭头、山口坡、乐山、罗屋、岭背。

南塘镇：安沙。

荷花镇：塘教、高及、金坑、牛头坡、车山、竹山塘、平棉、大枧、小枧、塘表、移山垌、荔枝根、黄九圬、文头垌、平当、圩头垌、山口（茂山管区）、大朗埇、大埇、潘龙、界牌、茂地埇、官田垌、厥居坡、潭坡、角埇、高断、过塘口、佛子岭、佛子圳、凤村、山口（张家堡管区）、高山垌、水岸、大垌、竹山、旺村、北培、茶山塘、双望。

石板镇：牛屎埂、那怀、火烟、水浸坡、昭垌、河坑口、良村、岭岗、羊耳埇、山咀、鱼鹤嘴、石村、东岸、茂坲、高桥、祥山、酒戽坲、樟岸、樟坑、石塘、马兰坡、老虎坑、山马、公坑、蒙村坡。

东岸镇：六加圳、旺竹塘（才口管区）、大路辟、营盘脚、进福湾、旺坡、大坑塘、大田坑、大垌、利足、岭山、大石湾、古塚、良岭、长岗、大律、大村、戊名塘、山鸭、木格、大旺竹、淡朋、清湾、旺竹塘（石古垌管区）、双思岗（从旺竹塘村分出）、粟坡、坑口、高车田、大应、黄榄圳、高岭咀、竹山、高车。

大潮镇：三吉、白水脑、旺安坪、桐油根、马地埇、丰梢根、六眼根、垌心圳、圳肚、中间垌、旺垌、三甲、十九垌、垭头、平石、运坑、潭螺、十二火灶、大田垌、大圳、先坑、位坑、白坟圳、水西、志甲、学田、西山、六耀塘。

大井镇：翁公塘、上垌、陈铁岸、湾角、沙垌、金鸡坳、双城、陂头、白冲坡、坡头、木广垌、上平、木垌、伍村、长沙、平浪、大应、伸坑、水对冲。

潭头镇：乾坡、谢村、朱玉笏、潭头、五村、水埇边、坡尾、山脚、高灯、良坑、西坑、清垌、大寨、沉洲、荷木嘴、白南垌、苏木嘴、良善垌、凤坡、长坡、吉堆坡、丁村、甘村、垌尾、石溪。

长坡镇：丹竹根、设教、新坡、林坑、低垌、柴坡、岭脚。

大坡镇：荒塘、大坪、格苍、西埇、东垭、大朗坡、黄茶、朋情、平河、下村、新田、下三祝、千友、上垌、深水埇、广塝根、山心、木头冲、石坎埠、下垌。

平山镇：田坪、老和、新和、正埇、埇口（田坪管区）、旺坑、高坡岭、灯草塘、垭公口、大王岭、龙湾、石古坳、木禾塘、大塘边、塘铺、柴坡、水尾、泮水塘、合石、贺垌、良坑田、大仁庙、玉坑塘、高良坡、龙头坳、新村、水头坑、大平岭、合水口、丹心埇、天堂岭、禾龙地、十块垭、猪头地、白石脚、贺垌埇、凤祥尾、榕木根、崩坎头、埇口（福芳管区）、尤进塘。

深镇镇：苏坑、新垌、良坑、禾仓、南山、又进、横坑、坑尾（柏坑管区）、石灰尾、覩底、文坡、担水坑、平乔、石塯垌、宁坑、旧圩、山坪、沙蓝、丹元、大水、车田、龙岩、芦蓬、灯心塘、仙人垌、文化口、佛子坳、坑尾（大田管区）、新村、枫梢根、大路边、三进石、梅子坪、玉田坑、横茶。

马贵镇：牛胫、大路面、梨竹山、大坑。

古丁镇：垭田、北河口、里坑、独田、大瓦尾、小垭田、根竹头、西坑、柏木坪、茂坡岭、深水垌。

曹江镇：培坑、潭村、沙地、连角塘。

荷塘镇：大平、大岭下、大悦塘、樟木垌、大垯坡、官山、良村、河漠嘴、伦村、竹山、塘肚、松明、沙垌、灯路、北埇、赤坑、大路埂、东埇、沉坑、里坑、山口、大利、吉集、双坟、田心、德礼坡、六岸坡、石头塘、陈家坡、石龙、陂头、大南、石马、鸭薮、实寿埇、帝坑、旧塘头、秧埚、大岭坡、大有埇、高仰、坑尾、长滩、山塘、木坑、火甲、大埚、山湖塘、棠南、则古塘、大塘边、陈同、茶山、小江、桃坑、良子坑、良蓬、存心、由义埇、香地坡、那鸾、田背、金峒坡、佳乐坑、六来、秧地坡、六双、黄陂、旺久地、上伦道、东华山、大义水、大旺坡。

宝光街道：丁堂、良坑、坡头、上村、东岸、程村、六耙、陂边、木坑、丹妥、大垌、山底、留峒、荷木坡、旺坡、龙坑、平山、帮田、北坑口、旺兴坡、八角山、甘岭、谢岭、南楼、埠头圩、上连塘、下连塘、车田尾、旧坡、塘头坡、雷府。

石仔岭街道：塘背、大村（原塘背大村）。

金山街道：黄鳝塘、陈峒圩、红粉营、深田坡、陂头、里麻。

附：部分革命老区村庄史迹

沙田镇木槵村

1927 年 4 月，国民党右派叛变革命后，中共南路特委决定举行沙田暴动，武装反击国民党反动派。中共南路特委派周颂年、朱也赤、车振伦到沙田做组织策划工作，成立了暴动领导机构，任命李雅可、李雅度为正、副军事指挥。3 月 22 日凌晨，各村农军在木槵村集合，宣布举行暴动。农军首先攻克了周村堡，取得了暴动的第一个胜利。木槵村参加暴动的农军近 60 人，有 48 名妇女参加做后勤工作。暴动后遭国民党茂名县当局镇压。1945 年下半年，中共茂名县党组织派朱益昌到下茂西木槵村一带做恢复革命斗争工作。1947 年 4 月，化茂边区及祥莲、沙顿、道平 3 个乡相继成立了人民政府，辖木榅等村的周村行政村政权也随之成立，并成立了村农会和地下军（民兵组织）。1948 年 2 月，在金坑坳战斗中，化茂边区及 3 个乡的主要领导人叶宜劲、朱益昌、卢初隆、卢俭隆等牺牲，革命力量遭受重大损失。国民党茂名县反动当局对这一带的村庄进行轮番“扫荡”，木榅等村群众不怕危险，支持化茂边党组织、游击队，以六王岭、马蹄岭为基地坚持斗争，直至解放战争胜利。

云潭镇珍珠垌村

珍珠垌村是抗日战争时期茂名县党组织恢复重建后，茂名县第一个农村中共党支部的诞生地。

1939 年 2 月，香港学生赈济会青年回国服务团第一团（下称“服务团”）派出由共产党员陈达英、黄沙、黄飞、梁仲华等 10 多人组成的小分队来到云潭，发动农民参加抗日救亡运动，组织抗日团体，培养入党对象，发展党员。在珍珠垌，从农民中先后吸收抗日救亡活动的积极分子张杞才、张桂春、张桂秋、张汝才等 10 多人为党员，并于 1939 年 10 月先后建立了珍珠垌党支部和企水党支部，张杞才和张桂秋分别任党支部书记。1940 年夏，服务团被迫撤离，珍珠垌党组织继续领导群众开展革命斗争，在珍珠垌村及周边村庄建立了游击根据地。解放战争时期，中共茂电信党组织在这里召开了茂名、电白、信宜三县武装斗争骨干会议，制定了茂电信革命斗争方针策略。南路人民抗日解放军茂名大队、南路人民抗日解放军四团六连以珍珠垌为基地，进行整训和开展武装斗争；茂电信独立六大队及独立连在云潭根据地人民的支持下，牵制了茂电阳之敌大量有生力量，支援了化吴廉等地的革命斗争；中国人民解放军粤桂边纵队第五支队第十四团在云潭组建并在珍珠垌村进行训练。

在多次反"扫荡"中，珍珠垌人民不畏艰险、不怕牺牲，先后有张梓才、张桂秋、赵善彩等献出了宝贵的生命，许多群众被敌人逮捕，遭受严刑拷打与残酷折磨，均英勇不屈。革命战争年代，珍珠垌群众捐献了粮食 2.7 万多斤及武器弹药一批，支持中共党组织游击队、武工队。

泗水镇良村

1944 年夏，高州中学抗日游击小组成员吴汉兴受中共茂电信特派员陈华委派，回到家乡良村开展抗日宣传，组建抗日武装队伍。在他的发动下，良村及附近村庄有 100 多人参加抗日游击小组。吴汉兴在良村建立地下交通联络站，该交通站曾一度成为中共茂电信党组织联络中心。1945 年 1 月中旬，陈华驻良村指挥茂电信抗日武装起义。泗水起义受挫后，吴汉兴领导成立中共良村支部，带领群众坚持斗争。1947 年中，曾一度转移到电白羊角的吴汉兴奉命返回良村活动，在良村周围村庄发展游击小组，筹粮筹款，筹集枪械，建立生理会（即农会）等组织，开展反"三征"斗争，先后恢复交通联络站，发展游击小组成员 200 多人，形成了以良村为中心的重点游击区，良村再度成为茂电信联络中心。中共茂电信党组织分别于 1947 年 6 月及 12 月在良村召开会议，先后成立中共茂名中心县委、中共茂电信工委，制定了对敌斗争策略，有力推动了茂电信革命斗争发展。

1947—1948 年间，国民党军警多次"围剿"良村地区。吴云标、吴阁臣、吴炳权、吴炳旭、吴炳球、吴亚董、严信青、严耀光、严耀青、卢坤龙、卢坤华、卢坤惠、卢甘林、卢树南等被杀害，卢树进被捉坐牢病死狱中，吴祥光、吴正标等人被捉关押。1949 年 5 月 4 日，吴汉兴来到分界龚屋村治病，敌军警得到密报，前来围捕，吴汉兴在突围时壮烈牺牲。吴贤标亦于同年 10 月在阳江被国民党杀害。

在抗日战争和解放战争中，良村人民为茂名县的解放事业作出了不可磨灭的贡献。

大井镇伍村

1926 年春，广东省农民协会南路办事处干事朱也赤、茂名县北区农民运动特派员梁列楷等，到伍村一带开展农民运动组织发动工作，在伍村俞氏宗祠成立东才下乡农会，开展减租减息斗争。

1944 年 9 月，伍村青年俞钧、俞辉在广雅中学参加抗日游击小组，随后回乡宣传抗日。1947 年 6 月，俞钧奉中共茂名中心县委书记王国强之命，在伍村建立茂电信交通联络总站，与茂名、电白、信宜三县的主要地下交通分站形成交通网络。后又建立了高岭咀、大应村、高车等多个交通分站和联络点。中共茂电信党组织的王国强、林其材、郑光民、钟正书、车振伦、张虎、杨麟等曾来检查工作和食宿。四、五、六 3 个保 10 多条村庄成为"白皮红心"的两面政权，族老把俞氏祠堂的 10 多支长枪及一批子弹送给武工队使用，动员 10 多位青年参加革命队伍。1949 年 1 月，在伍村成立了下茂北党支部，吴卓璧任书记，何逢林、列玉阶任支部委员。俞受隆、俞文炳、俞文明等近 20 人在伍村参加武工队。后来，交通员俞受隆担任东征部队向导，俞钧随部队东征。伍村革命活动一直坚持到解放战争胜利。

大井镇大应村

1947 年夏，俞钧奉中共茂名中心县委书记王国强之命，到大井镇大应村开展革命活动，发展欧炽祥、欧叶三奶等加入游击小组，并在该村建立交通联络站。该站与伍村、长沙、高岭咀交通联络站连成一片，又与信宜、电白、高州城和茂南交通联络站连成一线，中共茂电信工委领导通过该站联系茂电信各地，其是中共茂电信主要领导人过往住宿之所。交通站设在欧炽祥和欧叶三奶家里，负责人为欧炽祥和欧叶三奶，中共党员袁李光、张阿珍夫妇和廖镇海等人任专职交通员，当地的俞文炳、俞寿隆任兼职交通员。中共茂电信党组织王国强、林其材、车振伦、郑光民、钟正书、梁甫、叶锦、简常、熊夏武、何逢林、汤志道、卢国盛等同志曾到此从事革命活动。欧炽祥、欧叶三奶和村里群众热情地接待革命同志，为他们烧水煮饭，送医送药，抢救伤员，收集情报，掩护革命同志脱险。欧叶三奶家贫，拉黄牛抵债，卖掉母猪，上山打柴烧炭，多方筹款买米，采摘山果野菜，供革命同志吃用。1948 年 6 月 24 日，欧叶三奶在趁大井圩时，遇上叛徒被捕，欧叶三奶儿子欧瑞桂、怀孕的媳妇任大嫂、堂叔欧炽祥等也被敌人捉去，他们任凭敌人严刑逼供，也绝不泄露党的秘密。1948 年 7 月 22 日，4 人被国民党反动派杀害于高州城东门岭，成为轰动一时的"四尸五命"惨案。

曹江镇凤村

1926 年，中共茂名县支部负责人、广东省农民协会南路办事处干事朱也赤到曹江地区做组织发动工作，发展革命力量。他在凤村等村庄成立农会，发动 1000 多人参加农会，领导农民进行减租减息等斗争。

1939 年，杨飞加入中国共产党后，在其影响下，杨超、杨麟、杨丽及该村梁平等先后加入中国共产党。1941 年，杨飞等被派回曹江镇凤村一带开展革命活动。杨家便成为当时革命斗争联络点和指挥部，有很多革命同志都曾在杨飞家住过。1942 年春，中共南路特委领导梁嘉在凤村杨飞家住，并先后几次在此召开茂名、电白、信宜、化县、吴川五县地下党领导人会议，布置工作。

1944 年底，中共茂电信特派员陈华派杨飞、杨超、罗强、杨麟、王志文、叶琼森、黄兰芳、张锡德、杨丽等人回凤村筹备起义，共发展了 200 多人，成立了茂北游击大队，大队长为杨飞。1945 年 2 月 1 日，40 多名游击队员集中凤村，宣布起义，其中凤村参加起义者 20 多人。起义队伍于当晚攻陷杨官首席保办事处，缴获步枪 30 多支、子弹 3000 多发、手榴弹 100 多枚。接着攻打曹江乡公所未遂。杨麟、梁枫、梁基赵等人组成手枪队，坚持斗争三个多月。起义爆发后，茂名县国民党顽固派纠集了 1000 多兵力进行"扫荡"，重兵驻扎凤村等村庄实行严密"围剿"，有 400 多名群众被关押审讯，并被乘机抢劫大量财物。游击队员王志文、罗传佳、白玉衡、刘国义、黄汉澄、罗传友、亚梁九等和群众杨九妹被敌人杀害。凤村人民为革命作出了重大贡献。

深镇镇旧圩村

中华人民共和国成立前，深镇镇旧圩村原属国民党信宜县龙觊乡第二十一保。在解放战争时期，中共茂北区党组织及武工队先后领导该村村民开展革命斗争，开辟了游击革命根据地。1947 年 2 月，中共茂北区委委员杨麟与武工队员周宗岳到旧圩村（原深镇圩旧址），以摆药摊专医气喘病为掩护进行串连发动群众，各地的武工队员也陆续到旧圩村活动。通过宣传、教育，群众被发动起来，组织成立了农会，邓瑜瑞任会长，发展会员 60 多人，还成立了一支 30 多人的乡队（民兵组织）。开展游击战争中，该村贯彻共产党的统战政策，副保长邓维彬、旧圩村的甲长邓旭文都参加了革命斗争，形成了"白皮红心"的两面政权，邓旭文成为开展抗税、减租和废债等斗争的主要组织者。旧圩村人民在革命斗争中，积极支持配合地下党组织及武工队开展革命活动。1948 年冬，在组建茂名县独立大队时，该村陈瑜汉等 5 人参军；

陈瑜广等捐粮 20 多担、枪 10 多支、麻布 20 丈,支持部队建设。

深镇镇文坡、苏坑村

文坡、苏坑村是茂名县独立大队成立和活动的地方。1947 年初,杨麟与周宗岳受中共茂电信党组织派遣到龙靓乡(当时属信宜,革命工作由茂电信党组织直管)活动,在文坡、苏坑等村设立交通联络站,开辟代号称"台湾区"游击区,成立以杨麟为书记的中共"台湾区"支部,组建一支 10 多人的武工队。同年 7 月,文坡、苏坑村农会成立,有会员 80 多人,并组建一支 30 多人的乡队(民兵组织)。1948 年 11 月,杨麟奉命组建茂名县独立大队(代号"大钊大队"),1949 年 2 月正式成立,队址设在苏坑梁家祠堂,大队长刘绍兰,政委杨麟;大队下辖一个中队,中队长黎日坤,指导员俞辉,全队 80 多人。在"大钊大队"组建过程中,文坡、苏坑村群众踊跃捐粮、捐款、捐物支持部队建设,共捐粮 150 多担、枪 7 支及子弹数百发。"大钊大队"成立不久,即奉命转到信(宜)罗(定)边境活动。1949 年 3 月、4 月间,国民党茂名县当局派兵反复"扫荡"茂北区,在苏坑、文坡、横坑、禾仓等地捉走地下工作者和群众 70 多人,杀害李庆惠、卢再弦等 11 人。

东岸镇石古垌村

石古垌村是抗日战争和解放战争时期,中共茂名县党组织重要的革命活动根据地。1941 年夏,中共茂名县委领导人陈华选定石古垌村作为革命活动重点村庄,派中共党员冯宗基等到石古垌一带开展革命活动,建立交通联络站,发展游击小组成员 100 多人。1945 年初,茂名县抗日武装起义失败后,中共茂电信党组织领导人陈华、李载赓、廖树莱、张虎、郑光民等先后转移到石古峒活动。同年 10 月，在该村成立中共茂北区委，在冯宗桂家成立交通联络站，中共茂电信特派员陈华通过该站指挥茂电信革命斗争。1947 年 7 月，茂北党组织领导人周文莲等在石古峒、良德一带组织武工队，开辟代号为"青岛区"游击区。10 月 6 日，国民党信宜县当局派兵前来"围剿"，地下交通员及时报讯，当晚正在开会的中共信宜县特派员郑光民、茂北区委书记张虎等 20 多人迅速转移脱险。后来，茂电信之敌多次对石古峒一带村庄进行"扫荡"，由于当地群众支持掩护，在这一带活动的党组织领导人及游击队均安全转移。

荷塘镇伦道村

1944 年，中共茂西特派员黄达荣及中共党员刘圣清等到伦道开展革命活动，设立交通联络站，发展游击小组成员 100 多人。1945 年 1 月，中共茂西党组织在伦道设立茂西抗日武装起义指挥部。2 月 2 日，起义队伍在伦道苏坑会合，伦道参加的达 120 多人。起义队伍攻克国民党顽固派道平乡公所，随即撤回苏坑，后分散隐蔽。起义领导人黄达荣、梁德玉及邱承章、黎志球等在起义中被捕牺牲。奉命前来支援茂西抗日武装起义的南路人民抗日解放军二支队陈以铁、李一鸣两个大队 200 多人到达茂西时，那里的起义已失败。3 月 4 日，陈以铁、李一鸣两个大队撤到伦道木坑塘村，遭"扫荡"的敌人袭击。战斗中，有 6 名游击队员牺牲，12 名被捕，其中陈以铁等 9 人被押到高州城杀害，其余部队人员在当地群众掩护下安全脱险，重返化吴游击根据地。1947 年 4 月，化茂边区及祥莲、沙顿、道平 3 个乡相继成立人民政府，伦道成立行政村政权和农会、地下军（民兵组织）。1948 年 3 月，在伦道附近的金坑的战斗中，化茂边区及 3 个乡主要领导人叶宜劲、朱益昌、卢初隆、卢俭隆等牺牲，化茂党组织和游击队在伦道等村的群众支持下，以马蹄岭为据点，坚持斗争。

在革命战争岁月里，伦道群众在中共党组织领导下，积极支持和参加革命斗争。据不完全统计，仅上伦道、东华山、大旺、大义水4条自然村就捐粮食100多石、捐款240多元及捐物资一批支持党组织和游击队。1949年11月，为堵截国民党白崇禧残部，伦道全村群众投入支前，组织300多人上马蹄岭前线，协助解放军修筑工事、运粮、运弹药、转运伤员等。

荷花镇金坑村

1944年，中共茂西特派员黄达荣到金坑一带活动，吸收张延渭、梁国屏等一批游击小组成员。1945年2月，茂西抗日武装起义失败，黄达荣牺牲，张延渭、梁国屏隐蔽坚持斗争。1947年，中共信宜县党组织派陆明章回贺花领导开展革命活动，以金坑为据点向周边村庄发展，吸收一批游击小组成员，成立农会和民兵组织。1949年3月，中共茂名县委委员梁振初奉命接收上茂西革命工作，领导成立党、团支部，组建武工队，开辟以金坑为中心地跨两省（区）三县代号称"黑龙江"游击区，并在金坑建立交通联络总站。1949年3月，中共茂名县委奉命组建第十四团，茂西组建3个连编入第十四团第一营，指挥部设于金坑，梁振初负责指挥。11月，梁振初率领部队解放了贺花乡，接着先后解放化北宝圩和播扬、广西北流信礼及禾界等乡，随后参加阻击国民党白崇禧残部南逃战斗。新民主主义革命时期，金坑及周围村庄广大群众积极支持革命，为革命胜利作出了贡献。仅1948年夏，金坑村群众就捐献稻谷30多石、枪16支、子弹200多发支援游击队，有60多人直接参军参战。

金山街道板桥村

1940 年，中共地下党员罗秋云受中共茂名县党组织派遣，回板桥村从事革命活动，1941 年当选陈垌乡乡长，党员车克猷当乡自卫班班长，使自卫班成为革命武装，建立了"白皮红心"的乡级政权。中共党员伍学海、李颐年以小学教师身份为掩护，在板桥村进行抗日救亡活动。1944 年，中共党组织派钟正书、罗秋云、梁碧、钟乃绩在板桥村成立党支部，钟乃绩任书记，党员有罗焕球、车鸣佳等人。中共板桥村党支部在本地发展爱国青年罗润球、罗万全、罗彩云、罗兴云、罗龙云、罗绮云、罗振兴、罗伯珍等为游击队员，继而进行筹枪筹款。板桥村群众把用祖尝购买的 25 支步枪、2 支短枪、1500 发子弹捐献给游击队；罗秋云妻把陪嫁的七石租田变卖得款数百银圆，全部交给游击队使用。1948 年 8 月，国民党茂名县反动当局派兵前来"清乡"围村，捕去罗秋云母亲冯志嫦、妻子董秀英及其幼年儿女罗列英、罗列丰，其弟罗彩云、罗兴云等 6 人，董秀英在狱中被迫害致死。该村在中共茂名县党组织的领导下，从 1940 年起，坚持革命斗争，直至解放，为革命事业作出了贡献。

谢鸡镇大池塘村

1944 年中，中共茂电信特派员陈华派中共党员李明（李载赓）到谢鸡乡大池塘村开展革命活动，吸收了该村的袁明林、袁思武、袁达坤、袁达清等人加入游击小组，并在大池塘村袁明林家建立交通联络站。该村与谢鸡坡的革命活动紧密联系，以开设武术馆为掩护，成立了农会和民兵组织，程培芬为农会会长，程祖荣为民兵队队长。1946 年，游击小组及民兵发展到 100 多人。农会、游击小组及民兵发动和领导群众进行抗租抗息及筹粮、筹款、筹枪等活动，先后筹集到长枪 30 多支、手枪 10 多支、弹药一批、粮食 15 石、白银 200 多元支持革命。地下党组织领导人陈华、郑光民、梁昌东、李匡一等曾到该村隐蔽，领导开展革命活动。经常有游击队员到大池塘村的阿公山、杨左塘等地食宿。后来，袁明林被捕并于 1948 年在宝安石河滩被敌人杀害。1948 年，因敌人到该村进行围捕和"扫荡"，交通联络站撤销，游击队被迫转移。

革命遗址

2010 年 10 月开展的全国革命遗址的普查中，高州市送上级党史部门审定登记的革命遗址有 72 处。

潘州街道：

中共南路地委机关、广东省农民协会南路办事处旧址——南皋学舍

香港学生赈济会青年回国服务团团部、中共高雷工委机关旧址——益寿庵

高州中学革命遗址——高州中学初中部

茂名中学革命遗址——高州市第二中学

德明中学革命遗址——高州市第一中学

石仔岭街道：

中共茂名县委塘背地下党交通站遗址

宝光街道：

高州革命烈士陵园

广东省南路民众抗日救国团体驻地旧址——张炎小学

八角山村革命遗址

广南中心小学革命遗址——西岸中心小学

茂名师范学校革命遗址——广东石油化工学院高州师范学院

金山街道：
板桥村革命斗争遗址
陈垌村革命遗址
车友佳革命烈士墓
里麻村革命遗址
罗秋云故居

谢鸡镇：
中共茂电信大池塘交通联络站遗址
中共茂名中心县委深洞会议遗址

新垌镇：
中共茂东区委马兰交通联络站遗址——白云山冼太庙
茂东云炉乡革命斗争遗址——苦竹根村

云潭镇：
云潭珍珠党支部革命遗址
云潭革命烈士陵园

分界镇：
茂名县保安中学革命遗址——分界中学
田头屋交通联络站遗址

根子镇：
茂电信独立连浮山岭战斗遗址

泗水镇：

吴汉兴烈士墓——泗水中学运动场边岭

中共茂名中心县委、中共茂电信工委成立会议遗址——良村

六匝村革命遗址

石鼓镇：

茂南人民抗日武装起义遗址——董干才家

镇江镇：

大垌铺夺枪战斗遗址

沙田镇：

沙田金坑战斗遗址

沙田暴动队伍集结地遗址——木㮌村

沙田革命纪念室

高州西部革命烈士纪念碑

沙田暴动战斗遗址——新村

南塘镇：

白坑村革命遗址

化北茂西阻击战指挥部遗址——杨氏石堡祠

荷花镇：

中共茂名县委上茂西交通联络总站及"黑龙江"游击区武装

斗争指挥部遗址——金坑村

张家堡山口交通联络站遗址——张氏大宗祠

潘龙村革命遗址

东岸镇：

中共茂北区委及交通联络站遗址——石古垌冯氏宗祠、老村小学

高岭咀村革命遗址

大箩村革命遗址

岑山村革命遗址

中共茂北区委书记张虎故居——里坑村

大圯村革命遗址

大井镇：

东岸下乡农民协会及茂电信党组织交通联络总站遗址——俞氏宗祠、俞钧家

茂电信党组织大应交通联络站遗址——欧炽祥、欧叶三奶家

潭头镇：

白铺村革命遗址

大埫村革命遗址

乾坡村革命遗址

长坡镇（县域副中心）：

李文新革命旧居

梁昌东革命旧居

张永强革命烈士墓

周宗岳革命烈士故居

大坡镇：

平云山村革命遗址——平云山冼太庙

平山镇：

茂名县独立大队（代号"大钊大队"）革命活动遗址——崩窝祠堂

茂北武装工作队革命活动遗址——古塘碉堡

深镇镇：

茂名县"大钊大队"成立遗址——文坡、苏坑村

大田佛子坳、村尾村革命遗址

茂北游击根据地遗址——东塘村

深镇旧圩村革命遗址

马贵镇：

马东乡政府革命遗址

马贵车头关帝庙革命遗址

美国援华抗日第 14 航空队（又称飞虎队）坠机遗址——飞机坑

古丁镇：

柏河村革命活动遗址

曹江镇：

警群小学革命遗址——古柳坡小学

曹江抗日武装起义遗址——杨飞家

茂北区农民协会遗址——梁氏宗祠

先觉村革命遗址

茂北区曹江乡竹坑交通联络站遗址

荷塘镇：

陈以铁、李一鸣大队茂西战斗遗址——木坑塘村

附：部分革命遗址简介

中共南路特委机关、广东省农民协会
南路办事处旧址——南皋学舍

南皋学舍位于高州城环城东路，是大革命时期中共南路地委机关、广东省农民协会南路办事处、中共茂名县党组织所在地。

1926 年 7 月，广东省农民协会南路办事处、中共南路特委机关从梅菉迁至高州近圣书院，后移至南皋学舍，领导广东南路地区的党组织和工农运动；下辖茂名、电白、信宜、化县、吴川、廉江、遂溪、徐闻、海康、阳江、阳春、钦县、防城、合浦、灵山及梅菉市、北海市 17 个县市。首任省农民运动南路办事处主任兼中共南路特委书记黄学增、茂名县农民协会筹备委员会主任兼中共茂名县党组织负责人朱也赤同住在南皋学舍。在这里，曾举办过南路所属 17 个县市的农会骨干培训班，召开过南路农民代表会议、南路工人代表会议、南路青年代表会议。南路的工农运动风起云涌，声势浩大。特别是茂名县的农民运动如火如荼，当时全县 155 个乡中，已有 40 多个乡成立了农会，农会会员近 10 万人，成为广东南路工农运动的中心。

1927 年 4 月 12 日，蒋介石在上海制造了"四一二"反革命政变，反革命浪潮很快波及高州。4 月 18 日，高州反动当局调集军队包围南皋学舍，但中共南路特委机关及农民运动办事处人员在国民党军队到达前一小时已全部安全撤离。后中共广东南路领导机关及广东省农民协会南路办事处转移至广州湾（今湛江港），继续领导开展革命活动。

南皋学舍原是一座建于清代的古建筑，为州府学宫生员所居。该建筑为三进二层楼房结构，总进深 31.6 米，面阔 12.65 米。现为省级文物保护单位。

香港学生赈济会青年回国服务团团部、
中共高雷工委机关旧址——益寿庵

益寿庵位于高州城西关路，是香港学生赈济会青年回国服务团团部、中共高雷工委机关、中共南路特委机关所在地旧址。

抗日战争全面爆发后，1938 年 12 月，应国民党爱国将领、广东省民众抗日自卫团第十一区统率委员会主任张炎的邀请，中共广东东南特委以香港学生赈济会名义，派遣一个以共产党员为主体并建立特别支部的回国服务团第一团到南路活动，团部设在高州城西关路的益寿庵。服务团第一批到达高州的有 20 多人，后逐渐增加到 100 多人。服务团在发展党员，帮助恢复重建地方党组织；推动张炎抗日，发动群众开展抗日救亡运动，逐步建立游击根据地等方面作出了重大贡献。1939 年夏，中共广东省委派遣周楠到高州组建高雷工委，其办事机构也设在益寿庵。1940 年 1 月，高雷工委改为南路特委，特委机关地点不变。同年 5 月，蒋介石掀起抗日战争爆发后的第一次反共浪潮波及广东，张炎受国民党反动当局排挤、迫害而被迫辞职，服务团及中共南路特委机关也被迫撤离高州。

益寿庵原是始建于明代的庵堂建筑，总进深 37.31 米，面阔 21.32 米。1986 年，高州市人民政府公布其为文物保护单位。

茂北区农民协会遗址——梁氏宗祠

该遗址位于曹江镇银堂村委会。

1926 年 5 月，梁列楷被广东省农民协会南路办事处任命为茂名县区级农民运动特派员。6 月，茂北的帅堂、南山、回盘、东岸、安良等乡成立了农会。随后，在朱也赤的指导下，于安良乡梁氏宗祠成立了北区农民协会筹备处，选举梁列楷为主任。9 月，茂北四分之三的乡都成立了农会，会员发展到 2 万多人。为统一农民运动的步调，11 月 14 日，茂北区 600 名农民代表集中在梁氏宗祠开会，成立茂北区农会。全县 40 多个乡农会代表列席了大会，这是茂名县最早成立的区级农会。广东省农民协会南路办事处主任黄学增，委员韩盈、梁本荣等和茂名农民协会筹备委员会主任朱也赤参加成立大会并讲话。会议选举梁列楷、张功臣、何超然、揭禄卿、范典臣等 13 人为茂北区农会委员，梁列楷为委员长。大会结束后，晚上举行庆祝游行。游行队伍经过安良、帅堂、大坡、南山、古柳 5 个乡。农民沿途高呼口号，在大地主梁拜卿、梁殷臣家门口贴标语、呼口号。茂北区农会成立，推动了全县农民运动的发展。

广东省南路民众抗日救国团体驻地旧址——张炎小学

该旧址位于高州市宝光街道。

1938 年 10 月，以抗日爱国将领张炎为首的广东省民众抗日自卫团第十一区游击司令部从梅菉迁驻高州。11 月，改称广东省民众抗日自卫团第七区游击指挥部。1939 年初，张炎被委任为广东第七区行政督察专员，仍兼第七区游击司令。张炎在共产党人的推动和帮助下，先后在高州城西红花庙（中华人民共和国成立后，在庙内设红花小学，后在庙后这些团体驻地建起教学楼，改名为张炎小学）组建了十六干部教导队、乡村工作团、战时工作队、学生队等抗日团队。有不少中共党组织负责人和共产党员被张炎任命为这些团体的骨干，如中共高雷工委和茂名县工委领导成员陆新、刘谈锋、阮明等被任命为学生队的教官；共产党员陈次彬被任为学生队副总队长；在这些团体中任职的共产党员还有黄洛思、黄景文、李康寿、彭中英、陈信材、叶信芳、谢玖、杨昌东、程耀连、杨飞等。团体成员大部分都是社会进步青年或进步学生。团体集训按照中国人民抗日军事政治大学的教案进行学习和培训，红花庙成为这些团体的集训中心。中共党组织在这些团体中发展 100 多名党员。集训结束后，各团队有组织地分赴南路各县开展工作，对广东南路地区党的重建和抗日救亡运动发挥了很大作用，产生了积极的影响。后因国民党顽固派的排挤、迫害，张炎于 1940 年夏被迫辞职。各抗日团队也被迫解散。红花庙，在南路人民抗日救亡史上留下了可歌可泣的一页。

沙田暴动战斗遗址——新村

该遗址位于高州市沙田镇沙田村。

1928 年 2 月，中共南路特委周颂年、朱也赤和车振伦等根据广东省委指示，在茂名县沙田组织农民武装暴动，新村群众大力支持，并踊跃参加。3 月 22 日，暴动农军在李雅可、李雅度、周君载、李叔明的指挥下，暴动队伍 200 多人高举红旗，攻打周志坚等地主堡垒，连续占领 5 个村庄。新村君载楼是暴动农军的据点之一，与敬轩楼（又叫豆饼屋）、狮子坡形成掎角之势。农民暴动爆发后，遭到反动地主阶级的疯狂反扑和国民党反动派的残酷镇压。23 日、24 日，国民党茂名县反动当局连续从高州城派兵两批，前往镇压暴动农民。农民武装在国民党反动武装的攻击下，退守君载楼、敬轩楼和狮子坡 3 个据点抵抗敌人。后来，为了避免不必要的损失，农军撤出了君载楼等固守的据点，退到六王岭上，坚持斗争。

曹江抗日武装起义遗址——杨飞故居

该遗址位于曹江镇凤村村委会。

在大革命时期，中共茂名县党组织领导人朱也赤到凤村开展革命运动时，就常驻在杨飞故居。在抗日战争时期，1940年下半年至1942年下半年，经中共茂名县党组织安排杨飞打入古柳乡任保长，建立"白皮红心"的两面政权。中共南路特委领导人梁嘉曾在这里主持召开茂名、电白、信宜地下党领导人会议，指导茂名、电白、信宜的革命工作；中共茂名县委领导人李明华、陈华此时也隐蔽在凤村附近，以杨飞故居为中心，从事领导全县的地下革命工作，这里曾一度成为中共茂名县委机关所在地。同时，还在此举办过茂名县党员培训班等。1945年春，中共茂名县特派员陈华根据上级指示，在茂名县发动了茂东、茂南、茂西、茂北抗日武装起义，其中杨飞故居是茂北抗日武装起义的指挥部和集结地。

杨飞故居是一座建于清末的民间建筑，距今已有180多年历史。由于年代久远，原故居已经崩塌，2018年对故居进行复原，并作为"曹江抗日武装起义纪念馆"的一部分进行布展。

茂名县独立大队（代号"大钊大队"）成立遗址——文坡、苏坑村

该遗址位于高州市深镇镇良平、河口村委会境内。

文坡、苏坑村在中华人民共和国成立前属信宜县龙觊乡（今高州市深镇镇），在解放战争时期，龙觊乡的革命组织由中共茂名县委领导。1947年初，杨麟与周宗岳受党派遣到龙觊乡活动，建立武工队、成立党支部、设立交通联络站、开辟游击区（代号"台湾区"）。1948年8月，中共茂电信工委决定建立主力部队，

各县组建一个县大队。11 月，杨麟奉命组建茂名县独立大队，在良平村委会苏坑村梁氏祠堂，成立了由杨麟、周文莲、黎武、梁淮、余芝惠、吴卓璧、廖镇海、李文新等同志组成的"大钊大队"筹建委员会。1949 年 2 月，茂名县独立大队（代号"大钊大队"）正式在河口村委会文坡村梁氏祖屋成立，大队长刘绍兰，政委杨麟。大队下辖一个中队，中队长黎日坤，指导员俞辉，文化教员梁基赵、周群，特务长毛亚伟，全队 80 多人。"大钊大队"建立不久，即奉命转到信（宜）罗（定）边境活动，建立游击区。

由于年代久远，风雨侵蚀，文坡梁氏祖屋、苏坑梁氏祠堂主体尚在，但均已多处破烂。

茂电信党组织领导人和游击队的
秘密驻地——罗秋云故居

该遗址位于高州市金山街道办板桥村内。

罗秋云参加革命后，在他的影响下，他的兄弟罗彩云、罗兴云、罗龙云、罗绮云等都跟着干革命，他的母亲和妻子也配合做好接待工作，他家成为茂电信党组织领导人和游击队的秘密驻地。因其宅面积大、房间多，曾居住过百多名游击队员。罗秋云全家倾尽家财为游击队筹枪、筹粮，其妻把陪嫁的七石租田变卖得款数百银圆，全部交给游击队使用。1948 年 8 月，国民党茂名县反动当局派兵前来"清乡"围村，捕去罗秋云妻子董秀英及其幼年儿女罗列英、罗列丰，其弟罗彩云、罗兴云等 6 人，在狱中迫害董秀英至死。

该宅历经百多年的风雨、虫蚁的损坏，已显破败。由于欠修缮现有一踏已倒塌，门楼的阁楼木也腐烂了，门窗、瓦面、墙体等都有不同程度损坏。

大垌铺夺枪战斗遗址

该遗址位于高州市镇江镇大垌村。

1944 年秋，日寇即将打通湘桂线，国民党顽固派投降派积极反共、消极抗日，南路就要变成敌后，中共南路党组织肩负起抗战卫国重任，建立自主的抗日武装。11 月初，中共茂名县党组织获悉国民党顽固派军队广东省保十团要运送一批枪支到化县连界"剿共"，中共南路特委领导成员温焯华决定夺取这批枪支，充实抗日武装队伍装备。温焯华与中共茂电信特派员陈华商议，从茂南、茂北、高州城抗日游击小组调集车振伦、罗秋云、罗选之、车振文、李文新、苏捷先、梁仔、吴炳兴、罗润荣、董悦武、叶辉荣组成夺枪队，并筹集了 7 支短枪和手榴弹装备夺枪队。夺枪队以车振伦、罗秋云为正、副指挥，罗选之、车振文为正、副队长。

夺枪队在大垌铺设伏。11 月 4 日中午，押送枪支的国民党保十团士兵到达大垌铺歇脚吃粥，夺枪队乘机夺得机关枪 2 挺、步枪 10 余支及手榴弹和子弹一批。在战斗中，罗选之、车振文壮烈牺牲，李文新负伤，大垌铺老板黄统佈也不幸遇难。后人为纪念这次夺枪的壮举和纪念在这次战斗中牺牲的同志，在战斗遗址上建立了一座革命纪念馆。

茂电信独立连浮山岭战斗遗址

该遗址位于高州市根子镇浮山村委会。

1947 年初，中共南路党组织发动遂、廉、化武装起义，引起了敌人大规模"围剿"。中共南路党组织指示茂电信独立大队加快开辟茂电阳游击区，牵制国民党对遂廉化游击区的"围剿"。中共茂电信党组织将茂电信独立大队整编为"独立连"，连长梁振初，指导员钟正书。1947 年 4 月，为牵制敌人，独立连奉命回师茂电信。部队在中共茂电信军事特派员王国强等率领下，向茂电阳山区进发，在电白观珠袭击了乡公所，缴获长枪10多支及物资一批。敌人调集500多人追击，独立连退到浮山岭企石庙蜈蚣岭一带伏击，歼敌20多人，敌军败退。5月初，国民党调集茂名保警队、自卫队、联防队及乡兵警察400多人从根子上山，再次围攻独立连。独立连在浮山岭北麓洗太庙一带迎敌，毙敌10多人，击退敌人的进攻。5月下旬，国民党纠集茂名、电白、阳江三县兵力2000多人第三次围攻独立连，独立连退到浮山岭顶抗击敌军，战斗持续一整天，击退敌人发动的5次进攻，毙伤敌30多人，入夜后游击区取得补给，后直上云潭根据地坚持斗争。

化北茂西阻击战指挥部遗址——杨氏石堡祠

该遗址位于南塘镇丰词村委会。

杨氏石堡祠建于清朝咸丰年间，历史悠久，曾成为解放战争时期茂名县军事活动场所。1949年，国民党军白崇禧残部发动"南线攻势"，准备从广西经茂名县（今高州市）逃往海南。解放军十四军四十一师等在茂名县南塘圩至化县（今化州市）宝圩之间进行阻击，十四军指挥部设在石堡祠，军长李成芳、政委雷荣天、副军长兼参谋长王启明、政治部主任朱佩等都在祠内坐镇指挥，与祠相邻的三角堡、猪腰堡、鹿脚堡、罗伞堡作为警卫部队的驻地，在周围的石坑岭、仙坑笔架岭、亚公髻岭、马蹄岭深挖战壕，战地电话线从石堡祠牵引到各阵地指挥所。11月26日，阻击战正式打响，沿线群众在当地共产党组织率领下，积极支援前线。尤其在石坑岭激战中，附近几个村庄的甲长带领群众，与解放军战士一起到仙坑村地主杨景茗家，征用稻谷30多担加工成大米送到解放军部队营地，不少群众主动送去蔬菜、番薯、大米等慰劳解放军。国民党军在飞机的掩护下先后5次向石坑岭等阵地发动猛烈进攻，均被解放军击退。俘虏了包括国民党第七军军长阎仁毅等官兵一批，粉碎了国民党军经高州南逃海南岛的企图，为聚歼白崇禧残部赢得了时间。

美国抗日飞虎队坠机遗址——飞机坑

该遗址位于马贵镇大西村。

1944 年 10 月 23 日晚上约 11 时，一架在中国参加抗日战争的美国第十四航空队（飞虎队）B24 式轰炸机因被日军击中，由北往南飞过棉被顶时失去控制，一头往下坠落，撞毁于马贵大西村棉被顶山腰的木窿坑。坠机时，有 2 名飞行员跳伞，其中 1 名生还、1 名牺牲。生还的那名飞行员着地后，摸黑前行到山脚下的切菜坪村。第二天早晨，该村村民宁日秀起床开门，发现门口站着一个身高近 2 米，蓝眼睛、高鼻子、黄头发的外国人，大吃一惊。在语言不通的情况下，飞行员指着自己胸前的胸章，比画着告诉宁日秀：他是来帮助中国人民的，他的飞机掉了，战友牺牲了，请给予帮助。随后又微笑着向宁日秀出示证件，这个证件加盖了中国国防部大印，有"来华助战，洋人美国，军民一体"三行字。宁日秀随后带飞行员到三垌祠堂，村民们知道后，有的提来热水给飞行员擦洗脸部的轻微伤口，有的送来热鸡蛋，有的捧来热鸡汤，还有的送来了炒米粉。

当天，马东乡乡长李广鹏及时向上级作了汇报，并亲自把飞行员领到马东车头村关帝庙妥善安置。第三天，飞行员身体恢复后，当地乡、区政府逐级上送。信宜县政府为这名飞行员举行了隆重的欢迎仪式，全城群众夹道欢迎。

人们为了不忘中美两国人民友好合作抗击日本侵略军的历史，不忘飞虎队的英雄们为中国人民的抗日战争立下的不朽功勋，将原名木窿坑改称为飞机坑。

第三节 茂名县新民主主义革命时期烈士（含深镇镇）共 274 名

一、大革命时期和土地革命战争时期牺牲的烈士（23 名）

朱也赤　　叶福兴　　李雅度　　魏如珍　　朱寅昌（朱吟昌）

朱益初　　李家保　　周积彬　　刘寿全　　魏如茂　　梁泽庵

郭振荣　　罗氏（女）　　　　朱顺华　　黄应隆　　黄程兴

李雅可　　李植创　　朱庆齐　　杨有创　　陈　时　　龙少涛

杨绍栋

二、抗日战争时期牺牲的烈士（1937 年 7 月 7 日至 1945 年 9 月 2 日）（36 名）

梁弘道　　梁德玉　　邱承章　　黎宗球　　梁巨汉　　黄达荣

车振民（车亚理）　　吕清如　　占亚何　　罗选芝　　万秀武

万秀坤　　车祖胜（车之机）　　梁　毅（梁道亮）　　李立溪

李亚晚（李云松）　　容启钦　　杨花福　　杨康日　　梁之梗

欧鼎寰　　陈棠熙　　招亚稳　　王二奶（女）　　　　李贤高

李崇周　　张亚德　　张锦崇　　张述清　　李就祥　　张贵荣

张亚水　　张胜龙　　李淑明（女）　　　　李　冰　　杨越石

三、解放战争时期牺牲的烈士（1945 年 9 月 3 日至 1949 年 9 月 30 日）（208 名）

黄茂权	张桂秋	龙源西	郭焕荣	吴汉兴（吴亚牛）
吴云标（吴亚彩）	张均邦	张淦秋	吴贤标（吴亚古）	
严信青	车友佳	陈伯芳	吴炳郁（鸡公头）	卢坤惠
卢坤龙	卢金林（卢炳燊）	吴炳球	严耀光	张均廷
吴炳权	卢坤华	车意佳	陈昭鸿	朱益昌	卢俭隆
卢国盛（卢海光）	卢初隆	邱善章	程致坤	宁德远
黎志生（黎土生）	张遵中	张伯科	张锡安	梁特立
邱壁坚	陆贤兴	潘亚华	陈亚保	周宗岳	岑耀东
岑庆寿	谭宇兴	黎首文	黎日光	黎伯荣	周仕贵
甘卓文	白玉衡	黄汉澄	罗传佳	刘国义	陈崇福
罗志坚（女）	吴炳煜	朱俭隆	黎日亨	欧炽祥
欧瑞桂	任大嫂（女）	欧叶三奶（女）	冯维初
赵善彩	卢金寿	张梓才（张子才）	杨士清	黎忠桓
熊宜武	陈寿东	袁明林	黎柏林	宁日权	欧远生
唐亚明	邓炳业	杨康日	李乾珍（女）	卢树南
邓亚四	李满枝	张永强	杨士诸	郑　兴
郑　奎（郑占诗）	李桂品（李桂英）	李福南	谭亚庆
谭仲才	李立庚（李亚统）	谭汝浩	陈宏禄（豆腐禄）
郑　康	郑　金	蔡　寿	郑　桂	柯文龙
苏之日（苏日娟）	陈　鹏（陈桂生）	梁　关（梁友德）
韦成荣（亚关）	高日养	杨日康	梁亚六（梁同六）
杨佳六	招栋伦	冯日新	潘康新	冯华保	杨汝有
杨有章	黄培生	梁亚飞（梁亚之）	叶贵文	叶荣端
梁均胜（梁亚波）	杨连枝	潘亚轩（女）	潘汝新

杨亚就	王氏（王二奶，女）	杨和仔（杨亚和）		杨柏森
梁之模	李 嘉（女）|	陈应时	侯德华	林亚瑞
徐亚鸡	陈学德	吴仕龙	容荣玉	梅佐良	陈 就
李雨生	吴振升	李萌华	何信生	郑亚帝	林亚养
李敬钦	张光惠	林亚福	李高扬	陈亚勇	李观福
张滔寿	何华日	张帝元	何任堂	张余家	李军虾
李荫民	杜振周	林亚富	李惠坚	李华胜	李日光
张国柱	李茂民	张亚米（女）|	梁五奶	张应六
张日洪	何郁荣	张迪贵（女）		李康华（女）	
何顺初	何余恩	何本就	李庆余	李敷荣	李兴和
李士生	吕宏芬	杜高明	李进运	李日辉	李汝均
张惠东	张迪才	李妙华	李帝珍	李祥茂	张瑞崇
张秀清	张二奶	李泮香	杨福彬	谢月容	杜明光
李 华（女）		杜金福	何志深	何国民（女）	
杨亚荣	杨亚旺	杨廉金	杨月珍	郭士兴	郭高才
郭高茂	杨日旺	梅春心（女）|	郭朝英	曾卓庭
郭祥兴	曾亚土	黄锡永（黄木羊）|	黄东全	李庆惠
陈东荣	卢进焕	梁世唐	梁光昌（梁刚昌）|	梁世永

四、外籍在茂名县牺牲的烈士名单（22 名）

（一）第一、第二次国内革命战争时期（2 名）

黄平民　陈 梅

（二）抗日战争时期（14 名）

苏爱莲（苏少婉）		张惠东	骆期初（骆亚富）		陈以铁
梁尚文	张绍基	张帝元	翟福新	杨士生	李茂和
陈子成	朱康生	李兴基	范 栻		

（三）解放战争时期（6 名）

黄载源	叶宜劲	李 锋	黄崧森	郑康平	田 耕

革命纪念场馆

高州市历来重视革命纪念场馆的建设，至 2017 年底，全市建有革命烈士陵园 3 个，革命历史纪念馆（室）6 个。

一、革命烈士陵园

高州市革命烈士陵园、茂西革命烈士陵园、云潭革命烈士陵园。

二、革命历史纪念馆（室）

高州市革命历史纪念馆、云潭珍珠革命历史纪念馆、深镇苏坑革命历史纪念馆、荷花革命历史纪念馆、曹江抗日武装起义纪念馆、沙田革命历史纪念室。

附：部分革命纪念场馆简介

高州革命烈士陵园

高州市革命烈士陵园是省重点烈士纪念建筑物保护单位。高州于 1957 年 7 月着手兴建烈士陵园，把朱也赤、黄平民等烈士的遗骨迁葬到烈士陵园，1959 年 9 月扩建成园。烈士陵园分陵门、陵碑、陵墓三区。陵门为三拱牌楼式结构，前后顺随山势设步级而上；陵碑区内建有皇冠式纪念碑一座，四周镶嵌刻录烈士斗争概况；陵墓区为收集和安葬烈士遗骨之所。陵园四周砌有砖石墓墙，园内建筑结构紧凑，庄严肃穆。由墓墙往外 9 米内为陵园的重点保护区。

市委、市政府高度重视高州市烈士陵园的维修建设工作，经过多次修缮，现在展现在人们眼前的是一个有规模、上档次、风景秀丽的革命烈士陵园，是广大市民、中小学生开展缅怀、悼念革命先烈的活动场所，是高州市以至广东南路的爱国主义教育基地。

高州市革命历史纪念馆

为继承和发扬中国共产党人光荣的革命传统，传递红色基因，中共高州市委、市政府于 2003 年在具有重要历史纪念意义的南皋学舍，布展成高州市革命历史纪念馆，2014 年进行了翻修布展。新展馆利用南皋学舍的西边单元进行布展，布展面积约 1000 多平方米。布展内容从第一次国内革命战争的 1925 年至现在，分为星火燎原、抗日烽烟、解放洪流、英烈永存、老区奉献、老干功勋、继往开来七部分。既有图片展示又有文字说明，图文并茂；还有人物浮雕和雕塑以及各个时期的文物等，布局合理，内容丰富。展现了革命战争年代，高州人民在中国共产党的领导下，为了人民的解放事业，不惜流血牺牲，前赴后继，勇往直前，谱写了一篇篇气壮山河的历史篇章；在革命胜利后的社会主义建设中，为了祖国的繁荣富强，艰苦奋斗、勇于探索、奋力拼搏，描绘了一幅幅绚丽的画卷。这是高州市革命传统和爱国主义教育基地。

重要革命人物简介

一、革命烈士

朱也赤

茂名县文田乡（今茂南区金塘镇白土村）人，是茂名县最早的中共党员、茂名县中共组织创建人。在谭平山影响下，朱也赤于 1922 年 5 月在广东高等师范学校加入中国社会主义青年团，随后转为中共党员。1925 年冬，受党组织委派回高州开展革命工作。1926 年，任国民党茂名县党部执行委员会常务委员、中共茂名县支部书记、茂名县农民协会筹备委员会主任、广东省农民协会南路办事处总干事。他以国民党、共产党、农民协会三方负责人身份领导全县革命工作，迅速开创了革命新局面，使茂名县成为广东南路工农运动中心。1927 年 3 月，朱也赤主持中共南路地委和广东省农民协会南路办事处工作。4 月 18 日，高州发生反革命政变，他带领南路党、团、农民运动领导成员和骨干转移到广州湾开展革命工作。5 月，主持召开南路党团紧急会议和南路农民代表会议，成立南路革命领导机构——南路农民革命委员会，朱也赤当选主任。12 月，领导信宜怀乡起义，任起义军司令，建立怀乡区苏维埃政府。1928 年 1 月，他奉命回南路特委机关工作，参加领导高州沙田暴动、化州夏收暴动。7 月，当选中共南路特委常委。11 月，因叛徒告密，朱也赤在广州湾被捕，后押解回高州监狱。他在狱中受尽酷刑，始终坚贞不屈，写下就义诗五首，表达对党和人民无限忠诚热爱。12 月 23 日，朱也赤在高州东门岭壮烈牺牲，时年 30 岁。1929 年 1 月，中共广东省委向全省各级党组织和全体党员发出通告，悼念朱也赤等南路死难烈士。

黄学增

广东省遂溪市人，广东著名的农民运动领袖。1923 年加入中国共产党。1924 年参加广州第一届农民运动讲习所学习结业后，积极投身农民运动，被委任为国民党中央农民部特派员。1925 年 5 月，在广东省农民协会第一次代表大会上被选为广东省农民协会执行委员会委员兼秘书。是年秋，任中共广东区委农民运动委员会委员，与彭湃、阮啸仙、周其鉴等领导广东区的农民运动。同年 10 月，他以国民党中央农民部特派员、国民党广东省党部南路特别委员会委员、中共广东区委南路特派员三重身份到南路开展革命活动。1926 年 3 月，广东省农民协会南路办事处成立，黄学增任办事处主任，带领朱也赤等农会干部，深入发动群众，南路农民运动迅猛发展，仅茂名县就有 40 个乡成立了农会，有农会会员超 10 万人，南路各县的中共基层组织也建立了起来。1927 年初，中共广东南路地方委员会成立，黄学增任书记兼南路农民自卫军指挥。1928 年 4 月，任中共广东省委委员；7 月，任中共琼崖特委书记，领导成立了琼崖苏维埃政府和中国工农红军琼崖独立师并兼任师政委。1929 年 7 月，因叛徒出卖，黄学增在海口被捕。敌人许以金钱、高官厚禄诱惑，被他严词拒绝。8 月 12 日，黄学增被敌人杀害于海口红坎，牺牲时年仅 29 岁。

梁泽庵

大井镇新坑村人，茂名县早期共产党员。梁泽庵积极投身革命活动，1926 年 5 月由朱也赤吸收为中共党员，并被广东省农民协会南路办事处任命为茂西农民运动特派员，领导茂西的农民运动工作。在茂西的 32 个乡中，有一半成立了农会，会员 2 万多人。他卖掉自己大部分租田作农会经费，在农会成立农军，保护农民利益，维护社会治安，领导农民与地主恶霸作斗争，实行"二五"减租，开办平民学校、夜校等。1927 年 4 月 12 日，蒋介石发动反革命政变，高州反动军政当局执行其指令，向人民举起屠刀，大肆搜捕屠杀共产党人和革命群众。4 月 21 日，梁泽庵在大井圩被捕。22 日清晨，敌人押解他到高州城郊的冷水铺将其杀害，时年 40 岁。

李雅可

沙田镇山曜村人，沙田地区农民运动特派员，沙田暴动领导人。1926 年，李雅可积极投身农民运动。1927 年 4 月，国民党高州反动当局紧跟蒋介石，对革命者和群众进行血腥镇压。李雅可不畏强暴，坚持与敌人作斗争，被中共南路特委任命为沙田地区农民运动特派员。他与李雅度、周君载等积极做串连发动工作，在 25 条村庄秘密恢复了农会。1928 年初，被中共南路特委任命为沙田暴动总指挥。3 月 22 日暴动爆发，他率领农军英勇奋战，抗击敌军。由于敌强我弱，暴动失败，李雅可等被迫撤退隐蔽。后来，他转移至海南，在对敌斗争中牺牲。

梁弘道

南塘镇白坑村人。1935 年在上海读大学时，梁弘道就参加革命活动，1939 年春加入中国共产党，参与推动张炎开展抗日救亡工作，在张炎的团体内先后任十一区游击司令部谘议、战时工作队茂名队队长、七区守备部通信总站站长、茂西游击根据地主任等职。1940 年，张炎下台后，梁弘道转入做地下工作。他变卖家中田产，支持革命。1943 年秋，受党组织派遣到吴川县政府工作，负责推动张炎、詹武邦反顽抗日。1945 年 1 月，吴川抗日武装起义爆发，梁弘道被任命为广东南路人民抗日解放军第二支队第四大队大队长。1 月 31 日，他率部在吴川竹根园村突围时牺牲。

黄达荣

荷花镇潭坡村人。1939 年 7 月，黄达荣参加张炎举办的学生队。1940 年夏，学生队等抗日团体被迫解散后，他和黄载源一起来往高州、广州湾，运回进步书报，卖给进步学生。1941 年春，黄达荣在陈华直接领导下工作，任茂名县委交通联络员。同年冬，参加中国共产党。1942 年秋，被派到高州城郊西岸广南中心小学任教，团结校长林肖玲，努力开展抗日救亡工作。1942 年冬，任地下党在高州城成立的革命报刊发行中心组组长。1944 年夏，任中共茂西区特派员，建立游击小组。12 月初，任南路人民抗日解放军茂西游击大队政委兼策反组组长，负责领导茂西区武装起义。1945 年 2 月茂西抗日武装起义失败后黄达荣被捕，在狱中他告诫大家："革命和抗日一定会胜利，你们要经得起考验，可以用各种理由辩解，但不能暴露组织。"敌人对他用尽酷刑逼供，但他早已将生死置之度外，大义凛然，坚贞不屈，痛斥国民党反动派破坏抗日、压迫人民的罪行。2 月 29 日下午，黄达荣神态自若地与战友告别，从容步上刑场。他放声高呼："抗日必胜！""打倒国民党反动派！""中国共产党万岁！"慷慨就义。

梁德玉

南塘镇白坑村人，茂西抗日武装起义主要领导人之一。1941年在茂名师范学校读书时，梁德玉就开始参加革命活动，1944年1月参加中国共产党；同年7月回茂西开展革命活动，与黄达荣共同负责茂西的组织武装工作；同年冬，被党组织任命为茂西抗日游击大队大队长，领导发动茂西抗日武装起义。1945年2月2日，起义爆发。由于敌强我弱，起义失败，梁德玉不幸被捕。他在敌人的审讯庭上慷慨陈词，揭露国民党顽固派罪行，驳斥得敌人无言以对而恼羞成怒；他在狱中不受威逼利诱，与敌人作坚决的斗争，受尽严刑，坚贞不屈。2月20日，梁德玉被敌人押解到城东坡耀杀害。

李淑明

茂名县白沙乡（今茂南区镇盛镇）人。1941年秋，李淑明进入茂南中学读书即积极参加各种抗日活动。1944年10月，在高州女子师范学校就读时加入抗日游击小组。她积极投身抗日武装起义的准备工作，说服自己的母亲把家里的左轮手枪一支、七九枪弹百余颗和一些现款交给组织。1945年1月28日，李淑明奉命到烧酒参加抗日武装起义，在陈垌圩被敌人逮捕。在狱中，她痛斥敌人的暴行，历尽敌人的各种严刑。为掩护被捕未暴露的战友和党组织，她没向敌人透露丝毫秘密，遍体鳞伤还向牢房的女囚宣传革命道理。她托尚未暴露的同志说："我准备牺牲了，你出狱后请将情况向组织汇报，李淑明永不叛党。"当李淑明的母亲到狱中看望她时，她说："妈妈，不要悲伤，眼泪不会使敌人放下屠刀，我做的事是光明正大的，革命一定成功。"2月12日，敌人将她押赴刑场，她沿途高呼"打倒国民党反动派！""中国共产党万岁!"敌人在高州城外东门岭将她杀害,牺牲时年仅 18 岁。1993 年,中共茂名市委根据李淑明遗愿,追认她为中共正式党员。

郑　奎

茂名县飞马乡(今茂南区鳌头镇)人。1938 年,郑奎参加抗日救亡活动;同年冬,出任飞马乡乡长,接受中共党组织领导,成为革命的两面政权。1940 年夏,加入中国共产党。1945 年 2 月 16 日,茂南烧酒抗日武装起义,任茂南抗日游击大队副大队长兼中队长。1945 年 7 月,领导茂南覃巴再次举行武装起义,任南路人民抗日解放军茂名大队大队长。不久,部队奉命转战到廉江新塘整编为南路人民解放军四团六连,任连长。9 月,部队奉命回茂电信活动。1946 年 4 月,茂电信武工队成立,党组织任命郑奎为队长。5 月底,他与政委钟正书率队到信宜开辟新根据地。队伍经过信宜小水时,与敌相遇,郑奎等 4 人被捕。他们坚贞不屈,任凭敌人严刑,都没吐露党的机密。敌人无计可施,6 月 4 日,便将郑奎等 4 人押赴刑场,在东镇圩边的狗屎坜将其杀害,途中他们高呼口号,沿途观看的群众深受感动,很多人泪如泉涌。

罗淑英

高州城砚塘街人,茂南覃巴武工队领导人。1937 年,抗日战争全面爆发,罗淑英积极参加抗日救亡活动。1938 年,先后参加张炎的抗日团体十六干部教导队、乡村工作团。1939 年,加入中国共产党。1940 年中,张炎下台后,她按党组织的指示,在城区的文强学舍以开洗衣店为掩护设立地下交通站。1941 年,她与龙思云结婚后,转到茂南、茂西以教书为掩护,开展革命活动,负责同当地的党员联系。1945 年 2 月,她生下小孩刚满月不久,毅然把小孩给别人寄养，便参加茂南烧酒抗日武装起义。烧酒起义失败后，罗淑英奉命转移到电白隐蔽活动。1947 年春，她被派往茂南与梁关一起领导覃巴武工队，梁关牺牲后，她领导武工队坚持斗争。7 月，她在去向上级党组织汇报的途中不幸被捕。在狱中敌人将她倒吊、毒打、火烙、电刑，全身血肉模糊，她坚贞不屈。为掩护一同被捕的同志和家人，罗淑英不承认自己的名字，不指认其他被捕的同志，也不承认到狱中探望她的母亲。7 月底，她在高州城南深窿英勇就义，时年仅 26 岁。

大应村四烈士

欧叶三奶，大井镇大应村人，解放战争时期茂电信党组织大应交通联络站负责人之一。1947 年夏参加革命，7 月茂电信党组织在大应村设立交通联络站，任命欧叶三奶和欧炽祥为负责人。该站为沟通茂电信各地的联系、传递信息情报、掩护重要人员过往、支援发展扩大游击区，成绩显著。1948 年 6 月，由于叛徒出卖，欧叶三奶和她的儿子欧瑞桂、媳妇任大嫂（已怀孕）、堂叔欧炽祥被敌人逮捕。他们统一口径，忍受敌人的酷刑，始终坚贞不屈，守口如瓶。欧叶三奶对牵连入狱尚未暴露的侄女欧瑞芳说："我可能出不去了，如果我家的人都牺牲了，你们出去时，请把我的孙女委托盛祥叔养大她，此外别无所求，为革命牺牲是我的心愿。"7 月 22 日，敌人公开在高州城外东门岭黄牛圳将欧叶三奶及欧炽祥、欧瑞桂、任大嫂杀害。

吴汉兴

泗水镇良村人，茂东区党组织负责人。1942 年在高州中学读书时，吴汉兴就积极参加革命活动。1944 年夏参加游击小组，同年冬奉命回良村开展革命活动，在家建立交通联络站。中共茂电信特派员陈华驻良村，指挥茂电信的抗日武装起义。1945 年 6 月，吴汉兴被吸收为中共党员，不久即转移到电白坚持斗争。1947 年 6 月，吴汉兴奉命回家乡做恢复发展游击区工作。他建立了以良村为中心的游击根据地和一批交通联络站，良村成为茂电信的联络中心，中共茂名中心县委和中共茂电信工委的第一次会议均在此召开。1949 年 4 月，中共茂名县委指示吴汉兴与李匡一筹建茂东区委。5 月 4 日，吴汉兴患病住在保安乡龚屋龚瑞芳家治疗，因叛徒告密被围，他在突围中牺牲。

梁之模　李　嘉

　　梁之模，茂名县兰石乡（今吴川市兰石镇）人；李嘉，电白区坡心镇人，梁之模妻子。梁之模、李嘉夫妇是在那烽火的革命斗争岁月中，为革命英勇献身的一对杰出的夫妻。

　　梁之模读书时就积极参加爱国学生运动，1939 年秋从中山大学毕业即回乡到张炎的乡村工作团担任特训班指导员。他还在家乡兰石宣传共产党抗日救国主张，开展反贪官污吏、改组乡政权等革命活动。梁之模于 1944 年夏出任《高州民国日报》总编辑，与地下党组织通力合作管好这块宣传阵地。

　　李嘉在 1938 年夏初中毕业即先后参加了张炎成立的妇女服务队、十六干部教导队、乡村工作团等抗日团体，积极参加抗日救亡运动。1940 年 4 月，加入中国共产党。1940 年夏，张炎下台后，李嘉在飞马和兰石建立了交通联络站，并利用其哥郑奎（李嘉养母的继子）是飞马乡乡长的身份，为党组织安排和掩护了一批革命同志在飞马、兰石一带开展活动。1942 年秋，党组织安排李嘉进入高州女子师范学校简师班就读，并担任该校地下党支部书记。1943 年毕业后，李嘉留女子师范附小任教，继续领导女子师范学校学生运动。1944 年，李嘉被选为县妇女会理事长。1944

年 12 月，李嘉、梁之模参加茂南抗日武装起义筹备工作，李嘉被任命为茂南游击大队后勤处副主任，梁之模参加政治部工作。李嘉变卖了家中收藏的布匹、首饰等财物，筹款支持起义队伍。起义失败后，梁之模、李嘉夫妇被转移到阳江掩蔽。抗日战争胜利后，国民党逮捕了梁之模、李嘉夫妇，在织篑烟篑墩岭将他们杀害。临刑前，他们高呼"打倒国民党反动派""中国共产党万岁"等口号，表现了他们宁死不屈的崇高革命精神。

二、重要革命领导人

周　楠

广东省中山市三乡镇人。1929 年加入中国共产党。1937 年在广州领导开展职工运动，带领工人开展革命斗争。1938 年任中共广州市委常委兼市委职工运动委员会书记、广东省委职工委员会委员。他经常深入工厂，注重培养工人积极分子，壮大党组织。1939 年 3 月，调往广东南路筹备成立中共高雷工委。5 月，中共高雷工委在高州城益寿庵成立，周楠任书记，领导开展统一战线工作，部署抗日救亡活动。同时建立党的基层组织和抗日救亡群众团体，在粤西掀起抗日救亡热潮。1940 年 2 月，中共高雷工委撤销，成立中共南路特委，周楠改任特委书记，贯彻隐蔽待机、积蓄革命力量的斗争策略，争取和团结国民党左派及各界进步力量共同抗日。1945 年，领导南路抗日武装起义。抗日战争胜利后，统筹整合各方力量建立武装部队。1946 年，调任中共广东区委驻越南劳动党中央联络员。1947 年，任中共粤桂滇边区工作委员会书记。1948 年，率部队挺进云南开辟滇东南革命根据地。

陈 华

曾用名丁宗瑛、丁瑛，广东省梅县人。1936 年加入中国共产党。1938 年 12 月受党组织委派到遂溪工作。1940 年 11 月，任中共茂名县委委员、县委宣传部部长，主管高州城区革命工作，团结进步人士，取得高州民国日报社控制权，利用该文化阵地进行抗日宣传和对国民党顽固派作斗争，加强对学生运动引导，使高州城学生运动蓬勃发展，在南路乃至广东产生重大影响。1942 年 6 月，陈华与李明华一起被任命为中共茂名县特派员，共同领导茂名县革命工作。1944 年 10 月，任中共茂电信特派员兼茂名县特派员，组织发动茂电信地区抗日武装起义。1946 年春，在云潭珍珠召开茂名、电白、信宜三县武装斗争骨干会议，调整革命斗争策略，逐步恢复革命力量。1946 年 9 月，调任中共粤桂边区〔钦廉四属（合浦县、钦县、灵山县、防城县）、桂中南〕特派员。1949 年，任中共六万山地委书记兼支队政委。

王国强

广东省遂溪市人。1938 年加入中国共产党。1940 年，任中共信宜特别支部副书记、书记。1941 年 2 月，任中共信宜县特派员。1943 年 6 月，调吴川工作。1945 年 10 月，任中共信宜县特派员。1946 年 8 月，任中共茂名县特派员；9 月，任中共茂电信军事特派员，主管茂电信地区武装斗争。1947 年 6 月，任中共茂名中心县委书记；12 月，任中共茂电信工委书记。1948 年 8 月，任中共高阳地委委员。1949 年 4 月，任中共高州地委书记、中国人民解放军粤桂边纵队第五支队司令兼政委。在茂电信工作期间，王国强广泛组织武工队，深入发动群众，建立群众基础，大力拓展山区游击区，建立以信宜、茂北为重点纵横 600 多里的游击区，率部队取得飞马溃敌、三战浮山岭、突破敌人对云潭大森林"围剿"等一系列战斗胜利。1949 年 11 月，他率领部队协助南下解放军解放茂电信全境。

车振伦

　　广东省高州市金山街道里麻村人。1926 年底参加革命，广东南路早期的中共党员。1928 年初，参与组织领导茂名沙田农民武装暴动；同年 7 月，任中共南路特委委员、共青团南路特委书记。1928 年末，因中共南路特委遭受严重破坏，与党组织失去联系后，曾多次找党未果。1931 年九一八事变后，任国民革命军第十九路军第三五五团军需，并参加 1932 年"一二·八"淞沪抗战和 1934 年福建反蒋抗日事变。1938 年，与党组织取得联系，受党组织委派到爱国将领张炎的广州湾办事处任主任。1941 年，介绍中共党员和进步知识分子进入高州民国日报社，使之成为中共抗日救亡宣传舆论阵地。1944 年冬，指挥沙顿乡大垌铺伏击夺枪战斗取得胜利，揭开茂电信人民抗日武装斗争的序幕。1945 年 2 月，领导茂南烧酒抗日武装起义，任广东南路人民抗日解放军茂南大队大队长。1946 年春，任中共阳江县阳东区委委员。同年秋，撤往香港，任南光中学校长，从事学生运动与统战工作。1947 年 12 月，任中共茂名中心县委委员兼中共茂名县负责人。1948 年 4 月，受粤桂边地委指派任支援东征部队工作组组长协助东征部队东征粤中；同年 12 月，任中共茂电信工委常委。1949 年 4 月，任中共高州地委常委，分管军事与茂南电白武装斗争；同年 10 月，任中共高州地委兵运工作组组长，组织国民党广东保安三师副师长兼保九团团长陈赓桃率部起义，任起义部队党代表，率队北上，会合粤桂边纵队第五支队司令部及第十五团于 1949 年 10 月 22 日解放信宜县城。1949 年 11 月 5 日，任中共茂名县军事管制委员会主任、茂电信支前司令部司令。

龙思云

广东省高州市区北关街人。1938 年参加革命，1939 年参加张炎举办的学生队训练，1941 年加入中国共产党。1944 年，任中共茂南烧酒支部书记。1945 年参加领导烧酒抗日武装起义，任茂南游击大队副政委兼政治部主任。抗日武装起义失败后，率武工队在茂南袂花、覃巴一带坚持斗争。1947 年中，调信宜负责云开山区工作。1948 年，任中共"天津区"区委书记。同年 4 月，调入东征部队，进军粤中，转战罗定、云浮、两阳等地。1949 年 1 月，调任中共茂名县委书记，领导茂名县革命斗争，开展迎接解放茂名县准备工作。同年 11 月 2 日，率队伍进入高州城接收国民党茂名县政权。

梁昌东

广东省高州市长坡镇旧城村人。1938 年参加工作，1939 年春加入中国共产党。同年 7 月，参加张炎举办的学生队，任第二中队（茂名县中队）副队长和队内秘密成立的中共支部书记。1945 年，任茂名县抗日武装队伍军事指挥。1946 年中，撤往香港，任中共南路支部书记。1947 年 2 月，任中共阳江县委委员兼第八团政治处主任。1948 年，在阳江开展游击战争。1949 年 5 月，调任中共茂名县委副书记、茂名县县长，领导开展迎接解放茂名县准备工作。同年 11 月 2 日，与县委书记龙思云率县委、县政府工作人员会同解放军进入高州城，接管国民党茂名县政权。

罗秋云

广东省高州市泗水镇陈垌板桥村人。罗秋云于 1943 年参加革命工作，1944 年 1 月加入中国共产党，当年接受组织的派遣，打入国民党陈垌乡当乡长，对乡公所人员进行革命秘密串连，建立"白皮红心"的革命政权。在罗秋云的影响下，他的兄弟都跟着他干革命，全家倾尽家财支持革命。1944 年 11 月，在茂西大垌铺夺枪战斗中任副指挥。1945 年 2 月，任南路人民抗日解放军茂南大队副大队长兼陈垌中队中队长。1946 年 1 月，罗秋云返回高州，在三官顶整训后带武工队回茂南陈垌及电白羊角等地活动。当年，因叛徒告密，国民党军队包围罗秋云之家却捉不到他，就把他的妻子董氏以及两个小孩罗列英、罗列丰一起抓去坐牢。罗妻受严刑逼害致死。在白色恐怖情况下，党组织安排罗秋云转移到香港进行革命活动。1948 年，受党组织派遣回阳江组织地下游击武装，任独立营教导员。1949 年 11 月，任茂名县人民政府秘书（办公室主任）。

杨飞四兄妹

在那革命战争的烽火岁月，茂名县是一方红色沃土。茂名人民积极支持和参加革命，涌现了无数的革命家庭，其中曹江镇凤村（原古柳乡）杨飞家就是全家参加革命的一个典范，"古柳三杨"的美名至今为人传颂。

杨飞（1914—1992 年），原名杨龙泽，1938 年就读于高州中学，期间积极参加抗日救亡运动。1938 年 11 月，他离校参加张炎组织的抗日救亡工作队，任乡村工作团茂名分团组长。1939 年 3 月，加入中国共产党。同年 7 月，任学生队第七中队副小队长。1940 年 6 月，革命转入低潮。他奉组织安排打入古柳乡任保长，他家成为中共南路特委的堡垒和中共高州县委机关所在地。1942 年，革命形势好转，他奉命打入高州民国日报社当记者、编辑，与其他同志一起控制该报社，使之成为中共的宣传阵地。同时，开展统战情报工作，成效显著。1945年2月，他领导曹江人民抗日武装起义，任茂北游击大队大队长。起义受挫后，他奉上级指示转移到广西北流、玉林隐蔽，继续开展革命活动。1946年初，杨飞转移到香港。在民主同盟举办的《人民报》任校对长及在南光中学、港雅中学任教，继续进行革命工作。1948年2月，杨飞返回阳江参加武装斗争，任两阳边区独立大队大队长、中共漠东山区区委委员、中共阳江大八区委书记。在阳江时，他指挥了大当、石围、大坡山、珠环等几次出色的战斗，打败国民党军。1949年3月，任粤中纵队广阳支队参谋。7月，任中共信宜县委副书记。10月，任粤桂边纵队第五支队第十四团政治委员。

杨麟（1920—1993年），原名杨麟泽，1938年参加抗日爱国将领张炎组织的乡村工作团工作，投身抗日救亡活动。1944年冬，他返回曹江参加领导曹江人民抗日武装起义，任茂北游击大队副大队长兼中队长。起义受挫后，坚持在本地打游击与敌人周旋几个月。1945年7月，奉调参加覃巴人民抗日武装起义。同年9月，加入中国共产党。1947年春，奉命开辟茂北新区。1947年8月，组建茂北武工队，任队长；领导开辟了代号为"台湾区""广州区""青岛区"等游击区。1948年11月，奉命组建茂名县独立大队（代号"大钊大队"）；1949年2月"大钊大队"成立，任政委。1949年1月，任中共茂名县委委员。同年5月，奉命组建粤桂边纵队第五支队第十四团，任政委兼中共茂北区委书记。

杨超（1922—1993年），原名杨鹏泽，1939年3月参加抗日爱国将领张炎举办的学生队，1940年加入中国共产党。1945年2月，参加领导曹江人民抗日武装起义，任茂北抗日游击大队政治指导员。同年7月，参加覃巴抗日武装起义，任南路人民抗日解放军茂名大队副教导员（助理教导员），后整编为第四团第六连，任副指导员。1947年3月，任中共顺德党支部书记。1948年，任中共阳江大八区委委员。1949 年 1 月，任阳江中共东南区委书记；5 月，任北区区委书记；7 月，奉调回茂名任十四团政治部主任；10 月 31 日，与团长黎光烈率队伍进驻高州城。

在杨飞的影响下，其妹杨丽也跟着干革命，成为革命斗争的骨干。中华人民共和国成立后，时任中共南路特委书记梁嘉专门为杨家题词"举家为国，人间正道"，以示褒赞。

附　录

附录一

历史文献选录

中共南路特委关于茂名沙田暴动决议案

（一九二八年四月二十六日通过）

一九二八年三月二十五日，茂名沙田区的同志们领导少数农民崛起武装暴动，反抗地主豪绅阶级的压迫，他们英勇奋斗了四天，因为工作的错误，终于失败。特委认［为］此次沙田暴动对全南路工作都有影响，且可以得着严重之教训，特指示如下：

（甲）暴动前客观的条件

（一）南路统治阶级何春帆之兵力甚少，驻防于政治中心的高州也不过一营人，实数三百左右，战力不强。黄玉书部队适开往广州，剩下的不过数十人。县兵、警察都很少，而且颓废！

（二）茂名各区地主阶级之势力也不强，民团基干队数量不多且动摇。

（三）沙田地主豪绅阶级，因该区贫民群众的渐趋向革命，对农民遂加紧压迫，而激动农民之愤激。

（四）农民群众当这青黄不接之时，番薯也没有得吃，借贷则地主闭门不应，连剥削死人的高利借贷也借不到。

（五）本党在沙田之工作，自去年十二月开始后，同志们都能努力于宣传组织工作，发展甚为迅速，党员数量已有千余，且全数是贫农。所以充满了暴动的要求。各区党部也有相当工作或已开始工作。

（六）地主阶级的民团，抽收贫农群众牛头捐，故引起普遍之反对，故农民一天一天革命化。

（乙）暴动之经过

（一）爆发之先，沙田之地主豪绅见农民革命热情日高，便向进攻，集中力量并捕了一个农民同志，于是党和团的同志甚愤激，接函我们之人也愤激，遂立即举起暴动之旗帜。

（二）发动时，参加者有同志百余人，群众百余人，大约同志是武装，同志都英勇，一连占了五个村庄。随后参加暴动的增至三百人。民团基干队不敢向我们进攻。我［们］即张贴红军布告、标语于所占据之乡村，共数十张。

（三）当发动之先，书记（区委的）先通知了一个地主说："你现在快拿百元给我，不然我们要于△日暴动了，定取你的狗命。"结果拿不到［钱］倒给反动派知道了我们暴动之消息，去往请兵，并将其所有家眷都弄到一个堡垒去，所以暴动后地主一个也杀不到。暴动中群众曾进攻此［堡］垒，但不下。

（四）暴动的另［第］二天——二十六日，反动的余党（国民党）军队有一营（约三百余人）开到，民团基干队百多人也加入来围攻我们。血战一夜至二十七日早，因子弹不足，被敌陷二村庄。进村后，［敌人］乃实行杀人放火。至二十八日早，又相继失陷了两个村庄，敌人已将我们最后的保守之村庄包围，屡次冲锋，暴动之群众，一因子弹缺乏，二因没有广大群众起来，三因占领了五个村庄都没有没收地主粮食，致饿了两天，所以几乎全数失陷于敌人手中。

适那夜里下大雨，围攻的白军的军队渐为松懈，同志们乘时奋勇冲出，退上六王岭，而该村遂于二十九日宣告失陷。不过敌人并不敢向我［们］穷追。我们上岭的共有六十余人，终于没有粮食，自己解散，但个个都充满了第二次暴动的情绪。

（五）当暴动群众与白军队肉搏时，农民曾高呼"兵士啊""我们是共产党""大家都是穷佬""不要打呀""不要打呀"，但是兵士却回答说："你们是土匪""你们都是共产党，我们一定要打下你们!"

（丙）暴动的牺牲

（一）暴动失败后，至C．P．、C．Y．之文件皆失落于反动派之手中。至城市内及各区党部，均被破坏。捕去同志共数十人，被枪［杀］了四五个，余除少数放出外，多尚在狱中。被焚村二条，被攻进之村乡的农民财产、粮食、牲畜以［已］完全被抢一空。在沙田墟［圩］廉价发卖（一只水牛本来七八十元的，仅卖三十元）。

（二）党的文件损失甚多，致反动政府得按址捕获，全县各区乡支部以上之机关都破坏了，并封了许多房子。反动政府复勾结法帝国主义者，把在广州湾负责交通之同志拿去。

（三）我们被敌人缴五支枪，但初发动时，我们都缴了地主的六杆，枪支之得失相等。

（丁）暴动的影响

（一）茂名是南路之政治中心，故沙田暴动虽失败，然已给了反动封建地主阶级的社会秩序以一个有力的打击，可以说是南路暴动之开始。

（二）全南路地主阶级都发抖［动］起来，观于反动政府纷纷戒严及财主佬之纷纷搬迁，你可证明。

（三）给广大的工农群众以一声惊天的大炸，比较占多数的贫农已在积极谋暴动了。

（四）暴露地主阶级及白党之罪恶。白党军队入农村之焚劫抢杀的强盗行为，地主阶级之凶恶面孔，尽量暴露于群众之前。

反动的白军之欺骗伎俩，再不能施之工农之身上了。

（戊）暴动的教训

（一）这次暴动，当地党的最高机关（区委），并无严密的计划，只是凭少数同志一时的愤激，连多数的同志也未通知，就贸然举事，这简直不是暴动，是一种轻试［视］暴动的骚动而已。

（二）暴动之后，对于地主阶级的粮食财产并不没收，至困于粮食而失败。

（三）暴动之前计划不慎，令区委同志先行泄漏，令敌有备，至杀不到一个地主，以至失败。

（四）暴动进展中，并没有去发动大多数新的广大的群众，并连许多同志都因接不到通知而不能起来参加，遂陷于孤立。

（五）未暴动前，并没有发动普遍的贫农之小的经济斗争，致发动时，群众只有三百人，表［现］得不普遍不伟大，令敌人容易集中力量打我们。

（六）暴动前，并无计划及各区乡、城市之工作，致发动后，只是沙田一区之孤立，且不注意士兵运动，至得不到兵士的帮助。

（七）暴动中间，却无分配土地、组织苏维埃之宣传及具体计划，令群众对暴动意义模糊。

（八）暴动前并无将暴动计划报告南路负责人，以得其指导，遂至陷自己之乱动。

（九）暴动前并无军事之组织，暴动后不能指挥，失了联络，秩序混乱，遂致瓦解。

（十）没有秘密工作之准备，至今失败后文件完全损失，令党受莫大之打击。

（十一）不懂暴动之战术，不知分散武装去袭击敌人，却集中起来去打硬仗，致孤立而败。

（己）今后之工作

（一）恢复组织。从前之组织太过松懈，令党的组织随着暴动的失败而消散。加以各区乡多被白党破坏，目前应当马上调查各区乡支部小组及同志在暴动后之态度，及有无若何变更，从事恢复组织。而由小组至县委，当由最民主之选举而产出负责人，并须每三日开会一次。

（二）普遍地在各乡建立党的基础，免形成某一区乡畸形发展。

（三）组织流散同志和武装，把他编成秘密的赤卫队。

（四）扩大此次暴动之教训的宣传，须特别注意说明，此次失败之主因，为群众不能起来。

（五）详细对群众解释，沙田暴动是为穷佬谋解放。

（六）对群众介绍各地（东江、琼崖）群众进行土地革命之情形及苏维埃下之人民生活状况。

（七）要注意在车站、□亭、电线杆及可涂写之墙壁及木板上，用木炭、石块随意涂写我们的口号、标语。

（八）在公开能否集群众之地方，应作 C. Y. 主张、政策解释之演讲。

（九）注意城市之工人运动，须从反动领袖之欺骗政策下夺取过来。

（十）注意对兵士、团丁、基干队之宣传，使其明了大家都是穷佬。

（十一）注意秘密工作，要使每个同志对此意义之了解。

（十二）须发动兵士对长官、农民对地主之小的经济斗争，在斗争中党要去［起］群众之核心，同志要站在最前［面］去做领导。

（十三）标语：

1. 沙田暴动是为穷苦农民有饭食、有衫穿、有屋住；2. 沙田暴动是全高雷暴动之开始；3. 沙田暴动的目的是解除工农兵之痛苦；4. 沙田暴动是穷佬反抗有钱［人］的行动；5. 无饭食、无衫穿、冇［无］屋住的人联合起来；6. 不缴租、不纳税、不做军阀的炮灰；7. 兵士、民团、基干队、工人、农民，大家都是穷佬；8. 穷佬不打穷［佬］；9. 工农暴动，兵士、民团、基干队一定要参加红军，月饷二十元；10. 打倒杀人放火抢嘢（东西）的国民党军阀；11. 没收土地分农民、兵士；12. 组织工农兵苏维埃政府。

中共南路特委兵委报告（第三号）

——关于高城兵变的现状

（一九二八年八月七日）

兹将高城兵变现状据特［务］营同学都山，学兵营同学谭天来赤坎报告转录于后：

（1）特务营、学兵营确于七月二十九日午前二时变了，在高城经过时间只三十分钟左右就离开了，在沿途缴民团枪械。

（2）在变出只有特务营三、四两连，人数约百三四十名，枪约二百余支，子弹每枪约百余发，枪支成份［分］粤造七九和德造双筒。驳壳四支，左轮二支（惟机关枪和师部存款尚未携去）。

（3）此部现抽甸北（电白）、阳江县的双桂岭，并与一部土匪及前在灵山变去的七十二团九连的变兵联络了，土匪之势力约三百余，闻九连已有我们的组织。

（4）此部内现负责人邓施公，系同志，部队颇能团结。

（5）兵委已派谭天去跟寻。

（6）龚、何二人于三十一号派往高城调查兵变情形，一人入［进］去部队指挥，一人去雷州发动，现无音息［讯］。

（7）雷州因高州兵变后警戒甚严，七十团、七十一团组织训练甚幼稚，目前工作只能加紧斗争训练发展组织，现在无适当人派去，暂时不变。

（8）龚、何二人未回，恐将来兵运接头甚困难，请军委指示办法。

（9）前派来梁超群现派往化州组织赤卫队，谭永华同志在南委负［责］接头任务，现未回兵委工作。

（10）对此变的办法，兵委决［定］按省军委指示，并与省军委特派员治商。

南兵委

告茂名县各界人士书

各界父老姑婶兄弟姐妹公鉴：

吾邑久经军阀官僚统治，荼毒人民，于兹三十八年矣！抗战以还，统治者更藉抗战爱国之美名，执行蒋匪消极抗战，准备投降等伪命，加紧无理剥削，以致土地财富大量集中于少数地主军阀官僚之手，小康者无以自给，贫者转乎沟壑，我共产党员坚持团结抗战，反对倒退投降，乃于一九四四年奋起义旗，坚决为人民利益而斗争。

当时蒋伪狗腿特务头子，杀人刽子手，执行蒋匪反动政策，优秀青年梁德玉、李淑明等，文化巨子朱耀权、梁之模等惨毙于屠刀之下，血手未干，即进行"清剿""扫荡"，大量屠杀，仁里、烧酒、曹江、黄塘、泗水、云潭等东西南北地区无辜人民，成群遭害，血案如山，冤魂遍野，或被迫逃亡，或加强缧绁，或惨受酷刑，妻儿流［沦］为乞丐，家无完瓦者，不胜枚举。

但是，我邑广大人民并不为此种惨绝人寰之残酷所吓倒，相反，千万人之巨眼认清自己之敌人，千万人之心埋藏对敌深切之仇恨，我共产党坚决站稳人民立场，坚持为人民复仇翻身而奋斗，不怕艰苦困难，前仆后继，掩藏同志尸首，抹干身上血迹而继续战斗，起义迄今，同志牺牲者半数有奇，而未尝少懈，在英明人民领袖毛主席领导之下，走了漫长迂迴曲折之道路，五年来矢志不渝，赢得战争，赢得今日基本之胜利。

解放大军南下，匝旬已解放广州，沿西江沿省道追击残敌，解放南路，解放茂名，虽刍荛稚子亦知在指顾间事矣！昌东等奉令出主县政，正式成立人民县政府，接收一切敌伪政权机构，当坚决执行毛主席、朱司令四月廿五日之"约法八章"：坚决拥护人民政协共同纲领；坚决执行中共中央华南分局六月对华南时局有关政策；坚决执行华南人民武装行动纲领。迅速、彻底、干净消灭一切敢于反抗之伪国民党反动派及其走狗，建设自由、民生、幸福、康乐之新茂名！

昌东等尚属年青〔轻〕，缺乏建政经验。负此重责，敢不朝夕警惕从事。兹特提出目前之主张和政策就质于父老姑婶兄弟姐妹，希能集思广益，万众一心，为迅速解放茂名、建设茂名而斗争。

第一，茂名人民身上首要工作，乃如何组织战勤，支援前线。我南下大军，当即解放华南，解放南路，解放茂名已绝无疑义，但是，为谁而战，为谁斗争，亦不言而喻，正处解放前夜，首先应该动员茂名物力，筹集粮食、药品，解决冬衣；同时，动员人力，组织起来，作为解放军一切劳动工作之队伍；惟反动派头子必尽其破坏之能事，因此，支前工作之展开，必须坚决对匪特谣言严厉镇压解释，始能将战勤工作，达于有成。

第二，集中火力打击至死不变坚决反人民之反动头子，地方恶霸首要特务，并消灭其武装组织。联合不反对中央人民政府所颁布之一切政策之各界人士及社会一切力量；对国民党各级人员依照"首恶者必办，胁从者不问，立功者奖"之原则处理，即使过去反动作恶，只有决心改邪归正，向人民立功赎罪，而有事实表现者，本府决以宽大为怀，不咎既往。

第三，实行保护全县人民生命财产，文化教育机关及其他一切公益事业，而供职人员应照常供职办公上课，无相惊扰，本县伪府各级机关办公人员，能保存物资档案，等待派员接收，不阴谋破坏，凡有一技之长，而无反动行为或严重劣迹者，本府准予一律分别量才录用，并不歧视。

第四，实行取消伪府"三征"之反动政策，执行减租减息，调剂耕地，发展农村及城市之生产合作，赈灾救荒之社会政策。此种政策，我党不仅在过去和现在皆坚决执行，而且准备在今后一两年继续实行。土地改革工作，在具备条件后，始能有步骤有计划具体付诸实施。

第五，实行合理负担有借有还之筹款办法，保障合法财权，保护并扶助民族工商业，执行"公私兼顾，劳资两利，城乡互助，内外交流"，照顾四方八面之经济政策，以达到发展生产、繁荣经济之目的。

第六，发展文化教育，提高全县人民文化水平，培养国家建设人才，努力普及自然科学知识，有计划实行普及教育，扫除文盲，执行推广国民体育、卫生医药等事业，重视保母育婴之工作。

以上各项主张和政策，向为我党我军及行政人员所坚决执行，如有个别地区、个别工作人员违反者，应予立即纠正，并诚恳承认错误。

解放全茂名已经在望。诸父老姑婶兄弟姐妹：紧急动员，团结一致，支援前线，协助本府接收一切伪政权，为解放茂名、建设新茂名而奋斗。

县长梁昌东

副县长周梦吉、熊夏武谨启

一九四九年十月五日

告同胞书

亲爱的父老们兄弟们姐妹们：

恭喜恭喜！我们解放了！

由于中国人民，尤其是中国人民的革命队伍人民解放军的坚苦英勇的奋斗，已经把反动派的军队打垮，击毁了我们的敌人——以国民党反动派为首的大地主大资产阶级官僚资产阶级的统治，解放了全中国，同时也解放了茂名。

倘使回忆几千年来的被损害与被侮辱，不，只要想想十多年来国民党反动政府的残酷的统治就够了！在帝国主义的走狗国民党反动政府的统治下杀害了我们无数的同胞，搜刮了无数的财产，剥夺了我们无穷的权利；我们有嘴巴，可是却不准我们说句公道话；我们肚子饿，可是没有饭吃；我们要读书识字，可是没有钱去读书。然而反动派却得胡作乱为，穷奢极侈，这不就说明了国民党反动派是我们的最大的不能并存的敌人吗？这不就说明了没有肃清国民党反动派，我们就不能安居乐业下去吗？

现在，反动派被我们打垮了，我要向他们算算账！从他们的血手里拿我们做人的权利，从他们的手里拿回我们的土地，从他们的手里拿回我们的钱财，这因为土地是我们的，而不是他们的！

现在，打垮敌人就是肃清，为了要巩固我们的胜利永远的安居乐业下去，我们就要根绝反动派的余孽，迅速、干净、彻底全部消灭我们的敌人！这样，我们就必要全心全意去完成"联合一切革命阶层组织联合政府的人民专政"的政治政策去完成"增加生产，繁荣经济，公私兼顾，劳资两利"的经济政策，去完成

"彻底解放农村便于农业工业化"的土地政策，去完成"民族的，大众的，科学的"新文化政策，一句话，靠我们大家的努力，要使新民主主义的新中国全部实现，这样，我们才能永远自由、和平、民主独立的［地］活下去！

亲爱的父老们兄弟［们］姐妹们，我们解放了！为了永远巩固我们的胜利解放，我们紧握着手，努力建设我们自己的新民主主义的中国吧！

谨致

民主敬礼

茂名文化界新民主主义革命工作委员会

中国共产党茂名支部

中国新民主主义青年团茂名支团部同启

一九四九年十月三十一日

中国新民主主义青年团支部
告茂名知识青年书

茂名知识青年：

今天中国人民解放军已联合茂名人民武装力量向茂名城进军，解放茂名城，茂名人民从此可以大翻身，过着安居乐业的生活了，我们是如何的［地］欢天喜地、手舞足蹈地欢迎人民解放军进城啊！

在茂名城的解放声中，我们茂名知识界从此可从封建势力、帝国主义及买办阶级的残酷压迫下，在蒋介石政权暗无天日的血腥统治下解放出来了。

二十二年蒋介石政权的反动统治对人民解放的力量施以无限的压迫，对富于警觉性的知识界也加以无限的迫害，我们试计算一下这一大篇的冤枉账吧！言论不自由集会结社遭逮捕拷打暗杀；说句大声话或读些革命理论书籍甚至苏联等国的革命文学也要被反动派认为是思想太进步了立刻设法陷害。思想太进步是犯罪么？这种无理的迫害致使我们知识界前进的，固然仍不乏其人，但是彷徨等待的就更多了。革命情绪一片低落。现在茂名城已成为一块新大地，反动政府已经拆台，反动军队已土崩瓦解，特务头子摇尾乞怜，追悔莫及，而西逃无踪了。我们知识界，为了洗雪过去的受辱和保护现在[的]新生，应即立刻联合起来，居留本城都要自动地去欢迎人民解放军进城，负责监视反动派的破坏行动，响应解放军和茂名人民武装力量的一切号召，帮助他顺利加速完成接收工作，为新民主主义而奋斗！

中国人民不特[但]能战胜反动的压迫及帝国主义的侵略，取得了全面胜利，而且能够永久的[地]巩固胜利，这依靠了什么呢？因为中国无产阶级革命的彻底性及其在先锋队中国共产党领导的正确，尤以在毛主席英明的领导之下，故能一次再次地完成了反封建势力反帝国主义的革命任务，联合农民阶级，打倒了日本帝国主义，再打倒了蒋介石反动政权和美国帝国主义，而且在取得了全面胜利之后，可必能肃清反动派和美国帝国主义的地下破坏活动，以巩固胜利及建设新民主主义的新中国而奋斗，向着社会主义的光明大路迈进！

茂名知识界们，起来吧！我们要立刻起来，有一分热发一分光，为茂名的彻底解放而奋斗。

欢迎人民解放军迎接胜利

（一九四九年十一月二日《高州民国日报》社论）

茂名解放了！

兴奋！兴奋！狂欢！狂欢！我们茂名文化界新民主主义革命

工作委员会的同人，中国新民主主义青年团茂名支团部全体团员，茂名六十多万的人民，谨以虔诚恳挚的态度，欢欣雀跃的热情，高举着欢迎的手，欢迎我们伟大的人民解放军！

在过去，在蒋匪的专制黑暗的统治之下，我们人民所受的痛苦，实在比古书上所形容的"倒悬""水深火热"等等的情形，还要惨痛千万倍！在过去，在蒋匪的文化统制政策和贪官污吏的剥削残杀的双重摧残之下，我们文化界所受的痛苦，除了衣食住行等等的物质方面的威胁之外，还要加上思想言论的不自由，以及随时有被暗杀的精神方面的威胁，然而我们文化界是坚贞不屈的，我们除了勒紧肚皮忍饿耐寒之外，每个人都站在自己岗位去教育我们的下一代，去唤醒人民，去发动人民的反蒋匪的力量。我们在漫长的黑夜里等待着黎明，我们若"大旱，望云霓"一般的［地］等待着解放，终于用事实来证明；强权战不胜正义，人民的力量是伟大无比的：茂名解放了！我们伟大的人民解放军胜利了！我们人民胜利了！

今天，我们以狂热的心情来欢迎我们伟大的人民解放军，但我们并不以自己本身的得到为满足，因为在海南，在台湾……还有千千万万的陷在水深火热之中的同胞，正在渴望解放；我们希望我们伟大的人民解放军乘着战胜之威，继续的［地］解放海南，解放台湾……解放全中国！那时我们再来一次更热烈的［地］欢呼全中国解放了！伟大的人民解放军胜利了！全中国的人民胜利了！

我们茂名文化界新民主主义革命工作委员会的同人、中国新民主主义青年团茂名支团部全体团员、茂名六十多万的人民，今天以热烈狂欢的心情来欢迎我们伟大的人民解放军，但我们并不以过去已取得的胜利而沾沾自喜。我们要更坚贞，更要继续努力地站在自己的岗位配合伟大的胜利，努力地做好自己岗位工作，把一切黑暗的反动的封建势力消灭干净，使我们中华人民共和国成为一个真正的民主富强的国家，这样，我们才是真正的国家主人，才是真正的幸福的解放！

附录二 红歌、红色标语

《农会歌》："中国农民，要团结，你要快起来！我有农民，我有扶植！打倒列强，打倒军阀，打倒贪官，打倒污吏，要打倒大地主。加入农会，自今利益永无穷。"

《农民苦》："六月割禾真辛苦，点点汗滴禾下土，田主们快活收租！哎哟，哎哟，田主们快活收租！无钱无米活家小，儿女无知偏号叫，亲爹娘，我肚子饿了，哎哟，哎哟，亲爹娘，我肚子饿了！田主收租其猛烈，把我谷种拿去了，明年时不知怎样！哎哟，哎哟，明年时不知怎样！"

广东省农民协会南路办事处农民部部长梁本荣创作的歌谣在农村广泛传唱："我地工农兵，几万万弟兄，一春又一春，工厂做牛马，农田做奴隶，战场当炮灰。想不当衰仔，只有去奋斗，没收土豪田，大家分到够，工农齐起来，城市归我有，士兵掉枪头，军阀变成狗，当家作主人，肃清反动派，组织苏维埃，耕者有其田，民心皆大快！"

《国民革命歌》："打倒列强，打倒列强，除军阀，除军阀。努力国民革命，努力国民革命，齐奋斗，齐奋斗。工农学兵，工农学兵，大联合，大联合。打倒帝国主义，打倒帝国主义，齐奋斗，齐奋斗。打倒列强，打倒列强，除军阀，除军阀。国民革命成功，国民革命成功，齐欢唱，齐欢唱。"

大事记

大革命时期至土地革命时期

1925 年

6 月　上海五卅惨案消息传来，高州城学生群情激愤，各校联合通电抗日，声援上海工人和学生的反帝爱国斗争，并游行示威，高呼"反对帝国主义侵略！""废除不平等条约！"等口号。农村学校也纷纷响应，学生和农民联合集会示威游行。

9 月　谢鸡过河园村青年容杰庵（又名容国英）参加广州农民运动讲习所第五期学习，12 月他回到茂东的云炉、官庄等地办起了全县第一批农民协会，并在谢鸡圩的冼太庙开办二区六学堂（谢鸡小学前身）。农民协会以祖尝、庙租作经费，开展活动。

11 月　广东革命政府出师南征，讨伐军阀邓本殷。中共党员黄学增以国民党广东省党部南路特派员、广东省农民协会南路办事处主任及中共南路特派员多重身份随军到南路，筹建各县市国民党党部、开展农民运动和组建中共南路党组织。

12 月　南征胜利后，在广州入党的茂名籍青年朱也赤被派回茂名县工作。他以个人身份加入国民党，参加国民党茂名县党部筹备处工作，组建了一批主要由进步人士掌权的国民党区分部，积极领导开展农民运动。

1926 年

5月 在中共南路特派员黄学增的领导和支持下，朱也赤在工农运动中，发展中共党员，成立茂名县第一个中共支部，朱也赤任书记，党员有杨绍栋、毛次奇、关耀南、梁泽庵等。党支部成立后，对全县的反帝反封建斗争及农民运动发挥了组织领导作用。

同月 在党组织领导下，共青团在省立高州中学、省立第五师范学校、茂名中学、茂南中学等学校建立了基层组织。

6月 国民党南路特委派林松郁等到茂名考察，发现县党部和区分部组织不纯和负责人不称职等问题，黄学增以国民党南路特委名义整顿改组县党部，选出第二届执行委员会，朱也赤当选为执行委员会常务委员。

同月 茂北区率先成立农民协会筹备处，负责人为梁列楷；接着，茂名县农民协会筹备委员会成立，朱也赤为主任。此后，全县农会迅速发展，至10月，成立农会的乡近40个，农会会员近10万人。每乡农会拥有一支5～10人的自卫军，维护治安，保护农民利益。

7月 高州新青年社成立。这是共青团的一个外围组织，有700多名社员。共青团员、茂名县学生联合会主席、省立第五师范学校学生张树年任社长。社址设在高州城后街北园馆。该社创办《狂涛》小报，在高州六属发行。

同月 广东省农民协会南路办事处从梅菉迁到高州城。地址初设近圣书院，后迁南皋学舍。办事处主任黄学增，委员梁本荣，书记韩盈，农民部部长梁本荣（兼），组织部部长林松郁，宣传部部长杨枝水，青年部部长王克欧，妇女部部长钟竹筠。

同月 高州民国日报社改组。这次改组由黄学增取代江柏劲任社长，由韩盈取代梁希周任总编辑。改组后，报纸增设《高潮》副刊，加强国民革命的宣传，介绍农民运动的发展情况。

8月 广东省农民协会南路办事处在高州城举办干部训练班，由黄学增主持，历时一个半月。参加学习的有南路各县和茂名县的农民运动干部共50多人。

9月 茂名县妇女解放协会和茂名县总工会筹备处成立。妇女解放协会主任为邓肖蓉，执行委员会委员有麦瑞云（中共党员）、毛瑞英等4人。茂名县总工会筹备处由张柏年、张莲洲等11人任筹备员。裁缝、理发、印刷、菜蔬、窑业、汽车、木匠、斧头等行业也各自成立了行业工会。

11月14日 茂北区农民协会成立。大会由县农民协会筹备委员会主任朱也赤主持，省农民协会南路办事处领导人黄学增、梁本荣到会，并在会上讲话。大会选出梁列楷、张功臣、何超然、揭禄卿、范典臣等13人为区农民协会委员，梁列楷为委员长。选举结束当晚，召开万人庆祝大会，黄学增、梁本荣分别在会上作政治、军事形势报告。

12月 南路农民代表和国民党南路各县党部代表联席会议在高州城召开，由黄学增主持。会议一方面传达贯彻省第二次农民代表会议精神，一方面揭露国民党反动势力镇压农民运动、破坏国共合作的阴谋。

同月 南路工人代表会议在高州城召开。参加这次会议的有南路各县工人代表20多人（梅菉市、北海市代表较多）。黄学增主持会议，他在会上号召各行业工人要组织健全工会，团结起来开展斗争，争取改善工人生活待遇，积极支持农民运动。

同月 黄学增在高州城主持召开国民党茂名县党员代表大会，改选县执委、监委。结果选出7名执委，其中有中共党员朱也赤、杨绍栋、毛次奇、麦瑞云；选出监委3人，其中有新青年社社员张柏年、潘襟江。

1927 年

1 月　国民党右派林云陔到高州制造"清党"舆论，在青年大会上，共产党人与他作针锋相对、面对面的斗争。

4 月 17 日　茂名县农民代表大会在高州城南皋学舍召开，出席代表 200 多人，朱也赤主持会议。会议途中，朱也赤接到国民党反动派公开叛变革命的密报，当即布置代表们迅速撤退。

4 月 18 日　茂名当局执行国民党"清党"部署，出动军警搜捕共产党人，公开叛变革命，全县陷入白色恐怖之中。几天之内被捕的有省农民协会代表揭禄卿、县妇女解放协会干部揭焕珍和毛瑞英、清井乡农民协会委员长梁泽庵等。

5 月　中共南路党组织召开南路农民代表会议，决定发展农民武装，组织农民暴动，以革命的武装反对反革命的屠杀。茂名县出席会议的有朱也赤、关耀南、李淑明等。会上成立了南路农民革命委员会，朱也赤为主任，陈柱为副主任。

同月　国民党高雷"清党"委员会发布通缉令，悬赏缉捕共产党人和农民协会干部。黄学增、朱也赤、王克欧、韩盈、毛次奇、关耀南等被开除出国民党。被悬赏通缉的有 208 人。同时，学校有一批共青团员、进步学生被开除学籍。

1928 年

3 月 22 日　沙田暴动爆发，主要领导人为李雅可、李雅度、李淑明、周君载，暴动农军坚持斗争达三个月，后奉中共南路特委指示，化整为零，分散隐蔽。

6 月　中共茂名县临时县委成立，车税捐、李参（李雅度）、周达之等组成中共茂名县临时县委，领导全县工作。

7 月 29 日　陈铭枢部驻高州二十四师特务营的两个连 140 多名士兵不满军阀统治而发动兵变，领导人为邓施公（中共地下工作者）。这次兵变是由中共广东南路特委组织、领导发动的。兵变部队后撤往电（白）阳（江）边境活动，由于敌人严密封锁，政使与党组织失去联系而下落不明。

12 月　沙田暴动主要领导人之一李雅度遭敌杀害。

同月　中共南路特委机关遭敌破坏，特委书记黄平民、委员朱也赤等 18 人被捕。南路特委遭破坏，朱也赤被杀害后，茂名县党组织与上级党组织的联系中断，直到 1938 年底才恢复活动。

全面抗日战争时期

1937 年

9 月　茂名各界人士组成抗日御侮委员会，发动民众开展抗日救亡运动，组织了抗日自卫队、担架队、妇女救护队，印发了《抗日御侮》《焦土抗战》等宣传资料。

同月　梁弘道等办高文预备学校。学校开设阅览室，组织青年学生阅读《新华日报》《群众》《辩证唯物论》等进步书刊，宣传抗日救亡。

冬　家居高州城的梁毅（梁锡琼）在黄埔海军学校学习，由进步读书会介绍，经八路军西安办事处转赴延安，进入中国人民抗日军事政治大学第三期学习。毕业前夕，毛泽东应他的请求，亲笔给他题词：中国具备优越的基础，就是要把他们组织起来，这首先是组织全国的人民，抗战胜利实系于此。/梁毅同志/毛泽东/3 月 22 日。

1938 年

7 月　高州中学廖盖隆、杨毅、杨进琳、卓树基、程均昌、杨优德、余荣中、刘淑祥（女）、李淑珠（女）9 位同学，由梁毅介绍，长途跋涉，奔赴革命圣地——延安。他们到延安后分别进入陕北公学、鲁迅艺术学院和马列学院学习。

8 月　车振伦、梁弘道、梁昌东分别到香港、广州等地找党组织。八路军广州办事处一位负责同志接见了梁昌东，对他说：你们回去发动群众，做好抗日宣传工作，党组织很快会派人跟你们联系。

10 月　广东省民众抗日自卫团第十一区游击司令部（前称十一区统率委员会）从梅菉迁至高州，11 月改称第七区游击指挥部，指挥官由原第十一区游击司令部司令张炎改任。

11 月　中共西南特委派周明、林林、阮明 3 人组成中共支部，周明任书记，到南路开展抗日救亡工作和恢复重建当地党组织。他们到高州与张炎取得联系，支持协助张炎开展抗日救亡工作，同时进行恢复当地党组织工作。第二年 2 月，周明去香港，林林到梅菉，阮明继续留在茂名，关系转交中共东南特委。

12 月 28 日　由中共东南特委组建的香港学生赈济会青年回国服务团第一团到达高州。团长刘谈锋（中共党员）、副团长黄洛思（中共党员，现名黄秋耘）。团部设在高州城西益寿庵。到达时全团 26 人，其中中共党员 15 人，秘密建立中共特别支部，书记霍侣凡（冯安国）。特别支部担负支持协助张炎开展抗日救亡工作和恢复重建当地党组织的任务。

12 月　为培训抗日游击干部，县游击指挥部在高州城办军官训练班和政治工作人员训练班。军官训练班有 180 人参加，陈次彬为队长，梁昌东、曹宗俭、曹炳昭等为政治教官。政治工作人

员训练班有 106 人，集训后分 5 个队下乡宣传抗日。班主任由县
游击指挥部指挥官黄茂权兼任。

1939 年

2 月　为适应当时形势变化，张炎决定停办乡村工作团，组
建第七区专员公署战时工作队，高州六属每县一个队，每队百人
左右。

5 月　中共高雷工委在高州成立，书记周楠，秘书陆瑜（陆
新），统一领导高雷地区（包括香港学生赈济会青年回国服务团）
的党组织。

夏　中共茂名县工委成立，负责人阮明，成员刘谈锋、冯
安国。

7 月　在中国共产党的推动和帮助下，张炎以原乡村工作团、
战时工作队为基础，并招收近千名爱国青年，在高州城郊西岸红
花庙成立第四战区右地区兵团南路地区军特别守备区司令部学生
队（简称"南路抗日学生队"），张炎兼任总队长，陈次彬等为副
总队长。全队初设 10 个中队，后改编为 6 个中队。南路抗日学生
队秘密建立中共总支部，书记陆瑜；各中队建立支部，茂名中队
支部书记为梁昌东。

9 月　组成茂西抗日游击根据地工作队，队长梁弘道（中共
党员），队部设在沙田棠仙村周氏宗祠。1940 年 4 月，工作队
解散。

10 月　云潭珍珠垌、企水建立党支部。珍珠垌党支部书记张
杞才，党员有张桂春、张泽深等。企水党支部书记张桂秋，党员
有张汝才、张春才等。这两个党支部是由香港学生赈济会青年回
国服务团的党组织发展建立的。

1940 年

2 月　中共茂名县工委领导成员调整，冯安国任书记，梁仲华任组织委员，黄沙任宣传委员。

同月　游击干部补训队建立，队址在高州城郊西岸，张炎兼任总队长，政治教官有阮明、黄洛思、黄景文等。全队 100 多人，大部分是学生队和妇女队的骨干，合浦、梅菉等地也有一些同志参加。

3 月 29 日　南路抗日学生队副中队长周崇和（中共党员，现名罗文洪）和香港学生赈济会青年回国服务团成员文允武（中共党员）到新垌地区散发由朱德、彭德怀签署的第十八集团军致国民党中央政府的通电，新垌乡乡长邓桂藩竟将周、文两人拘捕后，押送茂名县游击指挥部。指挥官黄茂权将周、文送交张炎处理。党组织多方面做张炎的工作，营救周、文。5 月上旬一个夜晚，张炎终于下令释放周、文，对外则说这两人越狱逃跑了。这就是"周、文事件"，是国民党反动当局掀起反共逆流的产物，张炎因此被逼辞去第七区专员等职务，其所建立的游击干部补训队、学生队、妇女队、儿童团等抗日团体先后被解散，香港学生赈济会青年回国服务团被驱赶出境。

3 月　中共高雷工委撤销，成立中共南路特委，书记周楠，组织部部长温焯华。

5 月　中共南路特委在高州城举办党员干部训练班，由南路特委组织部部长温焯华主持，参加训练班的有叶信芳、谢玖、梁昌东、黄存立、徐东翔、崔永康等。

6 月　茂名县党组织在高州城中山路大同书店对面的"茹文阁"建立一个交通站，罗明为负责人。约三个月后，该站被敌人怀疑即迁往"明轩馆"。随后由罗淑英、黄菊秀、王兰、张凤岐等负责在文疆洗衣店又建立一个交通站。

7月　中共茂名县委为加强对党员进行革命形势、任务、气节、纪律教育，由县委书记张进煊主持，在高州城东郊一户农家里办了一期党员训练班，历时10多天，陈醒亚、李康寿、李锦波等在班上讲课。

8月　为沟通茂名—电白—梅菉的联系，中共茂名县委在公馆圩"新民学社"建立一个交通站，梁恩波、陈擎天、张杞才、柯荣萱等先后在这个交通站工作过。

1941 年

春　为利用好《高州民国日报》这块宣传阵地，中共南路党组织通过统战关系，先后派党员梁恩波、梁之缅、杨飞、黄文山、曾锡驹、杨进瑞等进入报社工作。陈华被聘为撰述（实际是党组织派进报社的秘密领导人），王国强、陈醒亚、庞仲道、陈志辉等各县党组织负责人被聘为特约通讯员。至1944年下半年，报社基本为共产党控制。这期间，党组织在该报进行"三坚持、三反对"（坚持抗战，反对投降；坚持团结，反对分裂；坚持进步，反对倒退）的宣传，刊登了大量抗日救国、揭露国民党当局黑暗腐败、支持爱国民主运动的文章，利用这个阵地积极开展抗日民族统一战线工作。

夏　中共南路特委副书记梁嘉分管高州六属（廉江除外）工作。8月，陈醒亚调离茂名县到化县工作。秋，县委机关从曹江农村迁回高州城。冬，茂名师范学校建立交通站。

1942 年

3月　梁嘉调离高州，中共南路特委分工温焯华负责高州六属（廉江除外）工作。

5月26日 按上级党组织指示各县委改为特派员方式领导工作，李明华、陈华任茂名县特派员。在此之前，曾宣布成立中共茂名中心县委。

夏 黄达荣与吴良材到粤桂边境的北流、陆川、宝圩建立革命报刊接送站网，接收从桂林运送来的《新华日报》等报刊。

秋冬间 中共南路特委召集茂名、电白、信宜三县的党组织领导人李明华、陈华、庞自、王国强、陈志辉和南路特委搞经济工作的潘云波，在高州城"千钟馆"进行整风学习，由温焯华传达延安整风精神，联系实际，开展批评与自我批评。

1943 年

2月 县党组织办党员整风学习班。学习班地点在高州城郊西岸村，由李明华主持。参加学习的有梁绍魏、李载赓、周茂森、冯宗基、吴卓璧等。学习班主要阅读《改造我们的学习》《反对党八股》《论共产党员的修养》。边读书，边讨论，联系实际，反对主观主义，改进工作方法。

3月 "留湾剧宣队"到高州演出。由于得到县党组织的支持和帮助，该队在符平的带领下在高州演出了七个多月，先后上演了《国家至上》《明末遗恨》《魔窟》《日出》等进步剧目，既宣传了抗日救国，又推动了高州话剧的发展。

上半年 高州中学继去年冬在高一级建立一个党支部（书记李载赓）后，又在高三级建立一个党支部（书记梁绍魏），高州女子师范学校组建一个党支部（书记李嘉），茂名中学组建一个党支部（书记李翘秀，现名李一鸣）。茂名师范学校未建立支部，该校党员由县领导人单线联系。

下半年 在县党组织的发动和指导下，高州城各中等学校纷纷成立读书会，秘密阅读进步书刊，传播马列主义，参加读书会的有五六百人。这为后来组建游击小组在思想上和组织上奠定了基础。

1944 年

4 月　在县党组织的支持和帮助下，茂名县抗日演剧宣传队正式成立。这个宣传队是宣传抗日救国、团结教育青年的业余演出团体。队长是茂名中学教师熊夏武。先后参加该宣传队的有 70 多人，绝大多数是学校进步师生，其中有部分是地下党员和游击小组成员。

6 月　党组织指示进入国民党广东省第七区保安司令部工作的地下党员陈达增做副司令郑为楫的统战工作，用给他干股的办法，以他们的名义在高州城开设"鸿泰祥"商店，安排地下党员陈宏柱、叶秀森、李秀山等到商店工作，使中共南路特委领导人温焯华、潘云波以商人的身份作掩护出入商店，开展活动。

10 月　陈华任中共茂电信特派员（仍兼任茂名县特派员）。11 月郑光民任中共茂电信特派员政治联络员，负责联系茂名县。

11 月　中共茂电信党组织组织力量在沙田蜞大垌铺截获国民党顽固派从高州城运往化县"剿共"的武器一批。这次行动毙敌 3 人，队长罗选之、副队长车振文牺牲。

1945 年

1 月 29 日　泗水抗日武装起义。

1 月 30 日　云潭抗日武装起义。

2 月 1 日　曹江抗日武装起义。

2 月 2 日　道平抗日武装起义。

2 月 4 日　清井抗日武装起义。

2 月 17 日　飞马抗日武装起义。

2月20日　烧酒抗日武装起义。

3月4日　南路人民抗日游击队陈以铁大队、李一鸣大队（前为梁弘道大队，梁弘道牺牲后称李一鸣大队）共200多人，在陈以铁、李一鸣、王国强、李明华、朱兰清等率领下，从吴川上岭仔出发，经过8天日宿夜行，于3月4日到达茂西木坑塘村，部队在休息时，遭敌突然袭击。战斗中，苏爱莲（苏少婉）、欧鼎寰（欧振东）、李贤高、张胜龙、张惠东、骆期初（骆亚富）等不幸牺牲，陈以铁、张绍基、张帝元、张锦崇、欧琼莲等12人被俘。陈以铁等9人于同年4月16日夜间被敌秘密杀害于高州城。

3月　梁昌东负责领导茂名县武装和游击区工作，约一年后调离。

5月　敌人"扫荡"烧酒村，关押群众400多人，支持革命的保长李立溪和中共党员李维仁之子李亚庆惨遭杀害。

7月12日　覃巴再次武装起义，成立了茂名游击大队。全队共200多人，有100多支枪。郑奎为大队长，梁振初、郑剑为副大队长，周亮为教导员，杨超为副教导员。该部后转移到遂溪整编为南路人民抗日解放军四团六连。

8月15日　日本宣布无条件投降。茂名县党组织经过长期的艰苦斗争，和全国、全县人民一起迎来了伟大的胜利，革命斗争进入了新的阶段。

9月　茂北党支部成立，书记李载赓，委员廖树莱、张虎。约一个月后，该支部升格为区委。

解放战争时期

1946年

春节期间　为贯彻党的七大精神，茂（名）、电（白）、信

（宜）三县领导人在云潭金斗坪附近的大河尾开会，会议由中共茂电信特派员陈华主持，贯彻党的七大精神，要求以"愚公移山"精神，排除万难，坚持斗争，争取胜利。参加这次会议的有郑奎、郑光民、李载赓、周亮、杨超、杨麟、李颐年、钟正书、严子刚、陈广杰、龙思云、梁昌东、黄载源、王杰等。

3月　覃巴地区划归茂名县党组织领导。

4月　国民党茂名县政府无理扣发茂名师范学校学生津贴和教师薪饷，该校党支部发动师生进行罢课、游行示威，与之斗争一个多月，反动当局不得不取消扣发学生津贴和教师薪饷的决定。

5月上旬　茂北区划归信宜县党组织领导。

5月　茂电信武工队成立。

6月3日　茂电信武工队奉命从茂南飞马进军信宜，以加快开辟山区游击根据地，在路过信宜小水乡公所时遭敌盘查、围攻，队长郑奎、参谋黄载源及队员张贵、杨康日、杨亚松先后被捕，英勇就义。

8月17日　钟正书、梁振初带武工队夜袭驻梅菉梅福庙的国民党一自卫中队，毙敌数人，缴获轻机枪1挺、步枪8支及弹药一批。

9月　茂电信独立大队正式成立，大队长梁振初，政委钟正书，全队140多人，分3个中队，李延年、杨瑞芬、李时清分别任中队长。

同月　陈华调往钦廉四属工作，涂锡鹏接任中共茂电信特派员，王国强任中共茂电信军事特派员。

同月　茂电信独立大队开赴云潭整训。

1947 年

1月　茂电信独立大队在覃巴袭击敌保安队，缴获枪支一批，同时发动了一批青年入伍。

2月　茂电信独立大队整编为茂电信独立连，连长梁振初，指导员钟正书。下辖3个排，车克猷、刘绍兰、蔡景祥分别任排长。

3月　茂电信独立连参加化县会战，后奉命回师茂电信牵敌，取得胜利，到化、吴整训改编为粤桂边人民解放军警卫连。

6月22日　武工队袭击国民党茂名县自卫总队副总队长丁龙起家，收缴长、短枪5支及子弹数百发，活捉大恶霸丁仲兰（丁龙起大哥）。

6月　中共茂名中心县委成立，书记王国强，副书记林其材，委员郑光民、钟正书、钟永月。年底增补车振伦为委员。

7月　游击小组在高州城张贴、散发人民解放军招兵布告、任命梁昌东为茂名县人民政府县长布告及油印宣传资料，引起国民党茂名县当局一片惊慌。

10月　敌到黄塘地区"扫荡"，游击队员和群众30多人被捕，游击队员黎日光、黎应元、黎首民、黎日亨、岑庆寿、周宗岳等被杀害。

11月　中共茂名中心县委在高岭咀村召开干部会议，会上任命了各游击区的负责人。

12月　中共茂名中心县委在义山乡深垌村召开会议，传达学习中共中央《目前形势和我们的任务》。会议由车振伦、钟正书主持，参加者有梁振初、王克、黄成煦、吴汉兴、欧忠等。会议期间，遭反动乡长吴茂熙带自卫队围捕，程达（程允贞）在突围中不幸被捕遭杀害。

同月　敌先后"扫荡"海珊乡的游击村庄和"台湾区"游击区，茂东区党组织负责人吴汉兴的父亲吴国臣被杀害。

同月　中共茂名中心县委撤销，成立中共茂电信工委。

1948 年

1 月　为迎接南路人民武装部队东征支队，中共茂电信工委决定由杨麟带茂北武工队转到"天津区"，"台湾区"留下黄祖文负责。不久，梁淮调到"台湾区"，周文莲、余芝惠等也先后调到茂北地区。

同月　茂电信武工队（代号"国际队"）在那霍成立，队长庄严（庄冠凡），副队长陈昭正，指导员王克（后李延年）。

2 月　敌再次"扫荡""青岛区"，30 多名群众被捕，交通员唐亚明及两名群众被杀害。

3 月 4 日　化茂边游击队在金坑（属道平乡）遭敌围困，化茂边区党政负责人叶宜劲、朱益昌、卢初隆、卢俭隆、梁振伟、李煜文、万秀武和游击队员黎信才等在战斗中牺牲。

4 月　由欧初、黄飞率领的南路人民武装部队东征支队，奉命从遂溪游击区出发，挺进粤中，途经茂名，茂名县党组织发动群众捐献钱粮支援，并派车振伦、杨麟、梁振初等随团协助。

6 月　敌再次"扫荡"茂东地区，30 多名游击队员和群众被关押，游击队员卢坤龙、卢坤裔、卢炳燊、卢坤华等 18 人被杀害。

同月　大应交通站被破坏，负责人欧炽祥、欧叶三奶等被捕慷慨就义。

8 月　中共茂电信工委在水东召开会议，作出建立茂电信主力部队，进一步开展武装斗争的决定，要求各县组建县独立大队和各县县委。

10 月　中共茂东南区工委、茂西北区工委建立。茂东南区工委书记柯乙福，委员冯柱朝、李匡一（12 月增补柯日轮为副书记）。茂西北区工委书记杨麟，副书记周文莲。

11 月　筹建茂名县独立大队（代号"大钊大队"）。

1949 年

1月1日　中共中央发布《关于建立中国新民主主义青年团的决定》。茂名县党组织迅速贯彻，开展建团工作。至 10 月底，先后在白土、合水、兰石、石浪、新垌、分界、先觉、石板、田头屋、大箩等地及高州中学、高州女子师范学校、高州农校、茂名中学、茂名师范学校、保安中学等学校建立了团支部。还有一些乡村和中学发展了团员，白土还建立了少年先锋队组织。

1 月底　中共茂名县委成立，书记龙思云，委员杨麟、陈以大、梁振初（5 月增补梁昌东为副书记，7 月增补谢华胜为委员）。

1 月　上北、上西建立党支部，周文莲、吴卓璧分别任书记。1 月茂电游击队在云潭圩伏击，处决了该乡反动乡长张韵笙。

2 月　中共茂名县委在白土迳谷岭召开全体委员会议。

同月　下茂西负责人卢国盛被捕英勇就义。

同月　茂南合水建立党支部，书记由柯乙福兼。

3—4 月间　敌一再"扫荡"游击区，黄塘、龙䫂地区 10 名游击队员和群众惨遭杀害。

4 月　中共茂电信工委改为中共高州地委。

同月　中共粤桂边区党委指示高州地委负责组建中国人民解放军粤桂边纵队第五支队，并任命王国强为支队司令员兼政委，陈兆荣为副政委兼政治部主任，郑光民为民运部部长兼青年团高州地委书记。

5 月　由茂名县组建的中国人民解放军粤桂边纵队第五支队第十四团正式成立，刘绍兰、杨麟、杨超分别被任命为团长、政委、政治处主任，团部设在云潭。9 月，上级重新任命黎光烈为团长、杨飞为政委（未到职）。

同月　茂东、茂南、茂西、茂北4个区委成立。茂东区委：书记柯日轮，副书记李匡一，委员邓培基、李文新、陈淑坤（后增补）。茂南区委：书记柯乙福，委员冯柱朝、陈泽永、郑凌华。茂西区委：副书记吴卓璧，委员何逢林、俞辉。同年7月下旬，吴卓璧、俞辉不幸被捕，县委调周文莲任副书记，增补夏禹勤为委员。茂北区委：书记杨麟（兼），副书记周文莲（7月调茂西），委员廖镇海、梁淮、梁钜华、余芝惠。

6月29日　游击队夜袭云潭乡公所。

8月　县委在合水车头屋村召开会议，决定办青年干部训练班，为解放后接管政权做好干部准备。会上，还听取了陈以大关于高州城工作的汇报。会后不久，陈以大调湛江工作，高州城工作由梁昌东负责。

9月　在县委的组织和支持下，文教界一批民主人士和进步知识分子在桂山绮华农场开会，成立茂名县文教界新民主主义革命委员会，有会员44人。推选吴麟瑞为主任委员，揭培支为副主任委员。

同月　县委在合水、飞马举办两期青年干部训练班，每期10多天，参加学习的共45人。主要学习毛泽东著作，进行革命理想、前途、气节和全心全意为人民服务的教育。干部训练班由龙思云、梁昌东主持。

10月1日　游击区欢庆中华人民共和国成立。中华人民共和国宣告成立的消息传来，各游击区人民一片欢腾。

10月初　为迎接全县解放，经上级批准，茂名县人民政府成立。县长梁昌东，副县长周梦吉、熊夏武。县政府印发《告茂名县各界人士书》。县政府临时设在白土迳谷岭村。

10月31日　中国人民解放军粤桂边纵队第五支队第十四团团

长黎光烈、政治处主任杨超率领该团团部及第二营 500 多人和中共茂东区委副书记李匡一率武工队 60 多人进入高州城，高州城解放。

10 月　在南下解放大军以摧枯拉朽之势，直指南粤，所向披靡的形势下，经中共党组织策动，15 日，国民党广东保安第三师副师长兼第九团团长陈赓桃率驻梅茂的 2 个营、3 个直属连和 1 个通讯排及保二师副团长兼营长陈赓彬属下一个营共 1000 多人起义。18 日，国民党云潭乡自卫队队长谢子才、黄茂桢率 20 多人起义。21 日，国民党海南保安第一师独立第一营副营长兼连长梁耀晃率部在高州起义。还有国民党东才乡乡长吴福伍率乡自卫队 30 多人，吴杰棠率国民党茂名县驻飞马自卫队起义。梁国栋率国民党一个保安连在化州起义后拉到茂南白土接受改编。

同月　各地武工队纷纷出击。

同月　接收陈沛老家收藏的武器一批。

同月　袂花党支部组织人力破坏袂花一些桥梁，转移渡船，以阻滞国民党喻英奇残敌逃窜。

同月　在人民解放军压境，兵临城下的形势下，经党组织多方面做工作，迫使国民党茂名县警察局先后释放吴卓璧、俞辉、欧忠、列玉阶、黎安柏、杨承基等出狱。

11 月 2 日　人民解放军二野四兵团先遣部队和茂名县武装队伍在十五军副军长陈康、参谋朱尤林和县委书记龙思云、县长梁昌东等率领下，从茂南白土迳谷岭开进高州城，受到各界人士的夹道欢迎。中共茂名县委、县人民政府移驻高州城，正式接管政权。

　　为发扬革命传统，弘扬老区精神，传递红色基因，我们根据中国老区建设促进会的统一部署，广东省老区建设促进会的具体布置，结合高州革命和建设的实际，组织编写了《高州市革命老区发展史》一书。该书是一部记述中国共产党领导高州革命老区人民斗争、发展和致富奔康的史书，肯定老区人民的伟大贡献，总结老区的发展经验，展示老区的伟大成就。

　　高州市委、市政府高度重视《高州市革命老区发展史》编写出版工作。成立了编委会和编辑部，市委书记黄晨光、市长朱春保担任顾问，市政府全额划拨编辑出版经费。

　　高州市党史地志办公室承办该书的编写工作。为保证编纂质量，力求做到真实、准确、系统、生动、有特色，全体编写人员以高度的政治责任感和历史使命感，以勇于担当和开拓创新的精神，以科学严谨和细致认真的态度，竭力做好资料的收集、整理、编写、统稿、校对、审核等工作。全书共8章，第一、第七章由钱家飞执笔，第二、第三、第四章由韦燕球执笔，第五章由罗勇执笔，第六章由梁珑耀、李文辉执笔，第八章由李东明执笔。该书的具体组织策划和统稿初审由韦燕球负责，全书终审由朱伟明负责。老同志陈春成、盘广琦参与校对和整理。

　　《高州市革命老区发展史》的编纂，得到市有关单位以及社会热心人士的大力支持。为该书提供图文资料的有市委办（市委政研室）、市府办（市府研究室）、市文明办、市新闻中心、市教育局、市科工商务局、市民政局、市财政局、市自然资源局、市环保局、市住房城乡建设局、市交通运输局、市农业农村局、市文广旅体局、市卫生健康局、市档案局等单位及部分老区镇（街道），另有部分图片由车闻达提供。谨此，致以衷心的感谢和崇高的敬意。

　　高州革命老区村庄较多，因篇幅有限，不可能面面俱到，村村入书。加上年代久远，时间跨度长，编者水平有限，如有错漏，敬请读者批评指正。

编　者
2019 年 12 月

广东人民出版社　党政精品图书

围绕中心，服务大局，做最具高度、深度和温度的主题出版物

扫码关注更多主题出版物

中宣部主题出版重点出版物

《中华人民共和国通史》（七卷本）

· 全国第一部反映中华人民共和国70年光辉历程的多卷本通史性著作
· 中央党校、中央党史和文献研究院权威专家倾力打造

《账本里的中国》

一册册老账本，串起暖心回忆，讲述你我故事，体味民生变迁。

《全国革命老区县发展史丛书·广东卷》

· 挖掘广东120个革命地区的红色记忆
· 中国老区建设促进会牵头组织

《红色广东丛书》

· 广东省委宣传部重点主题出版物
· 传承红色基因，弘扬革命精神

本书配有智能阅读助手，为您1V1定制

《高州市革命老区发展史》阅读计划

帮助您实现"时间花得少，阅读体验好"的阅读目的

建议配合二维码一起使用本书

您可根据自己的学习需求，量身定制专属于您的阅读计划：

阅读服务方案	阅读时长指数	为您提供的资源类型	帮助您达到以下学习目的
1. 高效阅读	阅读频次 **较低** 每次时长 **较短** 总共耗费时长	总结类	快速学习和掌握红色精神。
2. 轻松阅读	阅读频次 **较高** 每次时长 **适中** 总共耗费时长	基础类	简单了解革命老区的历史。
3. 深度阅读	阅读频次 **较高** 每次时长 **较长** 总共耗费时长	拓展类	继承和发扬红色精神，推动老区发展。

针对您选择的阅读计划，您可以享受以下权益：

立刻获得的主要权益

▶ **专享本书社群服务**：提供创造价值与私密的深度共读服务，群内分享阅读干货，发起话题探讨
▶ **1套阅读工具**：辅助您高效阅读本书，终身拥有

每周获得的主要权益

▶ **专属热点资讯**：16周社科文学类资讯推送，每周2次
▶ **精选好书推荐**：16周文学社科热门好书推荐，每周1次

长期获得的主要权益

线下读书活动推荐：
精选活动，扩充知识开拓视野
不少于1次

抢兑礼品：
免费抽取实物大礼
不少于2次限时抽奖

微信扫码
添加智能阅读助手

只需三步，获取以上所有权益：
1. 微信扫描二维码；
2. 添加智能阅读助手；
3. 获取本书权益，提高读书效率。

※ 鉴于版本更新，部分文字和界面可能会有细微调整，敬请包涵。